U0914833

权威·前沿·原创

皮书系列为

“十二五”“十三五”国家重点图书出版规划项目

中国社会科学院创新工程学术出版项目

邮轮绿皮书

GREEN BOOK OF CRUISE INDUSTRY

中国邮轮产业发展报告（2019）

ANNUAL REPORT ON CHINA'S CRUISE INDUSTRY (2019)

顾　问／钱永昌

主　编／汪　泓

副主编／叶欣梁　史健勇　苏　平　郑炜航
　　　　王友农　邱　羚　朱国建

社会科学文献出版社
SOCIAL SCIENCES ACADEMIC PRESS (CHINA)

图书在版编目（CIP）数据

中国邮轮产业发展报告．2019／汪泓主编．-- 北京：社会科学文献出版社，2019.9
（邮轮绿皮书）
ISBN 978-7-5201-5537-3

Ⅰ.①中… Ⅱ.①汪… Ⅲ.①旅游船-产业发展-研究报告-中国-2019 Ⅳ.①F426.474

中国版本图书馆 CIP 数据核字（2019）第 204666 号

邮轮绿皮书
中国邮轮产业发展报告（2019）

主　　编／汪　泓
副 主 编／叶欣梁　史健勇　苏　平　郑炜航　王友农　邱　羚　朱国建

出 版 人／谢寿光
责任编辑／吴　敏

出　　版／社会科学文献出版社·皮书出版分社（010）59367127
地址：北京市北三环中路甲 29 号院华龙大厦　邮编：100029
网址：www.ssap.com.cn
发　　行／市场营销中心（010）59367081　59367083
印　　装／天津千鹤文化传播有限公司

规　　格／开　本：787mm×1092mm　1/16
印　张：21　字　数：313 千字
版　　次／2019 年 9 月第 1 版　2019 年 9 月第 1 次印刷
书　　号／ISBN 978-7-5201-5537-3
定　　价／128.00 元

本书如有印装质量问题，请与读者服务中心（010-59367028）联系

邮轮绿皮书编委会

邮轮绿皮书编撰人员

（以出现先后为序）

总　报　告	（以出现先后为序）
	汪　泓　史健勇　梅俊青　叶欣梁　王友农
专　题　篇	史健勇　邱　羚　齐林恺　汪　泓　江瑞勤
	梅俊青　侯文玉　林福顺　Hiroshi Ishihara
产业发展篇	齐林恺　邱　羚　董秋霞　孙　领　梅俊青
	雷曙光　黄燕玲
政策建议篇	王友农　高艳辉　梅俊青　林章林　孙瑞红
	张晴晴　洪惠雨　何远勤　顾京军　闫国东
	赵金林　沈　静　沈文璐　王　微

主编简介

汪　泓　上海交通大学企业管理博士、复旦大学应用经济学博士后，现任中共宝山区委书记，上海国际邮轮经济研究院研究员，上海交通大学博士生导师、教授，享受国务院颁发的特殊津贴，上海市第十、十一、十二、十四届人大代表，新世纪百千万人才工程国家级人选。

汪泓教授长期担任教育部高等学校工商管理专业教学指导委员会副主任委员，曾任教育部高等学校管理科学与工程专业教学指导委员会副主任委员，目前为教育部新世纪优秀人才支持计划资助学者、曙光学者和曙光跟踪学者、上海市领军人才、上海市优秀学术带头人。

汪泓教授率先主动对接国内外邮轮产业大发展，创新性开拓“旅游管理”专业教学内涵，在全国最早开设“邮轮经济”本科和硕士研究生专业并担任学科带头人；由其领衔的“政产学研用五位一体培养国际邮轮紧缺人才创新实践”项目获得2014年国家级教学成果二等奖、上海市教学成果特等奖；注重科研成果直接向生产力转化和推广，很多成果已直接转化为邮轮公司和政府决策依据。先后主持国家社会科学基金、国家软科学重大项目、国家发改委重大项目6项以及省部级课题30余项，出版专著和发表论文70余部（篇），多篇被EI、ISTP收录，30余项研究成果分别获得上海市政府决策咨询研究成果一等奖、上海市科技进步二等奖、上海市邓小平理论研究和宣传优秀成果奖、上海市哲学社会科学内部探讨优秀成果奖、上海市教学成果一等奖、上海市教育科研成果一等奖等各类省部级奖项。

曾任中华全国总工会执委、全国妇联代表、上海工程技术大学校长、上海市总工会副主席、上海企业管理协会副会长、上海创意产业协会副会长、上海市科学与艺术协会副理事长、上海国际邮轮经济研究中心主任等职务。

摘　要

《中国邮轮产业发展报告（2019）》是由上海国际邮轮经济研究中心组织国内外邮轮业界著名专家学者，根据全球及中国邮轮产业发展形势编写的年度研究报告，是社会科学文献出版社“皮书系列”的重要组成部分。本年度“邮轮绿皮书”是该系列出版物的第六本，由总报告、专题篇、产业发展篇、政策建议篇四个部分组成，内容体系更完善，更具有前瞻性。总报告讲解了 2018～2019 年世界及中国邮轮经济发展情况及未来趋势，并通过十大热点介绍中国邮轮经济最新热点信息。专题篇内容为，伴随我国邮轮经济由“高速增长”向“高质量、高品质”转变，以及“邮轮旅游”向“邮轮经济全产业链”跨越式转变，紧跟长三角一体化国家战略的实施，特别对邮轮经济全产业链战略以及长三角邮轮旅游目的地发展进行了专题研究，以更好地服务国家战略发展。产业发展篇、政策建议篇全面而深度地对中国邮轮经济全产业链发展的最新进展和发展思路进行分析研判，并提出了更具前瞻性的对策建议，以更好地推动中国邮轮经济全产业链战略的实施，提升邮轮产业能级，服务国家和地方经济的高质量发展。

总报告对 2018～2019 年全球及中国邮轮产业发展情况进行了系统分析，并对未来邮轮经济发展作出相应预测。专题篇主要就亚洲邮轮经济发展景气指数、中国邮轮经济全产业链战略、长三角一体化背景下邮轮旅游目的地发展、日韩邮轮产业发展等方面展开论述。产业发展篇主要围绕“一带一路”倡议下中国邮轮旅游市场国际化对策、邮轮产业绩效综合评价、母港邮轮产品及航线多元发展、邮轮修造产业配套园区发展等问题展开了深入分析。政策建议篇主要从邮轮产业扶持政策效应评价、国际邮轮在中国母港运营的准入机制、邮轮港口区域的环境监控体系与监察制度、邮轮口岸全面推进单一窗口、打造亚太邮轮物资配送中心等方面提出建设性建议，以期为推动中国邮轮经济高质量发展提供更好的保障。

2018～2019 年，中国邮轮市场进入新的发展阶段，正处在由“高速度增长”向“高质量发展”跨越的关键阶段，更辉煌的时刻还在未来。邮轮是各方广泛关注的兴奋点、发力点、增长点，李克强总理提出“支持邮轮游艇旅游等新业态发展”，邮轮经济的高质量发展又将为新时代“高品质生活”增添新的内涵。中国邮轮经济全产业链发展，将更好地推动邮轮旅游市场培育体系构建，促进邮轮经济政策体系逐步完善，推动邮轮配套产业集群发展，为建造世界邮轮经济中心打下更加坚实的基础。总体而言，在中央及地方政府加大对邮轮经济支持力度的背景下，在国际邮轮经济蓬勃发展的产业背景下，在人民对美好生活向往日益强烈的时代背景下，中国邮轮经济面临着良好的发展形势和机遇，将在市场规模、产业能级、经济贡献等方面实现更大的跨越。展望未来，中国邮轮经济将成为世界邮轮产业版图中最为重要的组成部分和发展动力，形成邮轮研发设计、邮轮建造、邮轮船队运营、邮轮配套、邮轮港口运营等产业体系完善的全产业链格局，将建立世界级邮轮经济产业集群，打造世界排名前三的邮轮母港，打造万亿级邮轮产业集群，成为世界邮轮经济的东方中心。

本书的成功出版是学界、业界等各方通力合作的成果，得到了政府的大力支持，得到了社会各界的鼎力相助，特别感谢上海吴淞口投资（集团）有限公司对本书出版的鼎力支持！

序

2019 年是新中国成立 70 周年、全面建成小康社会关键之年、实施“十三五”规划的冲刺之年，也是中国邮轮经济全产业链实质性启动的开局之年。在改革开放再出发的时代背景下，中国邮轮经济进入了由“高速度增长”向“高质量、高品位发展”转变的关键时期，进入了迈步开创国际邮轮经济中国时代的关键阶段。

全球邮轮旅游市场规模保持稳健增长，国际邮轮协会（CLIA）对邮轮旅游市场的发展前景持乐观态度，预测 2019 年全球邮轮游客量将达到 3000 万人次，并在 2025 年将达到 3760 万人次，表明国际邮轮市场具有良好的发展前景和市场潜力。亚太地区正在成为全球邮轮市场最具发展潜力的重要板块。从中国市场运营的母港邮轮看，2015 年为 12 艘，2016 年、2017 年均为 18 艘，2018 年为 16 艘，2019 年为 14 艘，2019 年中国市场虽然暂时在“量”上有所回落，但从整个市场看“质”的提升依旧在继续。未来数年，中国将陆续拥有最新、最好的国际邮轮。皇家加勒比游轮超量子系列第一艘邮轮——“海洋光谱号”于 2019 年 6 月 3 日布局中国市场，带来了邮轮业的最新科技，成为亚洲最大、最昂贵的邮轮，并计划 2021 年将全球最大级别邮轮 23 万吨级的“绿洲 V 号”布局中国市场。歌诗达邮轮专为中国量身打造的首艘 Vista 级邮轮“威尼斯号”也于 2019 年布局中国市场，2020 年姐妹船“佛罗伦萨号”将进入中国。地中海邮轮全新旗舰邮轮“荣耀号”也将在 2020 年春季进驻中国，云顶邮轮集团全新打造的两艘 20.4 万吨级、最大载客量达到 9500 人的“环球级”邮轮将在 2021 年布局上海母港。在部分邮轮公司调整运力的同时，更多国际邮轮公司将最新、最好的邮轮布局中国市场，这是市场信心最有力的证明。过去十年，我国沿海城市对邮轮港口的投资力度很大，上海、大连、天津、青岛、舟山、厦门、三亚、广州、深圳等地纷纷兴建邮轮港口，在浙江、福建、山东等省份还分布着约20个具有邮轮接待能力的海港，为邮轮旅游发展奠定了良好的基础。

新时代新发展，人们的消费能力更高，对美好生活的向往更加强烈，对休闲旅游的需求也迈向更高层次，邮轮旅游成为其重要选择之一。中国已连续多年保持世界第一大出境旅游客源国地位，并保持稳健增长态势，这也为中国邮轮市场发展提供了良好的客源基础。近两年是中国邮轮经济实现高质量发展、迈步开创国际邮轮经济中国时代的关键阶段。我国从中央到地方，各级政策相继聚焦邮轮，交通运输部、文化和旅游部等国家十部门联合发布《关于促进我国邮轮经济发展的若干意见》，上海市政府出台《关于促进本市邮轮经济深化发展的若干意见》，福建省出台《关于促进邮轮经济发展的实施方案》，广州市出台《关于加快广州国际邮轮产业发展的若干措施》，给予了邮轮经济高质量发展强有力的指导、支持，邮轮经济发展的政策环境、市场环境显著改善。随着相关邮轮经济政策的逐步落实，政策红利将进一步释放，必将推动中国邮轮经济的更好发展。

邮轮产业在中国已经进入第二个十年发展期，机遇与挑战并存。邮轮文化的普及处于较为缓慢的状态，大量的游客依然十分看重岸上目的地旅游，过分看重邮轮产品的性价比，而非邮轮休闲度假的本质属性，亟须提升游客对邮轮旅游的认知度，增强邮轮市场发展动力，培养中国追求邮轮新时尚的生活方式；“多港挂靠”政策是为了有效解决我国多区域邮轮港口相互独立发展、互动性较低的问题，但至今尚未真正突破，中国多母港和互为母港航线发展存在瓶颈，影响联动效应；在产业链中上游的邮轮设计、制造、维修等方面依然没有重大突破，邮轮企业总部经济及邮轮产业链发展尚处起步阶段，需要实现更大的战略创新；本土邮轮产业发展缓慢，缺乏强有力的本土邮轮船队；产业要素集聚效应偏低，邮轮设计建造尚未形成成熟的产业体系，尚未掌握邮轮修造自主知识产权，区域辐射及带动效应有限。

为更好研判中国邮轮经济的发展形势，对中国邮轮市场未来趋势做系统深度研判，上海国际邮轮经济研究中心牵头组织编写《邮轮绿皮书：中国邮轮产业发展报告》。该报告是根据国际邮轮经济发展最新形势编写的年度研究报告，已经成为目前国内最具权威的邮轮产业研究著作，是中国邮轮经济发展的风向标，学术界和业界给予了高度关注和肯定评价，成为政府和企业制定邮轮产业发展规划和战略的重要依据。有幸，作为“邮轮绿皮书”的编写顾问，在此，我对于“邮轮绿皮书”所取得的成绩，表示由衷的感谢和赞叹。

2019 版“邮轮绿皮书”在以往版本基础上，基于中国邮轮经济最新趋势，更加注重对邮轮经济全产业链的研究，特别设置“专题篇”，探讨亚洲邮轮经济指数、新时代中国邮轮经济全产业链战略和长三角一体化背景下邮轮旅游目的地发展，为更好推动中国邮轮市场高质量发展提供良好的参考价值。

在此，我对“邮轮绿皮书”编写背后一直努力奉献的编者及工作人员表示衷心的感谢，对一直关心和支持中国邮轮经济发展的各界朋友们表示诚挚的谢意。希望各位同仁持续努力，一往无前，为更好实现中国邮轮全产业链的高质量发展做出更大的创新，探索中国路径和中国模式。同时，我更加期待，有更多的有志之士加入中国邮轮经济全产业链的发展大潮中，为更好满足人民群众对美好生活的需要而不懈努力，为全面建成小康社会、实现中华民族伟大复兴贡献自己的力量。

交通运输部原部长

中国交通运输协会原会长

钱永昌

二〇一九年九月六日

目　录

Ⅰ　总报告

Ⅱ　专题篇

Ⅲ 产业发展篇

Ⅳ 政策建议篇

皮书数据库阅读**使用指南**

总 报 告

General Reports

G.1

2018~2019年世界邮轮产业发展研究：规模超出预期、产业格局调整、经济贡献增强

汪 泓 史建勇 梅俊青*

摘 要： 2019年，尽管世界经济运行风险和不确定性显著上升，但全球邮轮旅游市场规模保持稳健增长，据国际邮轮协会（CLIA）预测，2019年全球邮轮市场游客有望达到3000万人次规模，同比增长5.19%，这将是首次突破3000万大关，2025年预计达到3760万人次，具有良好发展前景和市场潜力。北美地区依然是全球最大邮轮市场，2018年游客量达到1420万人次，同比

* 汪泓，博士，中共宝山区委书记，教授，博士生导师，研究方向：邮轮经济；史建勇，博士，上海工程技术大学党委副书记，教授，研究方向：邮轮经济；梅俊青，硕士，上海吴淞口开发有限公司，研究方向：邮轮经济。

增长 9%；加勒比海地区邮轮游客量达到 1130 万人次，同比增长 6%，继续保持邮轮目的地世界第一；阿拉斯加邮轮旅客数量超过 100 万人次，同比增长 13%。欧洲地中海地区邮轮游客量超过 400 万人次，同比增长 8%。亚洲已成为全球经济增长最快的地区，为邮轮经济发展提供了更加坚实的基础和发展潜力，2018 年亚洲邮轮游客规模达到 420 万人次，同比增长 5%，并且未来具备较大的增长空间，正在成为全球邮轮市场最具发展潜力的重要板块。邮轮建造市场供不应求更加显著，到 2027 年世界范围内新增订单达到 114 艘，总客位量新增 24.76 万个，更多新建邮轮为 13 万吨级以上。随着中国更深入参与邮轮设计建造、邮轮运营及邮轮产业配套服务等邮轮经济全产业链，世界邮轮产业发展格局正逐步调整，进一步推动全球邮轮经济的持续繁荣，提升亚太在全球邮轮市场中的地位和影响力。

关键词： 产业格局　邮轮经济　全产业链　发展潜力

一　全球邮轮市场发展态势分析

（一）全球邮轮旅游市场增长超出预期

邮轮经济具有规模大、增长稳定、聚集性强的显著特点，逐步成为沿海港口城市产业转型升级和城市功能提升的特色产业，成为推动海洋经济发展的新动能。据国际邮轮协会（CLIA）统计数据，2018 年全球邮轮游客量达到 2850 万人次，同比增长 7%（见图 1），高于国际邮轮协会（CLIA）最初预测的 2820 万人次，增长速度超出预期。北美地区邮轮游客量达到 1420 万人次，同比增长 9%，依然是全球最大的邮轮市场。其中，沿岸国最多的海域加勒比海地区凭借优良的港口资源、丰富的旅游资源、良好的气候条件等优势条件，一直是全球最为热门的邮轮旅游目的地，集聚着众多的邮轮品牌、丰富的邮轮航线和来源广泛的游客，2018 年邮轮游客量达到 1130 万人次，同比增长 6%，继续保持邮轮目的地世界第一的绝对优势地位；阿拉斯加邮轮旅客数量超过 100 万人次，同比增长 13%。亚洲地区邮轮旅客量增长了 5%，达到 420 万人次。地中海地区邮轮旅客量增长了 8%，超过 400 万人次。

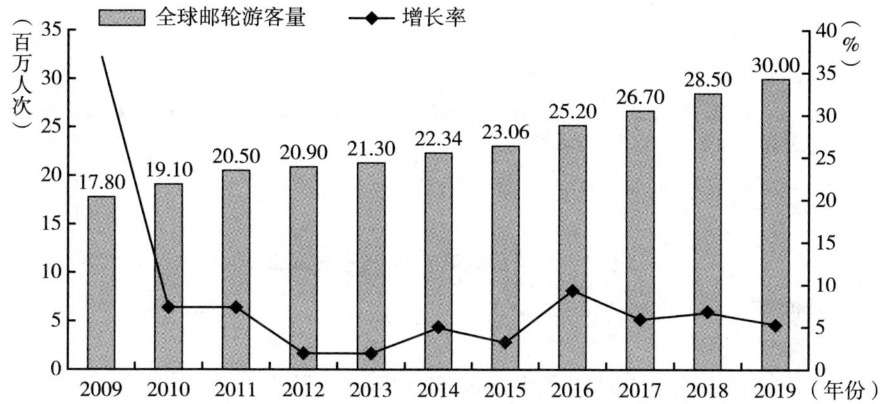

图 1　2009～2019 年全球邮轮游客量及增长率

资料来源：Cruise Lines International Association。

国际邮轮协会（CLIA）对邮轮旅游市场的发展前景持乐观态度，预测 2019 年全球邮轮游客量将达到 3000 万人次，并在 2025 年将达到 3760 万人次，表明国际邮轮市场具有良好发展前景和市场潜力。全球邮轮市场主要集聚在加勒比海、亚太地区、地中海、北欧及西欧、澳大利亚、阿拉斯加等区域（见图 2），这六大区域占据 85% 的份额。加勒比海依然是全球邮轮市场最集聚的区域，游客量占据全球近 40% 的市场份额，2018 年达到 38.4%。亚太地区经济发展水平不断提升，为邮轮旅游在亚太地区的发展提供了很好的客源基础，具备较大的增长空间，游客量占据全球邮轮市场的份额从 2013 年的 8% 增长到 2018 年的 15.1%，成为全球仅次于加勒比海的第二大邮轮市场。

（二）全球邮轮运营船队规模显著扩大

当前，嘉年华集团、皇家加勒比游轮集团、诺唯真游轮集团、地中海邮轮

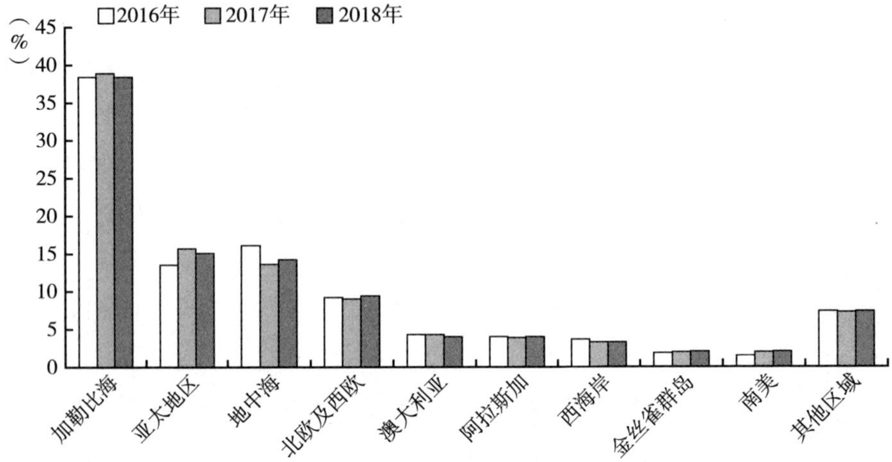

图 2　全球邮轮游客市场分布情况

资料来源：Cruise Lines International Association。

集团、云顶邮轮集团是全球前五大邮轮运营集团（见表 1）。在世界邮轮市场格局方面，邮轮企业巨头掌控市场主导权，船队规模实力位居世界邮轮界前三的巨型邮轮企业占据世界邮轮市场份额的 80% 以上，船队规模宏大，除地中海邮轮集团以外均是采取多品牌战略，运营邮轮品牌多样，针对各个区域市场投放不同层次的邮轮品牌。2018 年，全球在运营邮轮 342 艘，下铺客位量共计 56.9 万个，其中全球最大邮轮运营商嘉年华集团客位总量最大，市场占比达到 43%，皇家加勒比游轮集团占比 27%，诺唯真游轮集团占比达到 9%，地中海邮轮集团占比达到 8%，但随着地中海邮轮集团新船的不断兴建，地中海邮轮集团将有望成为全球第三大邮轮运营商，其国际影响力和地位将显著增强。

表 1　2018 年世界五大邮轮公司概况

单位：艘，个

邮轮公司	总部基地	创始年份	邮轮数量	品牌数量
嘉年华集团	美国迈阿密	1972	105	9
皇家加勒比游轮集团	美国迈阿密	1968	52	6
诺唯真游轮集团	美国迈阿密	1966	26	3

续表

邮轮公司	总部基地	创始年份	邮轮数量	品牌数量
地中海邮轮集团	那不勒斯	1987	15	1
云顶邮轮集团	中国香港	1993	9	3

注：数据更新至2019年初。
资料来源：Cruise Lines International Association。

嘉年华集团拥有九大邮轮品牌，共计105艘邮轮，床位数总计24.04万个。其中，嘉年华邮轮品牌拥有船数最多，达到26艘，床位数达到69890个，主要运营北美市场；秉承热情意式服务理念的意大利歌诗达邮轮拥有14艘邮轮，床位数达到34874个；公主邮轮拥有17艘邮轮，床位数达到45180个；爱达邮轮拥有13艘邮轮，床位数达到30212个；拥有140年发展历史的荷美邮轮拥有15艘邮轮，床位数达到26022个；世界历史最悠久的邮轮公司P&O邮轮拥有7艘邮轮，床位数达到17311个；P&O澳大利亚拥有5艘邮轮，床位数达到7710个；冠达邮轮拥有3艘邮轮，床位数达到6712个；奢华邮轮品牌世邦邮轮拥有5艘邮轮，床位数达到2588个。

皇家加勒比游轮集团拥有6个邮轮品牌，拥有52艘邮轮，床位总数达到13.20万个。其中，皇家加勒比国际拥有25艘邮轮，床位数达到80690个，更高级别的精致邮轮拥有13艘邮轮，与德国途易集团合资的途易邮轮拥有6艘邮轮，与携程旅游集团合资的天海邮轮于2018年9月关闭。诺唯真游轮集团拥有三大邮轮品牌、26艘邮轮，总床位数达到5.48万个。其中，诺唯真游轮品牌旗下拥有16艘邮轮。成立于2002年的年轻邮轮品牌大洋邮轮拥有6艘邮轮，总床位数达到5256个；奢华邮轮品牌丽晶七海邮轮拥有4艘邮轮，总床位数达到2660个。全球最大的私人邮轮企业地中海邮轮是全球前五大邮轮中唯一的单一品牌运营商，旗下拥有15艘邮轮，总床位数达到4.46万个。亚洲本土邮轮企业云顶香港集团旗下拥有9艘邮轮，总床位数达到1.54万个。其中，丽星邮轮拥有4艘邮轮，床位数达到6505个；首个亚洲本土豪华邮轮品牌星梦邮轮拥有“云顶梦号”与“世界梦号”

2 艘大型邮轮，总床位数达到 6800 个；奢华品牌水晶邮轮拥有 3 艘邮轮，总床位数达到 2104 个（见表 2）。

表 2　2019 年全球邮轮五大品牌船队情况

单位：艘，个

嘉年华集团			皇家加勒比游轮集团		
品牌	船数	床位数	品牌	船数	床位数
嘉年华邮轮	26	69890	皇家加勒比国际	25	80690
歌诗达邮轮	14	34874	精致邮轮	13	25330
公主邮轮	17	45180	途易邮轮	6	14784
爱达邮轮	13	30212	普尔曼邮轮	4	7358
荷美邮轮	15	26022	精钻邮轮	3	2122
P&O 邮轮	7	17311	天海邮轮(已关闭)	1	1800
P&O 澳大利亚	5	7710			
冠达邮轮	3	6712			
世邦邮轮	5	2588			
诺唯真游轮集团			**云顶邮轮集团**		
品牌	船数	床位数	品牌	船数	床位数
诺唯真邮轮	16	46930	丽星邮轮	4	6505
大洋邮轮	6	5256	星梦邮轮	2	6800
丽晶七海	4	2660	水晶邮轮	3	2104
地中海邮轮集团					
品牌	船数	床位数			
地中海邮轮	15	44640			

资料来源：Cruise Lines International Association。

2019 年 2 月 1 日，皇家加勒比国际游轮第二艘超量子系列邮轮在德国帕彭堡迈尔（Meyer Werft）船厂正式开工建造，这是皇家加勒比游轮集团旗下的第 27 艘邮轮，被命名为“海洋奥德赛号”（Odyssey of The Seas）。“海洋奥德赛号”预计于 2020 年秋季在美国启航。2019 年初，意大利芬坎蒂尼造船厂继“七海探索者号”后，正式向丽晶七海交付 5.5 万总吨的“七海辉煌号”邮轮，另外一艘将于 2023 年交付。大洋邮轮也与芬坎蒂尼船厂签订了合同，建造2艘载客量达到1200人的阿洛拉（Allura）级邮轮，该笔交易超过10亿美元，2艘船分别于2022年和2025年交付。意大利芬坎蒂尼造船厂向维京邮轮交付了4.7万总吨、载客量达到930人的“木星号”邮轮，未来将逐步向维京邮轮交付规格基本一致的10艘新船，从而使得维京邮轮船队的规模不断扩大。2019年1月，专注于极地探险的夸克探险邮轮公司（Quark Expeditions）在克罗地亚最大的船厂Brodosplit举行新船建造钢板切割仪式，建造的新型极地探险邮轮将于2020年建成并交付使用，本次建造的新型邮轮长度达到128米，吨位为1.35万总吨，最大载客量为200人。嘉年华将迎来2艘更大型的邮轮，即将分别在2020年和2022年亮相的两艘邮轮吨位达到18万总吨、载客量达到5200人。2018年11月21日，精致邮轮的最新船“精致边缘号”（Celebrity Edge）在美国罗德岱堡开启首航，主要经营加勒比海邮轮航线。2019年2月，意大利芬坎蒂尼造船厂正式向维京邮轮交付使用其旗下的第六艘船——维京朱庇特号（Viking Jupiter）。维京朱庇特号吨位达到4.78万总吨、载客量达到930人，将投入运营南美布宜诺斯艾利斯到圣地亚哥航线。在大型海洋邮轮之外，探险型邮轮船队规模也在不断扩大，2019年将有12艘探险邮轮完成建造并投入市场运营，进一步扩大探险邮轮市场规模。

布局全球最大邮轮市场区域的北美地区的邮轮公司主要有嘉年华集团、皇家加勒比游轮集团、诺唯真游轮集团以及云顶邮轮集团。其中嘉年华集团布局57艘邮轮，床位总数为12.83万个，接待邮轮游客量达到640.06万人次，所占市场份额最大，达到44.0%。皇家加勒比游轮集团布局38艘邮轮，床位总数为8.98万个，接待邮轮游客量达到432.74万人次，市场份额达到29.6%。诺唯真游轮集团布局25艘邮轮，床位总数为5.06万个，接待邮轮游客量达到221.30万人次，市场份额达到15.2%。嘉年华集团、皇家加勒比游轮集团、诺唯真游轮集团三大邮轮运营商合计占比达到88.8%。云顶邮轮集团将奢华邮轮品牌水晶邮轮投放北美市场，邮轮床位数达到2104个，2018年接待邮轮游客量达到5.96万人次，市场份额为0.4%（见表3）。

表 3　布局北美市场的主要邮轮品牌

品牌	船数(艘次)	床位数(个)	游客量(万人次)	市场份额(%)
嘉年华集团				
嘉年华邮轮	25	67790	422.42	28.9
公主邮轮	12	31980	126.66	8.9
荷美邮轮	15	26022	83.72	5.7
世邦邮轮	5	2558	7.26	0.5
皇家加勒比游轮集团				
皇家加勒比国际	22	62390	345.02	23.6
精致邮轮	13	25330	82.04	5.6
精钻邮轮	3	2122	5.68	0.4
诺唯真游轮集团				
诺唯真邮轮	15	42730	199.31	13.7
大洋邮轮	6	5256	14.48	1
丽晶七海邮轮	4	2660	7.51	0.5
云顶邮轮集团				
水晶邮轮	3	2104	5.96	0.4

资料来源：Cruise Lines International Association。

（三）全球邮轮旅游产品创新持续增强

推动邮轮旅游产品创新，是提升市场吸引力的重要基础，是提升品牌价值的重要抓手。皇家加勒比游轮集团将在 2020～2021 年推出 7 艘在 2018 年经十亿美元 Royal Amplified 现代化项目改造完成的邮轮，为各年龄段的游客带来各类新奇刺激的冒险旅程。集团基于对中国华北市场的深入洞悉，与德云社合作，联合打造“欢乐海洋笑的盛宴”系列主题航次，将现代化的邮轮设施与中国传统相声文化融合，从中国本土化的视角为游客提供别具匠心的多元化娱乐体验。皇家加勒比旗下邮轮引进融合百度人工智能和途鸽全球云通信技术的百度共享 WiFi 翻译机，开启“智能翻译 + 全球上网”的海陆超凡服务体验，游客可随时随地上网，实时在线智能翻译。

在 2021 年超长环球航行计划中，大洋邮轮将于 2021 年 1 月 9 日从迈阿密始发，在 180 天航期内跨越三大洋六大洲，涵盖 44 个国家和地区，中途停靠100个停靠港目的地，探访120余个联合国教科文组织世界遗产，总航程达到3.9万余海里。云顶邮轮集团旗下星梦邮轮推出亚洲首个一价尽享式“精品船中船”奢适邮轮体验。MSC地中海邮轮旗下“传奇号”邮轮将于2019年11月停靠大洋礁（Ocean Cay）私家岛屿，使得游客可以享受到纯正的自然海滩。海达路德极地探险游轮从2021年开始将开辟更多远征航线，其旗下的山妖峡湾号（MS Trollfjord）、芬马克号（MS Finnmarken）、斯匹次卑尔根号（MS Spitsbergen）和午夜阳光号（MS Midnatsol）将列入远征航线运营计划。

（四）全球邮轮企业运营盈利能力显著提升

随着世界邮轮旅游市场的持续向好，全球五大邮轮运营集团盈利能力持续向好。2018年，占有全球邮轮市场份额44.0%的最大邮轮运营商嘉年华集团的财报数据显示，全年总收入达到188.8亿美元，同比增长7.83%；净利润达到31.52亿美元，同比增长21%。其中，邮轮运营收入达到186.09亿美元，同比增长7.7%；船票收入达到139.3亿美元，占到邮轮运营收入的75%，同比增长7.6%；每床每晚净收入达到183.3美元，同比增长5.3%，每床每晚运营总成本为158.96美元。占有全球邮轮市场份额29.6%的皇家加勒比游轮集团的财报数据显示，2018年全年收入达到94.94亿美元，同比增长8.2%。其中，船票收入达到67.93亿美元，同比增长7.6%；净利润达到18.16亿美元，同比增长11.7%；每床每晚净收入达到195.7美元，同比增长4.4%。占有全球邮轮市场份额15.2%的诺唯真游轮集团，2018年全年总收入达到60.55亿美元，同比增长12.2%。其中，船票收入达到46.4亿美元，同比增长13.6%；净利润达到9.55亿美元，同比增长25.7%；每床每晚净收入达到249.8美元，同比增长3.7%（见图3、表4）。

全球最大私有邮轮企业地中海邮轮集团，2018年全年总收入约为39.61亿美元，同比增长21.5%。其中，船票收入约为29.67亿美元，同比增长21.5%；净利润约为5亿美元，同比增长11.9%；每床每晚净收入约为152.2美元，同比增长－0.8%。亚洲邮轮著名运营商云顶邮轮集团财报数据

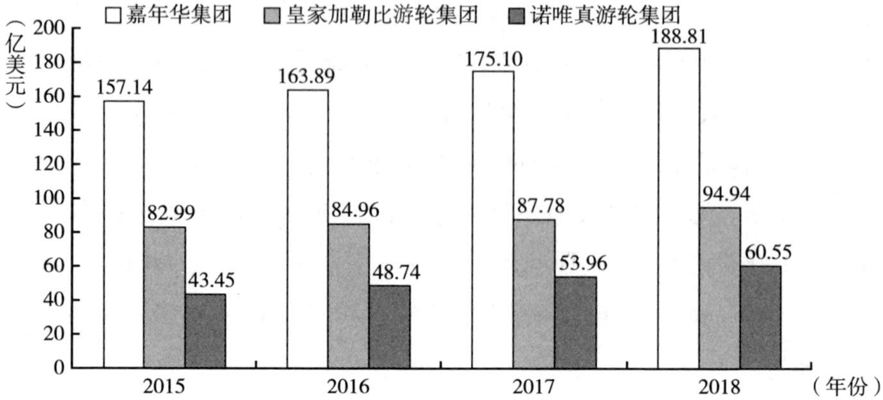

图 3　三大邮轮运营商总收入情况

资料来源：邮轮公司 2018 年财报。

显示，2018 年收入达到 16 亿美元，同比增长 34%，可载邮轮日数增加 19%，净收益上升 15%，载客率增加到 91%。随着星梦邮轮 2 艘新邮轮首次全年运营，集团规模效益提高，未计利息、税项、折旧及摊销前盈利为 7200 万美元，扭转了 2017 年亏损 1.61 亿美元的局面。专为中国及亚洲高端邮轮市场打造的首个亚洲本土豪华邮轮品牌星梦邮轮的营收能力超出行业平均水平。

表 4　2018 年全球四大邮轮运营集团财务状况

邮轮公司	财务指标	数额	同比增长(%)
嘉年华集团	总收入(亿美元)	188.8	7.83
	船票收入(亿美元)	139.3	7.6
	净利润(亿美元)	31.52	21.0
	每床每晚净收入(美元)	183.3	5.3
皇家加勒比游轮集团	总收入(亿美元)	94.94	8.2
	船票收入(亿美元)	67.93	7.6
	净利润(亿美元)	18.16	11.7
	每床每晚净收入(美元)	195.7	4.4
诺唯真游轮集团	总收入(亿美元)	60.55	12.2
	船票收入(亿美元)	46.4	13.6
	净利润(亿美元)	9.55	25.7
	每床每晚净收入(美元)	249.8	3.7

续表

邮轮公司	财务指标	数额	同比增长(%)
地中海邮轮集团	总收入(亿美元)	39.61	21.5
	船票收入(亿美元)	29.67	21.5
	净利润(亿美元)	5.0	11.9
	每床每晚净收入(美元)	152.2	-0.8

资料来源：四大邮轮公司2018年财报。

二 全球邮轮建造市场形势分析

（一）全球邮轮建造市场供不应求

随着世界邮轮市场需求的不断增长，现有国际邮轮建造厂的供给难以满足日渐增长的需求，当前每年平均需要12艘大型邮轮，仅仅依靠欧洲邮轮建造厂短期内难以满足市场快速增长的需求。至2027年，全球邮轮建造新增订单将达到114艘，总客位量达到24.76万个，其中嘉年华集团订单占比达到35%，皇家加勒比游轮集团订单占比达到16%，诺唯真游轮集团订单占比达到11%，云顶邮轮集团订单占比达到5%，其他占比达到33%。

作为全球最大的豪华邮轮建造企业，意大利芬坎蒂尼集团并未受到国际船舶建造市场不景气的影响，订单依然供不应求，其手持邮轮订单数量达到52艘，客位量达到10.4万个，占全球邮轮建造市场份额的49.1%。2018年获得27艘新造船订单，总价值约为96亿美元，其中邮轮订单为14艘，营业收入达到61.5亿美元，同比增长9%，邮轮业务收入增长6.4%，集团利润约为0.776亿美元，增幅高达30%。芬坎蒂尼集团拥有强大的研发创新能力，能够有效满足邮轮市场发展的新需求。它拥有3个设计中心和1个研究中心，拥有的20家船厂分布在意大利、美国、澳大利亚、新加坡、挪威、印度、波兰、巴西等国，员工数量达到2万人。2019年第一季度，芬坎蒂尼集团取得大洋邮轮、丽晶七海邮轮、维京游轮、地中海邮轮、公主邮轮等5家邮轮公司的

11 艘邮轮新订单，合同价值高达 93.6 亿美元。法国 STX 船厂持有邮轮订单为 10 艘，客位量达到 4.24 万个，订单主要来自皇家加勒比游轮集团和 MSC 地中海邮轮。MSC 地中海邮轮与法国 STX 船厂合作建造的 4 艘全新“World Calss”邮轮将分别在 2022 年、2024 年、2025 年与 2026 年交付，4 艘均为总吨位超过 20 万吨的全新级别邮轮，使得地中海邮轮大型邮轮船队规模迅速提升。被称为全球最现代化的船厂、拥有在世界上迄今为止最大的室内干船坞的德国迈尔船厂持有订单 11 艘，客位量为 3.89 万个，主要来自嘉年华集团、诺唯真游轮集团、皇家加勒比游轮集团、迪士尼邮轮等邮轮运营企业。位于芬兰的迈尔图尔库船厂持有邮轮订单为 7 艘，客位量为 3.5 万个，订单主要来自嘉年华集团、皇家加勒比游轮集团、地中海邮轮集团、诺唯真游轮集团、迪士尼邮轮等邮轮运营企业。云顶邮轮集团专注于大型邮轮新建业务的 MV Werften 造船集团手持订单为 6 艘，客位量达到 1.14 万个，并且均为星梦邮轮量身建造，目前正在建造 2 艘 20 万吨“环球级”邮轮，分别将于 2021 年和 2022 年下水，截至 2018 年底，首艘“环球级”邮轮建造工程已经完成 20%，其中第一艘预计将进驻上海及天津母港，满足华东、华北市场需求。

表 5 2019 年全球市场交付新邮轮情况

单位：吨，个

邮轮公司	船名	建造船厂	总吨位	客位量
地中海邮轮集团	地中海荣耀号	法国大西洋船厂	167600	4500
歌诗达邮轮	威尼斯号	意大利芬坎蒂尼船厂	135500	4200
珊瑚探险邮轮	珊瑚探险家号	意大利芬坎蒂尼船厂	5000	120
维京邮轮	Viking Jupiter	意大利芬坎蒂尼船厂	47800	930
皇家加勒比游轮集团	海洋光谱号	德国迈尔船厂	168600	4180
精致邮轮	Celebrity Flora	荷兰 De Hoop 船厂	5739	100
途易邮轮	迈希夫 2 号	德国迈尔船厂	111500	2894
海达路德	Roaid Amundsen	挪威 KlevenWerft 船厂	20889	530
南北极游轮	Hondius	克罗地亚 Brodosplit	5590	180
赫伯罗特邮轮	Hanseatic Nature	意大利芬坎蒂尼船厂	16100	230
庞洛邮轮	Le Bougainville	意大利芬坎蒂尼船厂	10000	184
海达路德	Fridtjof Nansen	挪威 KlevenWerft 船厂	20889	530
传奇邮轮	Spirit of Discovery	德国迈尔船厂	55900	972
极光探险	Greg Mortimer	招商局集团	8000	180
庞洛邮轮	LeDumont D'Urville	意大利芬坎蒂尼船厂	10000	184

续表

邮轮公司	船名	建造船厂	总吨位	载客量
诺唯真游轮集团	Norwegian Encore	德国迈尔船厂	167800	4200
嘉年华集团	嘉年华全景号	意大利芬坎蒂尼船厂	133500	3954
丽思卡尔顿	Unnamed	AstilleroBarreras 船厂	24000	298
歌诗达邮轮	Costa Smeralda	德国迈尔船厂	180000	5000
赫伯罗特邮轮	Hanseatic Inspiration	意大利芬坎蒂尼船厂	16100	230
地中海邮轮集团	地中海鸿图号	法国大西洋船厂	177000	4900
公主邮轮	星空公主号	意大利芬坎蒂尼船厂	143700	3560

资料来源：Cruise Lines International Association。

（二）全球新建邮轮船队规模持续扩大

当前，全球邮轮建造订单已经排到2027年。到2027年，全球最大邮轮运营商嘉年华集团拥有118艘邮轮，邮轮床位数达到31.69万个，游客接待量将达到1545.78万人次，市场份额占比达到37.5%，其中中船集团与嘉年华集团合资邮轮运营公司中船嘉年华邮轮公司将拥有2艘邮轮，接待游客量将达到67万人次，市场份额占比达到1.7%（见表6）。

表6　2027年嘉年华集团邮轮船队情况

邮轮品牌	船数(艘)	床位数(个)	游客量(万人次)	市场份额(%)
嘉年华邮轮	29	84090	516.05	13.0
歌诗达邮轮	18	53247	304.09	7.7
公主邮轮	19	53380	215.86	5.5
爱达邮轮	15	41012	181.98	4.6
荷美邮轮	16	28682	106.06	2.7
中船嘉年华	2	10000	67.00	1.7
P&O 邮轮	9	27711	96.22	1.3
P&O 澳大利亚	5	9044	50.23	0.8
世邦邮轮	5	9721	8.29	0.2
总计	118	316878	1545.78	37.5

资料来源：Cruise Lines International Association。

全球第二大邮轮运营商皇家加勒比游轮集团在2027年将拥有60艘邮轮，床位总数将达到16.84万个，邮轮游客量将达到843.02万人次，市场份额占比将达到21.3%。皇家加勒比国际依然是全球最大的邮轮品牌，拥有邮轮达到30艘，床位数达到10.43万个，接待邮轮游客量将达到571.48万人次，市场份额占比为14.4%。精致邮轮将拥有15艘邮轮，床位数达到3.40万个，邮轮游客接待量将达到133.56万人次（见表7）。截至2018年12月31日，皇家加勒比游轮集团签署的在建邮轮总价值约为114亿美元，但不包括合作品牌——途易邮轮（TUI Cruises）和银海邮轮（Silversea Cruises）的新船订单。到2025年，皇家加勒比游轮集团手持邮轮订单的总价值将达到创纪录的164亿美元（约合人民币1128亿元）。皇家加勒比游轮集团2019年为旗下邮轮品牌精致邮轮（Celebrity Cruises）订造了第五艘Edge级邮轮，由大西洋造船厂建造，造价约为9亿美元。

表7　2027年皇家加勒比游轮集团邮轮船队情况

邮轮品牌	船数(艘)	床位数(个)	游客量(万人次)	市场份额(%)
皇家加勒比国际	30	104338	571.48	14.4
精致邮轮	15	34066	133.56	3.4
途易邮轮	8	20534	91.98	2.3
普尔曼邮轮	4	7358	38.98	1.0
精钻邮轮	3	2122	7.00	0.2
总计	60	168418	843.02	21.3

资料来源：Cruise Lines International Association。

意大利全资拥有的MSC地中海邮轮集团在2018~2027年共增加9艘邮轮，在2027年邮轮数量将达到24艘，床位数将达到8.96万个，邮轮游客接待量将达到456.44万人次，市场份额占比为11.5%，将超越诺唯真游轮集团成为全球第三大邮轮运营商（见表8）。

表8　2027年地中海邮轮集团邮轮船队情况

邮轮品牌	船数(艘)	床位数(个)	游客量(万人次)	市场份额(%)
地中海邮轮	24	89636	456.44	11.5

资料来源：Cruise Lines International Association。

以“承诺、专属和真诚”为品牌理念的诺唯真游轮集团，2018~2027年将新增6艘邮轮，到2027年拥有32艘邮轮，床位总数达到7.30万个，邮轮游客量将达到353.17万人次，市场份额占比达到8.9%（见表9）。

表9　2027年诺唯真游轮集团邮轮船队情况

邮轮品牌	船数(艘)	床位数(个)	游客量(万人次)	市场份额(%)
诺唯真邮轮	21	64330	328.85	8.3
大洋邮轮	6	5256	14.48	0.4
丽晶七海邮轮	5	3410	9.84	0.2
合　计	32	72996	353.17	8.9

资料来源：Cruise Lines International Association。

深耕亚洲邮轮市场的云顶邮轮集团，2018~2027年将增加6艘邮轮，主要是星梦邮轮品牌新增2艘邮轮，水晶邮轮品牌增加4艘新邮轮，邮轮总数将达到15艘，床位总数将达到2.68万个，邮轮游客接待量将达到200.09万人次，市场份额达到5%（见表10）。

表10　2027年云顶邮轮集团拥有邮轮船队情况

邮轮品牌	船数(艘)	床位数(个)	游客量(万人次)	市场份额(%)
丽星邮轮	4	6505	68.57	1.7
星梦邮轮	4	16800	120.60	3.0
水晶邮轮	7	3492	10.92	0.3
合　计	15	26797	200.09	5.0

资料来源：Cruise Lines International Association。

（三）新型绿色邮轮建造投入力度加大

随着世界邮轮产业的快速发展，邮轮对环境的影响引起广泛关注，建设绿色邮轮成为国际邮轮产业发展的必然趋势和共同追求。邮轮在锚泊、停靠或移动时产生的大量废水、废气和固体废弃物，会对海洋和大气环境造成很大影响。为了尽量降低邮轮活动产生的负外部性，促进邮轮旅游业的可持续发展，邮轮建造时应充分考虑环保性要求，以先进的处理技术优化废物处理系统。此外，大量含硫燃料油的消耗是邮轮造成大气污染的主要原因，未来更倾向于开发清洁能源和核能为邮轮提供动力。

2018 年 7 月，公主邮轮公司宣布了新的造船计划，2 艘新级别的 17.5 万吨 LNG 动力邮轮开始建造，由意大利著名造船商芬坎蒂尼集团建造，这两艘新船预计在 2023 年下半年和 2024 年春季交付使用（见表 11）。而且，这两艘大型邮轮将是主要由液化天然气（LNG）提供动力的双燃料邮轮。届时，公主邮轮将达到一个新的量级。2018 年 2 月 27 日，嘉年华集团与德国迈尔船厂签订了 1 艘 18 万吨 LNG 动力邮轮建造合同，新船将在 2023 年交付，是嘉年华集团为旗下爱达邮轮（AIDA Cruises）建造的第三艘 LNG 动力邮轮，其中全球首艘完全使用 LNG 作为动力的第一艘邮轮在 2018 年 12 月交付运营，第二艘将在 2021 年春季开展仪式命名。

法国邮轮公司 Ponant 在意大利芬坎蒂尼集团旗下挪威船厂 VARD Holdings 下单订造了 1 艘豪华极地探险破冰邮轮。新船采用 LNG 和电力混合动力推进，将成为全球第一艘 LNG 电力混合动力的破冰邮轮，计划在 2021 年第二季度由挪威 VARD Soviknes 船厂交付。该船配备了 LNG 推进系统，是为前往北极点、威德尔海、罗斯海和彼得一世岛等目的地专门开发的，这艘 Polar Class 2 破冰船将能够满足最高的环保和安全运营标准。2018 年 7 月，途易邮轮（TUI Cruises）在意大利芬坎蒂尼集团下单订造 2 艘 16.1 万吨 LNG 动力新一代邮轮。这两艘新船将由芬坎蒂尼集团在蒙法尔科内的船厂建造，分别在 2024 年和 2026 年交付。包括最新的 2 艘在内，途易邮轮的迈希夫系列（Mein Schiff）豪华邮轮船队将在 2026 年增长 9 艘（见表 11）。

表 11　新型绿色邮轮建造

单位：万吨

邮轮公司	动力类型	吨位	建造厂商	下水年份
公主邮轮	LNG 动力	17.5	芬坎蒂尼集团	2023、2024
爱达邮轮	LNG 动力	18	德国迈尔船厂	2023

续表

邮轮公司	动力类型	吨位	建造厂商	下水时间
Ponant 邮轮	LNG 和电力混合	3	芬坎蒂尼集团	2021
途易邮轮	LNG 动力	16.1	芬坎蒂尼集团	2024、2026
爱达邮轮	LNG 动力	18.4	芬坎蒂尼集团	2018
歌诗达邮轮	LNG 动力	18.2	德国迈尔船厂	2019
P&O 邮轮	LNG 动力	18.3	德国迈尔船厂	2020

资料来源：Cruise Lines International Association。

2018 年 8 月 31 日，德国迈尔船厂举行为爱达邮轮建造的全球首艘 LNG 动力邮轮“AIDAnova”号命名仪式。爱达邮轮“AIDAnova”号长 337 米、宽 42 米、18.4 万吨，有 2500 间客舱，配备超过 5000 个床位，能够为 6600 名乘客提供住宿。船上配备了 4 台双燃料发动机，可以在港口和海上使用目前最环保、排放最低的化石燃料运营。该船也是全球第一艘能够完全使用液化天然气（LNG）动力的邮轮，是第一艘在港口和公海上都 100% 采用液化天然气（LNG）动力的邮轮。

2019 年 10 月，总吨位达 18.27 万吨的歌诗达邮轮 Smeralda 号将正式下水，将在 2019 年 10 月 20 日开启首航，运营巴塞罗那、马赛和希维塔韦基亚航线，是歌诗达邮轮目前吨位最大的一艘新型邮轮，是德国迈尔图尔库船厂有史以来建造的最大的一艘邮轮，同时其船队中首艘 LNG（液化天然气）动力邮轮载客量达到 6518 人，船员数达到 1682 人，客舱数量达到 2612 间。2021 年德国迈尔图尔库船厂将向歌诗达邮轮交付第二艘 LNG（液化天然气）动力邮轮，进一步壮大邮轮船队规模。

（四）全球邮轮翻修市场发展潜力巨大

根据国际邮轮协会（CLIA）统计数据，每艘邮轮平均每三年进行一次坞修，周期平均 14 天，2018 年全球邮轮坞修时间总计 1500 天，坞修期间运营商日支出 200 万美元左右，全球邮轮坞修翻新市场年产值超过 30 亿美元。每艘大型豪华邮轮的翻修改造成本为1000万~5000万美元，主要是内装工程翻修。全球邮轮翻修业务主要集中于迈阿密、欧洲、巴哈马以及新加坡等地区，德国及新加坡在国际豪华邮轮翻修市场占有重要的地位。2018年嘉年华邮轮集团旗下船队在干船坞升级翻新的工期长达490天，而2019年则变成500天。2019年邮轮翻修市场持续繁荣，嘉年华集团将投资2亿美元对旗下“胜利号”进行全面改造，改造期为2个月，通过改造将全面提升设施先进性，船名由“胜利号”改为“日出号”，于2019年4月改造完成进行交付。嘉年华“狂欢号”翻新工程将于2019年10月5日开始，10月16日完工。从2019年3月1日开始耗资近2亿美元将船龄近20年的“凯旋号”号邮轮开进西班牙加的斯干船坞进行了为期近2个月的更新改造（见表12）。

表12　2019年嘉年华邮轮部分翻新情况

序号	邮轮船名	起始时间	完工时间
1	嘉年华梦幻号	2019年1月7日	2019年1月20日
2	嘉年华骄傲号	2019年2月3日	2019年2月16日
3	嘉年华自由号	2019年2月13日	2019年3月3日
4	嘉年华凯旋号	2019年3月1日	2019年4月28日
5	嘉年华狂欢号	2019年10月5日	2019年10月16日
6	嘉年华创意号	2019年10月20日	2019年11月2日

2018年皇家加勒比国际游轮集团旗下船队干船坞工期280天，到了2019年则变成360天。皇家加勒比国际游轮集团将对旗下“海洋航行者号”进行大规模翻新，翻新花费约为1.5亿美元，于2019年5月完成翻新重新进入市场。2018年9月，天海邮轮“新世纪号”在结束在华运营后，被德国途易集团收购，首先在浙江省舟山市中远造船厂进行改造，然后在西班牙加的斯进行改造，邮轮的整个风格与主题经过全面重新调整后以“马雷拉探险者2号”名称于2019年4月起以意大利帕尔马为母港开展地中海航线

运营。

2019 年诺唯真游轮集团旗下船队将进行 120 天的干船坞升级翻新，相较于 2018 年有所增长。2019 年 2 月，诺唯真游轮与跨国船舶装配公司 MJM Marine 签署合同，诺唯真“喜悦号”投入 5000 万美元进行全面翻新，于 3 月 11 日在中国正式启动，包括一个星巴克、一个扩建的水疗中心和健身房、缩小规模的零售店和赌场，以及更多的酒吧。4 月 21 日正式完成全部改造并准备投入运营，整个工期大约 40 天。2019 年 4 月，诺唯真“喜悦号”取代“明珠号”成为诺唯真游轮品牌在该地区部署的第三艘游轮，与“畅悦号”和“宝石号”一起在阿拉斯加地区执航，而后航向洛杉矶，开启前往墨西哥蔚蓝海岸和巴拿马运河的 2019/2020 年冬季航程。另外，诺唯真游轮还将斥资 1 亿美元用于大洋邮轮旗下 4 艘 R 级邮轮的升级。2019 年 2 月 11 日起丽星邮轮“处女星号”将停止运营，同时花费 5000 万美元对其进行改造，于 2019 年 4 月以“探索梦号”的名字开展运营，由丽星邮轮船队加入星梦邮轮船队。公主邮轮“蓝宝石公主号”将会在 2020 年 4 月进入新加坡干船坞进行为期 2 周的升级改造。

三　亚洲邮轮市场发展形势分析

（一）亚洲邮轮市场规模稳健增长

根据国际邮轮协会（CLIA）数据，2018 年亚洲邮轮市场规模达到 424 万人次（见图 4）。中国大陆地区邮轮客源占亚洲市场的比重从上年的 59.3% 下降为 55.8%，但依然占据亚洲邮轮客源市场的半壁江山。中国台湾以 9.3% 的份额依然保持亚洲第二大邮轮客源市场的位置，中国香港邮轮市场份额有显著提升，从 2016 年的 3.8% 增长到 2018 年的 5.9%，印度市场份额由 4.4% 增长到 5.2%，也有较大幅度的增长（见图 5）。

除中国大陆、马来西亚邮轮市场规模出现下降外，新加坡、印度、印度尼西亚、菲律宾、韩国、越南等都有所增长。随着皇家加勒比游轮、歌诗达

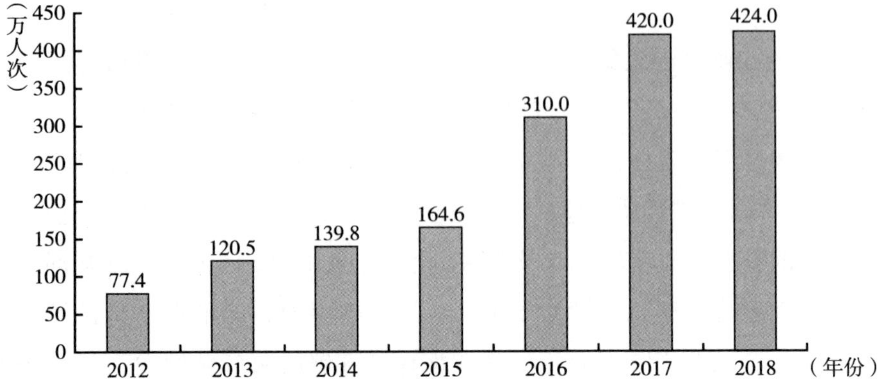

图 4　亚洲邮轮市场客源量变化

资料来源：Cruise Lines International Association。

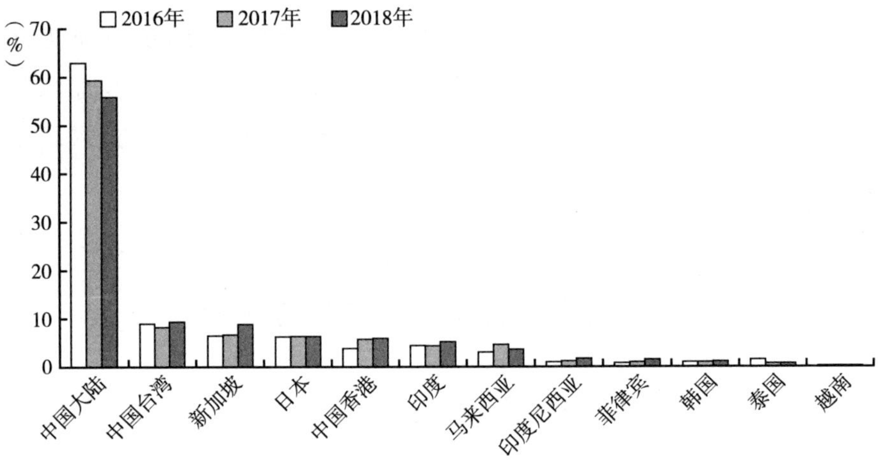

图 5　亚洲邮轮市场各区域份额占比情况变化

资料来源：Asian Cruise Industry Ocean Source Market Report（2018）。

邮轮及地中海邮轮等更多新船在亚洲邮轮市场布局，亚洲邮轮市场规模将进一步增长。这与亚洲良好的经济基础有着直接的关系，在全球区域化的大背景下，尽管亚洲经济发展压力依然较大，亚洲经济体获得了依靠内生动力增长、实现发展模式转型的契机，也获得了把更多资金、技术投放到亚洲域内的机会。随着亚洲命运共同体意识的进一步加强，以及亚洲经济体的进一步融合，未来亚洲经济形势将在自立的基础上稳步前行，并依托巨大消费市场和基础设施建设市场，有望在全球率先走出经济增长低谷，实现安全环境大幅根本改善。

（二）亚洲邮轮游客年轻化趋势明显

亚洲邮轮市场游客平均年龄为45.4岁，与2017年的45.6岁基本一致。近年来亚洲邮轮市场游客平均年龄并未发生明显变化，50岁以上占比50%左右，是客源市场最为重要的组成部分，这也与国际邮轮市场游客年龄特征基本相符。2018年，亚洲邮轮游客平均年龄为45.4岁，19岁及以下游客占比为13%，20～29岁占比9%，30～39岁占比16%，40～49岁占比为14%，50～59岁占比为17%，60～69岁占比为21%，70岁及以上占比为10%（见图6）。印度邮轮游客年龄处于较低水平，平均年龄为37岁，印度尼西亚邮轮游客平均年龄为39岁，而日本邮轮游客年龄较大，平均年龄为57岁。

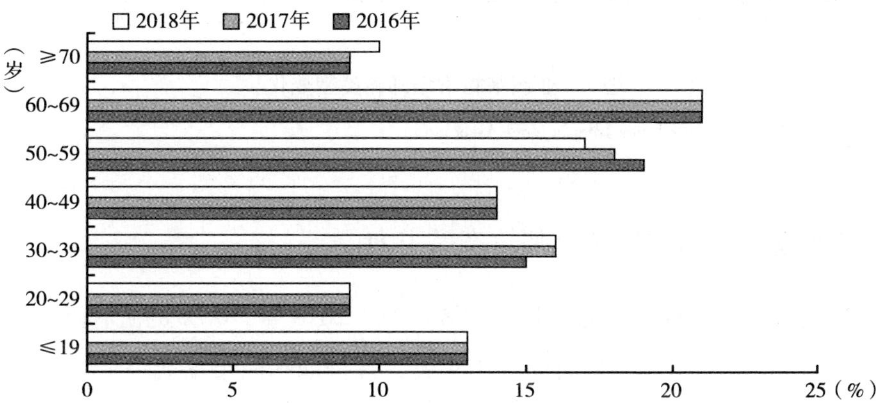

图6　亚洲邮轮市场平均游客年龄段变化

资料来源：Asian Cruise Industry Ocean Source Market Report（2018）。

（三）亚洲邮轮市场运力品牌逐步增加

根据国际邮轮协会数据统计，2018年亚洲邮轮市场运力为68艘邮轮，邮轮品牌达到35个；巨型邮轮数量达到5艘，大型邮轮达到14艘，中型邮轮数量最大，为28艘，小型邮轮数量达到17艘，探险型邮轮为4艘（见图7）。亚洲邮轮公司为大洋洲邮轮、丽晶七海邮轮、赫伯罗特航运公司、荷美邮轮、爱达邮轮、精钻邮轮、世邦邮轮、猎户座探险邮轮、银海邮轮、水晶邮轮、精致邮轮、风之星邮轮、银海邮轮探险、庞洛邮轮、公主邮轮、皇家加勒比游轮、歌诗达邮轮、丽星邮轮等。

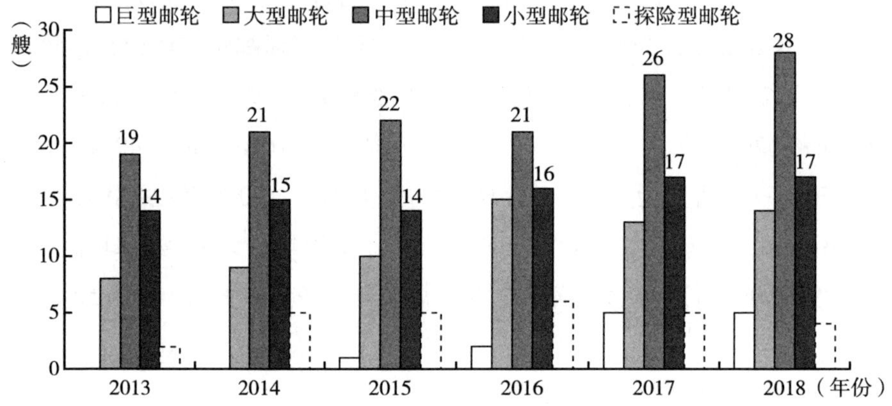

图7　亚洲邮轮市场邮轮类型变化

资料来源：Cruise Lines International Association。

（四）短途航线依然是邮轮产品主力

短航线依然是亚洲邮轮市场的主要特征，2018年，62%的游客选择4~6晚的航线产品，出行平均时间为4.9天，是全球邮轮市场航程最短的区域市场。2017年4~6晚短航线依然是主力航线，占到总量的66%，而2016年为64%，同比增长2个百分点，3晚及以下的产品占比26%，2016年占比为27%，下降1个百分点，因此6晚及以下的产品依然占有绝对比例，总占比达到92%。虽然不少邮轮公司尝试开发7天6晚甚至更长的航线，但6晚及以下的航线依然是最重要的组成部分，7晚的产品仅占4%，比2016年下降2个百分点，8晚以上的产品占比仅为15%。

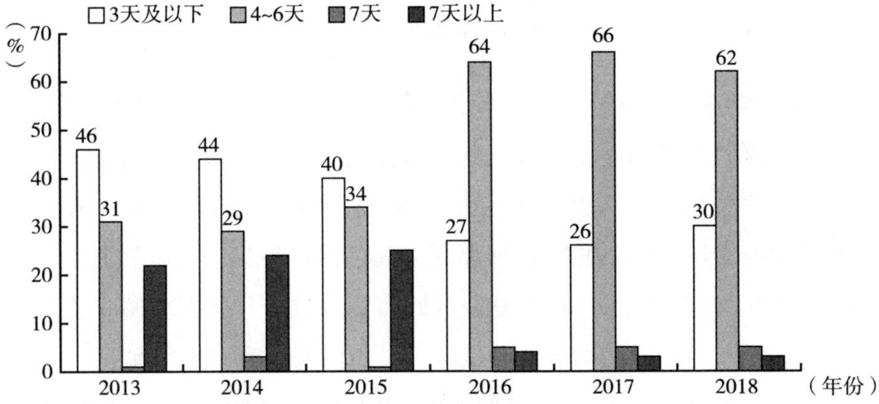

图 8　2013～2018 年亚洲邮轮市场产品变化

资料来源：Cruise Lines International Association。

四　全球邮轮市场发展趋势分析

（一）全球邮轮船队战略布局调整加快

皇家加勒比游轮“海洋绿洲号”打破了以往的邮轮度假模式，创建标志性“水剧场”表演场地，不断推动邮轮旅游产品创新，并于2019年进行了更为全面的改造，将成为从新泽西州贝永自由岬邮轮港（Cape Liberty）出发的首艘 Royal Amplified 邮轮，启航时间计划于 2020 年 5 月。在整个夏季，游客可以乘坐“海洋绿洲号”开展 7 晚的邮轮旅游，主要是前往巴哈马群岛及部分向北驶往新英格兰和加拿大的短途航线。另外，“海洋冒险者号”将驶回自由岬邮轮港，开展 5 晚以及 9 晚的夏秋季邮轮线路，主要前往百慕大、新英格兰、加拿大以及巴哈马群岛和加勒比海等著名旅游目的地。“海洋交响号”将返回佛罗里达州迈阿密港，其姐妹船“海洋和悦号”将返回卡纳维拉尔港，开启 7 晚的东加勒比海和西加勒比海航行之旅，并且这两艘邮轮都将参与“可可岛完美假期”项目。“海洋富丽号”将在夏季时节分别开展为期 5 晚和 9 晚的百慕大和巴哈马群岛线路，在冬季开展为期 9 晚的东南部海岸和巴哈马航线以及 12 晚的南加勒比海航线。

（二）全球邮轮产品创新性逐步增强

在2020年夏季部署计划中，长期运营纽约母港航线的“海洋圣歌号”将穿越大西洋驶回英国南安普敦，这是该邮轮近五年来的首次返航。量子系列游轮“海洋圣歌号”将开启其有史以来最为盛大的冒险之旅，在8～14晚的行程中停靠地中海、北欧和加那利群岛的沿海城镇。“海洋独立号”经过2018年的改造，将于2020年夏季返回南安普敦，开展围绕挪威峡湾、加那利群岛和北非、斯堪的纳维亚和俄罗斯，以及意大利地中海地区7～14晚的航海行程，另外，新增摩洛哥阿加迪尔以及位于大西洋中部葡萄牙亚速尔群岛的蓬塔德尔加达作为全新目的地。“海洋迎风号”将于2020年夏季返回意大利威尼斯，在希腊、克罗地亚航线和希腊群岛航线之间交替航行，开展短途邮轮旅游航线。“海洋珍宝号”将开展哥本哈根母港航线，这艘游轮提供穿越挪威峡湾的7晚之旅以及斯堪的纳维亚半岛、俄罗斯航线7晚之旅。“海洋光辉号”将第三次于夏季返回阿姆斯特丹，提供12晚的波罗的海航线以及环不列颠群岛的12晚邮轮旅游产品。“海洋量子号”将在2019年11月至2020年4月以滨海湾为母港运营6个月34个航次，其中包括4晚、5晚及少量7晚航次，主要目的地为吉隆坡、普吉岛以及槟城。2019年冬季，“探索梦号”将驶向南半球。“探索梦号”将推出每周由悉尼或奥克兰出发的全新母港航线，包括21个每周出发7晚航次，主要包含“昆士兰及大堡礁之旅”“新西兰南北岛之旅”“塔斯曼尼亚及墨尔本之旅”等产品。在诺唯真游轮调整“喜悦号”后，于2020年暑假将从海外调配一艘投入数千万美元改造的更具国际风情的7万吨的“诺唯真之勇号”布局中国市场。

（三）全球邮轮旅游市场发展潜力巨大

近年来，全球旅游总人次和旅游总收入保持强劲增长势头。根据国际货币基金组织（IMF）预测，2017年全球经济增长率将达到3.5%，2018年升至3.6%。据世界银行预测，新兴市场和发展中国家的经济增长率将从2016年的3.5%提高到4.1%。国际货币基金组织（IMF）在2018年10月发布的《世界经济展望》中指出，2019 年全球经济增速预期从半年前的 3.9% 下调至 3.7%。世界旅游人次及收入规模持续增加，不断推动全球经济增长。世界银行（WB）对 2018 年和 2019 年全球 GDP 实际增长率的预测分别为 3.1% 和 3.0%。根据《世界旅游经济趋势报告（2019）》，2018 年全球旅游总收入增速与 GDP 增速（世界银行）一致，预计 2019 年全球旅游总收入增速比 GDP 增速高出 0.7 个百分点。

根据《世界旅游经济趋势报告（2019）》，2018 年，世界旅游规模为 121.0 亿人次，增速为 5.0%，是世界人口总量的 1.6 倍，预计 2019 年世界旅游总人次将达到 127.6 亿人次，增速为 5.5%。2018 年全球旅游总收入达 5.34 万亿美元，相当于 GDP 的比例降至 6.1%，较上年下降 0.4 个百分点。预计 2019 年全球旅游总收入将达 5.54 万亿美元，相当于全球 GDP 的 6.0%，较 2018 年下降 0.1 个百分点（见表 13）。2018 年全球国际旅游总人次达到 12.79 亿人次，较上年增加 0.49 亿人次，增速为 4.0%；预计 2019 年，全球国际旅游总人次将达到 13.32 亿人次，增速为 4.1%。

表 13　全球旅游总收入及其变化

单位：万亿美元，%

指标	2016 年	2017 年	2018 年	2019 年预计
全球旅游总收入	5.01	5.18	5.34	5.54
相当于 GDP 的比重	6.6	6.5	6.1	6.0

资料来源：《世界旅游经济趋势报告（2019）》。

亚太旅游高速增长，2018 年亚太地区旅游总人次达 79.14 亿人次，比上年增长 9.4%；旅游总收入达 1.74 万亿美元，比上年增长 6.9%（见表 14）。预计 2018 年亚太地区旅游总人次和总收入将分别达到 86.17 亿人次和 1.89 万亿美元。在全球旅游排名前十国家中，亚太国家所占数目仅次于欧洲国家数目。2018 年，中国、印度、日本和印度尼西亚旅游总人次分别达到 45.3 亿人次、15.4 亿人次、3.2 亿人次和 2.6 亿人次，在国家旅游接待人次排名中分别列第 1、第 2、第 4、第 6 位。在旅游总收入方面，中国、日本和印度三个国家的旅游总收入分别排名为第 2、第 5 和第 7 位，成为增长速度最快的国家。

表 14　不同地区旅游总收入增速变化

单位：%

地区	2016 年	2017 年	2018 年	2019 年预计
欧洲	1.0	2.0	0.1	1.8
亚太	5.2	7.7	6.9	7.0
美洲	0.4	3.1	1.2	2.8
非洲	-0.7	1.1	3.2	1.2
中东	1.7	1.9	3.7	2.5

资料来源：《世界旅游经济趋势报告（2019）》。

近年来，对于旅游游客规模及收入规模而言，欧洲地区及美洲地区的市场比例持续降低，而亚太地区保持良好的增长态势。对于各地区旅游市场规模而言，2019 年，亚太旅游市场规模占有世界总规模近七成，相比 2018 年有所增长；而同期的美洲及欧洲地区旅游市场规模占世界的比例有所降低，这显示出亚太地区旅游市场充满着强劲的发展活力。从世界旅游市场来看，美洲、欧洲及亚太占有世界旅游市场规模的绝大部分，其他地区的市场比例处于较低水平。

（四）全球邮轮市场区域多元化特征逐步明显

世界邮轮航线分布比较集中，全球邮轮旅游活动的主要区域为加勒比海地区、欧洲/地中海区域、亚洲/南太平洋、阿拉斯加、墨西哥西海岸等，其中加勒比海地区和欧洲/地中海区域是最为密集的邮轮旅游活动区，邮轮到访量占全世界的一半以上。现代化邮轮旅游起源于经济发达、水域条件良好、海洋文化较为成熟的北美地区，北美地区的邮轮旅游已有五十多年的发展历程，市场培育了大量的邮轮公司，使得北美地区成为全球邮轮旅游最为发达和最具活力的市场区域，也使得北美地区成为全球邮轮旅游发展的样板地区。美国邮轮市场一直引领着世界邮轮旅游市场的发展，近年来美国游客量占据全球邮轮游客量的 50% 左右，英国和德国共占 15% 左右，澳大利亚、意大利和加拿大合计占 12% 左右。全球邮轮市场的集中度较高，全球 90% 左右的邮轮游客来自美国、德国、英国、澳大利亚、意大利、加拿大、中国、法国、西班牙、挪威等10个国家。随着亚太地区邮轮市场规模的逐步扩大、市场渗透率的提升，以及新兴邮轮市场的逐步崛起，邮轮市场的区域多元化特征逐步明显。

参考文献

[1] 汪泓主编《邮轮绿皮书：中国邮轮产业发展报告（2018）》，社会科学文献出版社，2018。

[2] 汪泓主编《邮轮绿皮书：中国邮轮产业发展报告（2017）》，社会科学文献出版社，2017。

[3] 汪泓主编《邮轮绿皮书：中国邮轮产业发展报告（2016）》，社会科学文献出版社，2016。

[4] 汪泓主编《邮轮绿皮书：中国邮轮产业发展报告（2015）》，社会科学文献出版社，2015。

[5] 叶欣梁、梅俊青：《中国邮轮经济运行分析与发展预测（2018）》，上海交通大学出版社，2018。

G.2

2018 ~2019年中国邮轮产业发展研究：邮轮经济全产业链实质性启动

汪 泓　叶欣梁　梅俊青*

摘　要： 邮轮产业在中国已经进入第二个十年发展期，机遇与挑战并存。在改革开放再出发的时代背景下，中国邮轮经济进入了由“高速度增长”向“高质量、高品位发展”转变的关键时期。2019 年，中国邮轮市场规模呈波动性调整态势，邮轮市场供给量有所降低，但“质”的提升在继续，皇家加勒比“海洋光谱号”、歌诗达“威尼斯号”等新邮轮将布局中国市场，未来还有更新、更大型的邮轮进来，为推动功能建设、制度完善提供了宝贵的时间窗口期。同时，国产大型邮轮实质性启动，本土邮轮船队逐步组建，邮轮配套产业集群逐步形成，邮轮港口接待能级持续提升，邮轮政策环境持续优化，标志着中国进入邮轮旅游向邮轮经济全产业链发展的关键之年。随着邮轮市场逐步达到一定规模，相关产业要素需求逐步显现，具备了向邮轮经济转型的基础。2018 年 11 月，中船集团与嘉年华集团、芬坎蒂尼集团在首届进博会上正式签订 2 +4 艘 13.5 万总吨 Vista 级大型邮轮建造合同，标志着我国首艘大型邮轮设计建造及相关配套产业集群进入正式实施阶段，产业规模将达到数百亿元乃至千亿元级。国际邮轮业界权

* 汪泓，博士，中共宝山区委书记，教授，博士生导师，研究方向：邮轮经济；叶欣梁，博士，上海工程技术大学教授，上海国际邮轮经济研究中心副主任，上海吴淞口国际邮轮港副总经理；梅俊青，博士，上海吴淞口开发有限公司，研究方向：邮轮经济。

威预计，中国到 2030 年需要 80 ~ 100 艘邮轮，按每艘邮轮 50 亿元人民币造价计算，市场规模为 3000 亿 ~ 4000 亿元。

关键词： 邮轮旅游　邮轮经济　全产业链　配套产业

一　中国邮轮经济发展环境分析

（一）中国经济已由高速增长阶段转向高质量发展阶段

虽然中国经济增速持续下行，但 2018 年全年中国 GDP 同比增速 6.6%，实现了 6.5% 左右的预期发展目标。并且按总量看，这是中国 GDP 首次突破 90 万亿元大关，经济总量稳居全球第二位，且呈现质量不断提升、结构持续优化的向好势头。供给侧结构性改革不断深化，经济结构不断优化，主要经济指标保持良好的发展趋势，经济实力显著增强，对全球经济发展的贡献度持续提升。2018 年全年国内生产总值达到 90.03 万亿元，比上年增长 6.6%（见图 1）。其中，第一产业增加值 6.47 万亿元，增长 3.5%；第二

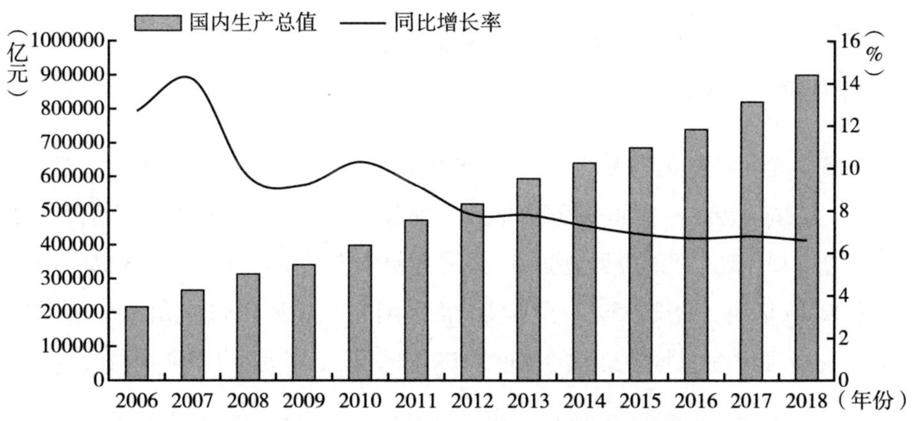

图 1　近年来我国国民生产总值及增长率

资料来源：国家统计局统计公报。

产业增加值36.6万亿元，增长5.8%；第三产业增加值46.95万亿元，增长7.6%。第一产业增加值占国内生产总值的比重为7.2%，第二产业增加值比重为40.6%，第三产业增加值比重为52.2%（见图2）。全年最终消费支出对国内生产总值增长的贡献率为76.2%，资本形成总额的贡献率为32.4%，货物和服务净出口的贡献率为-8.6%。人均国内生产总值6.46万元，比上年增长6.1%。国民总收入达到89.69万亿元，比上年增长6.5%。2018年末全国就业人员77586万人，其中城镇就业人员43419万人。全年城镇新增就业1361万人，比上年增加10万人。年末全国城镇调查失业率为4.9%，比上年末下降0.1个百分点；城镇登记失业率为3.8%，比上年末下降0.1个百分点。全国万元国内生产总值能耗比上年下降3.1%。

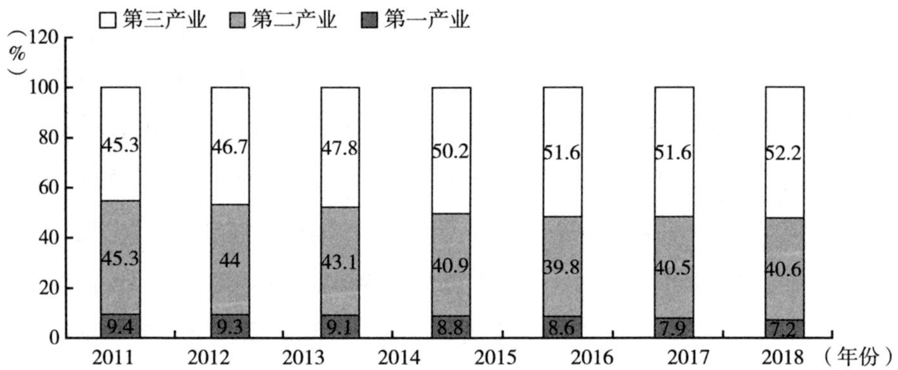

图2　中国产业结构变化情况

资料来源：国家统计局统计公报。

2018年全年社会消费品零售总额380987亿元，比上年增长9.0%。按经营地统计，城镇消费品零售额325637亿元，增长8.8%；乡村消费品零售额55350亿元，增长10.1%。按消费类型统计，商品零售额338271亿元，增长8.9%；餐饮收入额42716亿元，增长9.5%。全年实物商品网上零售额70198亿元，比上年增长25.4%，占社会消费品零售总额的比重为18.4%，比上年提高了3.4个百分点。

（二）居民消费能力增强，助推邮轮经济消费增长

居民收入水平的不断提升是邮轮经济健康可持续发展的重要基础。在反

映居民消费能力的指标中，人均可支配收入是较好的指标，居民购买力的提升将有利于现有旅游市场的发展和潜在市场的开发。2018 年全年全国居民人均可支配收入为 28228 元，比上年增长 8.7%，扣除价格因素，实际增长 6.5%。全国居民人均可支配收入中位数 24336 元，增长 8.6%。按常住地分，城镇居民人均可支配收入 39251 元，比上年增长 7.8%（见图 3），扣除价格因素，实际增长 5.6%。城镇居民人均可支配收入中位数 36413 元，增长 7.6%。农村居民人均可支配收入 14617 元，比上年增长 8.8%，扣除价格因素，实际增长 6.6%。农村居民人均可支配收入中位数 13066 元，增长 9.2%。按全国居民五等份收入分组，低收入组人均可支配收入 6440 元，中间偏下收入组人均可支配收入 14361 元，中间收入组人均可支配收入 23189 元，中间偏上收入组人均可支配收入 36471 元，高收入组人均可支配收入 70640 元。全国农民工人均月收入 3721 元，比上年增长 6.8%。2018 年全年全国居民人均消费支出 19853 元，比上年增长 8.4%，扣除价格因素，实际增长 6.2%。按常住地分，城镇居民人均消费支出 26112 元，增长 6.8%，扣除价格因素，实际增长 4.6%；农村居民人均消费支出 12124 元，增长 10.7%，扣除价格因素，实际增长 8.4%。全国居民恩格尔系数为 28.4%，比上年下降 0.9 个百分点，其中城镇为 27.7%，农村为 30.1%。

图 3　中国城镇居民人均可支配收入变化形势

资料来源：国家统计局统计公报。

（三）旅游业健康发展为邮轮旅游业提供新动能

随着科技进步和经济发展，人们的休闲时间与时俱增，恩格尔系数则与时俱减，在发达国家和地区，恩格尔系数已下降至20%～30%，人们可自由支配收入大幅度增加。目前全世界大部分国家实行每周5天工作制，同时又实行每年5～52天不等的在职带薪休假制。有些发达国家甚至打算实行每周工作4天、每天工作5小时、每周工作20小时，并进一步延长带薪休假时间，人们的闲暇时间增加。因此，在“可支配收入增加”及“闲暇时间增加”两大因素的驱动下，旅游者已不满足于传统的观光旅游产品，开始选择具有鲜明地域特色、时代特色和个性特色的休闲度假旅游产品，休闲度假旅游成为现代人生活的重要组成部分。

2018年国内旅游市场持续高速增长，入境旅游市场稳步进入缓慢回升通道，出境旅游市场平稳发展。全年国内旅游人数55.39亿人次，比上年同期增长10.8%。其中，城镇居民41.19亿人次，增长12.0%；农村居民14.20亿人次，增长7.3%。国内旅游收入5.13万亿元，比上年同期增长12.3%。其中，城镇居民花费4.26万亿元，增长13.1%；农村居民花费0.87万亿元，增长8.8%。入境旅游人数14120万人次，比上年同期增长1.2%。其中，外国人3054万人次，增长4.7%；香港同胞7937万人次，下降0.5%；澳门同胞2515万人次，增长2.0%；台湾同胞614万人次，增长4.5%。入境旅游人数按照入境方式分，船舶占3.3%，飞机占17.3%，火车占1.4%，汽车占22.3%，徒步占55.7%。入境过夜旅游人数6290万人次，比上年同期增长3.6%。其中，外国人2364万人次，增长5.2%；香港同胞2820万人次，增长1.6%；澳门同胞553万人次，增长5.9%；台湾同胞553万人次，增长4.5%。

2018年入境旅游收入1271亿美元，比上年同期增长3.0%。其中，外国人在华花费731亿美元，增长5.1%；香港同胞在内地花费291亿美元，下降3.3%；澳门同胞在内地花费87亿美元，增长5.0%；台湾同胞在大陆花费163亿美元，增长4.5%。入境外国游客人数4795万人次（含相邻国

表1　2010~2018我国旅游业发展主要指标变化

年份	国内旅游人次（亿人次）	国内旅游收入（亿元）	入境旅游人次（万人次）	入境旅游收入（亿美元）	出境旅游人次（万人次）
2010	21.03	12580	13376	458.14	5739
2011	26.41	19305	13542	484.64	7025
2012	29.57	22706	13241	500.28	8318
2013	32.62	26276	12908	516.64	9819
2014	36.11	30312	12850	1053.80	10728
2015	39.90	34195	13382	1136.50	11689
2016	44.35	39390	13844	1200.00	12203
2017	50.01	45661	13948	1234.17	13051
2018	55.39	51278	14120	1271.03	14972

资料来源：文化和旅游部统计公报。

家边民旅华人次），亚洲占76.3%，美洲占7.9%，欧洲占12.5%，大洋洲占1.9%，非洲占1.4%。其中，按年龄分，14岁以下人数占3.4%，15~24岁占13.7%，25~44岁占49.9%，45~64岁占28.4%，65岁以上占4.6%；按性别分，男性占59.6%，女性占40.4%；按目的分，会议商务占12.8%，观光休闲占33.5%，探亲访友占2.8%，服务员工占15.5%，其他占35.3%。按入境旅游人数排序，我国主要客源市场排前17位国家如下：缅甸、越南、韩国、日本、美国、俄罗斯、蒙古、马来西亚、菲律宾、新加坡、印度、加拿大、泰国、澳大利亚、印度尼西亚、德国、英国（其中缅甸、越南、俄罗斯、蒙古、印度含边民旅华人数）。中国公民出境旅游人数14972万人次，比上年同期增长14.7%。2014~2018年中国旅游业综合贡献占GDP总量如图4所示。

随着我国中等收入家庭阶层的建立及逐步扩大，其对闲暇的需求越来越多，对生活的品质要求越来越高，将会选择放松心身、体验生活的休闲度假类旅游产品。届时，休闲度假旅游将迅速崛起，其旅游体现形式也将多样化，旅游市场结构将逐步完成从观光游向休闲度假游过渡。

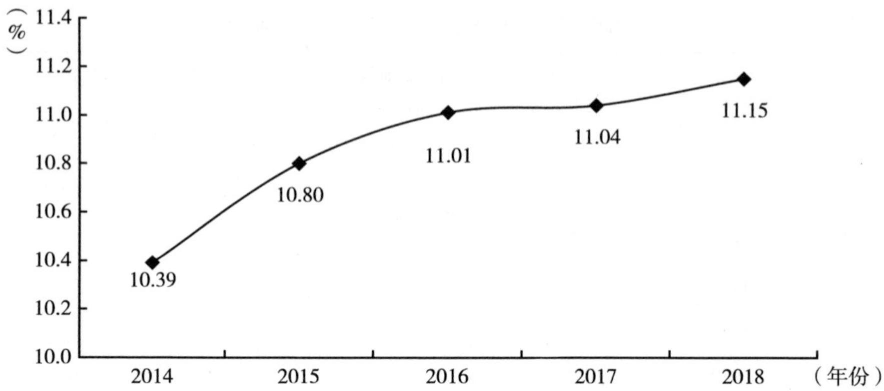

图4　2014～2018年中国旅游业综合贡献占GDP总量比重

资料来源：文化和旅游部统计公报。

二　中国邮轮经济发展形势分析

（一）中国邮轮市场规模增长进入战略调整期

随着部分国际邮轮公司进行全球战略布局调整，中国邮轮市场自2017年起首次出现增速放缓，2006～2011年为萌芽阶段，年平均增长率为36.74%；2012～2016年为快速成长期，年平均增长率为72.84%；2017年增长率为8%。中国邮轮旅游市场在经历了十多年的高速迅猛发展后，2018年进入由“高速度增长”转向“高质量、高品位发展”的战略调整期。2018年中国邮轮港口接待邮轮976艘次，同比下降17.3%；接待出入境游客量为488.67万人次，同比下降1.2%。其中，接待母港邮轮898艘次，同比下降15.84%；接待母港出入境游客量为471.42万人次，同比下降0.58%。依据接待出入境游客量排名，中国十大邮轮港口分别为上海吴淞口国际邮轮港、天津国际邮轮母港、广州港国际邮轮母港、深圳招商蛇口邮轮母港、厦门国际邮轮中心、青岛邮轮母港、大连国际邮轮中心、海口秀英港、上海港国际客运中心、三亚凤凰岛国际邮轮港等。邮轮市场客源呈现高度集聚特征，前五大邮轮港口共接待770艘次，占全国比重为78.8%，接待出入境游客量达到456.92人次，占全国比重为93.5%。其中，上海吴淞口国际邮轮港依然占据全国半壁江山，接待邮轮375艘次，同比下降19.53%，占全国比重为38.42%；接待出入境游客量为271.56万人次，同比下降6.84%，占全国比重为55.57%，以绝对优势保持全国第一大邮轮母港地位。由招商局集团参与的邮轮港口城市中，天津、青岛、上海、厦门、深圳等五个城市接待邮轮游客量约为422.6万人次，约占我国2018年全国总接待邮轮游客量的86.5%。华东、华北市场增速放缓，华南市场增长显著，前五大邮轮港中，上海、天津邮轮港口游客接待量呈现一定下降趋势，上海吴淞口国际邮轮港游客接待量下降6.84%，天津国际邮轮母港游客接待量下降27.49%，华南市场呈现显著增长态势，广州、深圳、厦门接待游客量分别增长20%、92.91%、100.74%（见表2～表4）。

表2　2018年全国邮轮港口邮轮接待情况

单位：艘次，万人次

排名	港口	接待总量		接待母港邮轮		接待访问港邮轮	
		邮轮数	游客量	邮轮数	游客量	邮轮数	游客量
1	上海吴淞口国际邮轮港	375	271.56	365	267.22	10	4.33
2	天津国际邮轮母港	116	68.30	99	64.4	17	3.9
3	广州港国际邮轮母港	94	48.12	94	48.12	0	0
4	深圳招商蛇口邮轮母港	89	36.46	89	36.46	0	0
5	厦门国际邮轮中心	96	32.48	85	29.51	11	2.96
6	青岛邮轮母港	44	10.82	40	10.08	4	0.74
7	大连国际邮轮中心	37	8.44	32	7.24	5	1.20
8	海口秀英港	51	4.75	47	4.33	4	0.47
9	上海港国际客运中心	28	3.01	9	0.65	19	2.36
10	三亚凤凰岛国际邮轮港	20	2.00	13	0.68	7	1.31
11	温州国际邮轮港	5	1.40	5	1.40	0	0
12	连云港国际客运中心	20	1.30	20	1.3	0	0
13	舟山群岛国际邮轮港	1	0.035	0	0	1	0.035
总计		976	488.67	898	471.42	78	17.28

表 3　2018 年中国港口接待总量变化情况

排名	港口	接待邮轮			接待邮轮游客		
		数量（艘次）	占比（%）	增长率（%）	数量（万人次）	占比（%）	增长率（%）
1	上海吴淞口国际邮轮港	375	38.42	-19.53	271.56	55.57	-6.84
2	天津国际邮轮母港	116	11.89	-33.71	68.30	13.9	-27.49
3	广州港国际邮轮母港	94	9.63	-22.95	48.12	9.85	20.00
4	深圳招商蛇口邮轮母港	89	9.12	-18.35	36.46	7.46	92.91
5	厦门国际邮轮中心	96	9.84	24.68	32.48	6.65	100.74
6	青岛邮轮母港	44	4.51	-30.16	10.82	2.21	-1.10
7	大连国际邮轮中心	37	3.79	19.35	8.44	1.73	22.32
8	海口秀英港	51	5.23	54.55	4.75	0.97	85.55
9	上海港国际客运中心	28	2.87	-39.13	3.01	0.62	-52.22
10	三亚凤凰岛国际邮轮港	20	2.05	66.67	2.00	0.41	-50.00
11	温州国际邮轮港	5	0.51	—	1.40	0.29	—
12	连云港国际客运中心	20	2.05	—	1.30	0.27	—
13	舟山群岛国际邮轮港	1	0.10	-93.33	0.035	0.01	-99.02
总计		976		-17.30	488.67		-1.20

表 4　2018 年中国港口接待母港邮轮总量变化情况

排名	港口	接待母港邮轮			接待母港邮轮游客		
		数量（艘次）	占比（%）	增长率（%）	数量（万人次）	占比（%）	增长率（%）
1	上海吴淞口国际邮轮港	365	40.60	-20.31	267.20	56.70	-7.34
2	天津国际邮轮母港	99	11.00	-38.13	64.40	13.60	-29.10
3	广州港国际邮轮母港	94	10.40	-22.95	48.12	10.20	20.0
4	深圳招商蛇口邮轮母港	89	9.91	-16.82	36.46	7.74	93.90
5	厦门国际邮轮中心	85	9.47	32.81	29.51	6.26	120.50
6	青岛邮轮母港	40	4.45	-32.20	10.08	2.14	-4.64
7	大连国际邮轮中心	32	3.56	14.29	7.24	1.54	10.37
8	海口秀英港	47	5.23	46.88	4.33	0.92	71.83
9	上海港国际客运中心	9	1.00	-60.87	0.65	0.14	-77.00
10	三亚凤凰岛国际邮轮港	13	1.45	550.00	0.68	0.14	353.30
11	温州国际邮轮港	5	0.56	—	1.40	0.30	—
12	连云港国际客运中心	20	2.23	—	1.30	0.28	—
13	舟山群岛国际邮轮港	0	0.00	-100.00	0	0.00	-100.00
总计		898		-15.84	471.4		-0.58

邮轮入境旅游市场呈现下行压力依然严峻特征，2018 年全国接待访问港邮轮量为 78 艘次，同比下降 4.88%；游客量为 17.31 万人次，同比下降 3.19%。其中，三亚凤凰岛国际邮轮港接待访问港邮轮仅 7 艘次，同比下降 30%；接待游客量 1.31 万人次，同比下降 65.97%（见表 5）。新兴邮轮港口呈现初步增长特征，2018 年，我国不断有新兴邮轮港口开启邮轮旅游，大连国际邮轮中心接待邮轮 5 艘次，接待游客量 1.2 万人次，连云港作为江苏第一个开通国际邮轮的港口，2018 年接待邮轮 20 艘次，接待出入境游客 1.3 万人次。

表 5　2018 年中国港口接待访问港邮轮总量变化情况

序号	港口	接待访问港邮轮			接待访问港邮轮游客		
		数量（艘次）	占比（%）	增长率（%）	数量（万人次）	占比（%）	增长率（%）
1	上海吴淞口国际邮轮港	10	12.8	25	4.33	25.0	38.7
2	天津国际邮轮母港	17	21.7	13.3	3.9	22.5	21.8
3	广州港国际邮轮母港	0	0.00	—	0	—	—
4	深圳招商蛇口邮轮母港	0	0.00	-100	0	—	-100
5	厦门国际邮轮中心	11	14.1	-15	2.96	17.1	5.71
6	青岛邮轮母港	4	5.13	—	0.74	4.2	100
7	大连国际邮轮中心	5	6.41	66.6	1.2	6.9	252
8	海口秀英港	4	5.13	300	0.47	2.7	1075
9	上海港国际客运中心	19	24.3	-17	2.36	13.6	-30.5
10	三亚凤凰岛国际邮轮港	7	8.97	-30	1.31	7.5	-65.97
11	温州国际邮轮港	0	0.00	—	0	—	—
12	连云港国际客运中心	0	0.00	—	0	—	—
13	舟山群岛国际邮轮港	1	1.28	-66	0.035	0.2	-94
合计		78		-4.88	17.31		-3.19

邮轮市场的增长是在我国良好的社会经济增长、旅游业繁荣和人们对美好生活的需要愈加强烈的基础上实现的。我国拥有良好的社会稳定发展环境，经济健康增长，供给侧结构性改革持续推进，人民安居乐业。近年来，我国旅游业发展十分迅速，三大旅游业态全面繁荣，在全球出境旅游中客源规模居首位，旅游目的地吸引力稳步提升，在入境旅游中位居全球第四，旅游业所带来的经济贡献显著提升，邮轮旅游作为较强产业集聚性和综合带动

作用强的产业，所体现的经济贡献日益显现。表6～表8为2019年1～6月中国邮轮市场状况。我国人民对美好生活的向往日渐强烈，要大力发展邮轮产业，更好地满足人们对美好生活的需求。

表6　2019年1～6月中国邮轮港口接待情况

序号	邮轮港口	接待邮轮数（艘次）	同比增长（%）	接待邮轮游客量（万人次）	同比增长（%）
1	上海吴淞口国际邮轮港	113	-40	84.81	-34
2	天津国际邮轮母港	49	-9	24.01	-32
3	广州港国际邮轮母港	47	-8	22.96	-7
4	深圳招商蛇口邮轮母港	34	-32	14.64	-20
5	厦门国际邮轮中心	61	-49	18.55	38
6	青岛邮轮母港	21	62	4.31	83
7	大连国际邮轮中心	20	25	4.53	52
8	海口秀英港	0	—	0	—
9	上海港国际客运中心	12	-8	1.61	-11
10	三亚凤凰岛国际邮轮港	4	-76	6.43	52
11	温州国际邮轮港	0	—	0	—
12	连云港国际客运中心	0	—	0	—
13	舟山群岛国际邮轮港	0	—	0	—
总计		361	-18	181.85	-23

表7　2019年1～6月中国港口接待母港邮轮总量变化情况

序号	邮轮港口	接待母港邮轮数（艘次）	同比增长（%）	接待母港邮轮游客量（万人次）	同比增长（%）
1	上海吴淞口国际邮轮港	104	-43	81.14	-35
2	天津国际邮轮母港	37	-18	21.24	-36
3	广州港国际邮轮母港	47	-8	22.96	-7
4	深圳招商蛇口邮轮母港	33	-33	14.13	-23
5	厦门国际邮轮中心	61	74	18.55	59
6	青岛邮轮母港	18	50	3.59	54
7	大连国际邮轮中心	18	38	4.32	87
8	海口秀英港	0	—	0	—
9	上海港国际客运中心	0	—	0	—
10	三亚凤凰岛国际邮轮港	0	—	0	—
11	温州国际邮轮港	0	—	0	—
12	连云港国际客运中心	0	—	0	—
13	舟山群岛国际邮轮港	0	—	0	—
总计		318	-21	165.93	-24

表8　2019年1～6月中国港口接待访问港邮轮总量变化情况

序号	邮轮港口	接待访问港邮轮数（艘次）	同比增长（%）	接待访问港邮轮游客量（万人次）	同比增长（%）
1	上海吴淞口国际邮轮港	9	50	3.66	41
2	天津国际邮轮母港	12	33	2.77	22
3	广州港国际邮轮母港	0	—	0	—
4	深圳招商蛇口邮轮母港	1	—	0.51	—
5	厦门国际邮轮中心	0	—	0	—
6	青岛邮轮母港	3	—	0.72	—
7	大连国际邮轮中心	2	-33	0.20	69
8	海口秀英港	0	—	0	—
9	上海港国际客运中心	12	9	1.61	8
10	三亚凤凰岛国际邮轮港	4	—	0.64	—
11	温州国际邮轮港	0	—	0	—
12	连云港国际客运中心	0	—	0	—
13	舟山群岛国际邮轮港	0	—	0	—

随着我国城乡居民收入水平稳步增长，消费结构持续加速升级，人民群众的健康水平得到大幅提升，带薪休假制度逐步得到落实，假日制度不断得到完善，人民群众休闲度假的需求快速增长，中国邮轮旅游的市场需求将持续增加。旅游业已被确立为“幸福产业”，成为惠民生的重要领域和改善民生的重要内容。邮轮旅游业作为国际旅游业的高端业态，不断满足我国居民旅游需求的品质化和中高端化，逐渐成为提升人民群众生活品质的幸福产业。

在中国旅游业进入黄金发展期的过程中，中国邮轮市场发展进入新的关键时期，这也将有效地推动我国旅游业发展的供给侧改革和促进区域经济转型升级，推动邮轮市场由追求数量增长向追求质量提升方向转变，更好地提升人们在旅游中的幸福感和体验度。未来几年是我国社会经济进入全面质量提升的关键时期，人们的消费购买能力和消费意识将得到进一步强化和提升，对更好生活质量和旅游方式的要求越来越高，而邮轮旅游可以更好满足游客的现实和未来需求，不断提升人们的生活质量，有效地促进人们幸福感的提升。

（二）更多旗舰型邮轮投放中国市场

从中国市场运营的母港邮轮看，2015 年为 12 艘，2016 年、2017 年均为 18 艘，2018 年为 16 艘，2019 年预计为 14 艘（见表 9），数量虽然呈减少趋势，但一个重要原因是国际邮轮正在更新换代，一些相对老旧的邮轮陆续退出，一些新型、大型邮轮仍在建造中，尚未投放市场。从全球邮轮建造订单来看，大型邮轮占 70% 以上，将更加凸显邮轮经济规模效应，提供更多产品服务，提升邮轮品牌效应，增加邮轮经济效益空间。2019 年以来，上海吴淞口国际邮轮港的母港邮轮靠泊量略有下降，但游客量还是有一定上升，主要原因就是大型国际邮轮投放，载客量较大。未来数年，中国尤其是上海将陆续迎来最新、最好的国际邮轮。皇家加勒比游轮超量子系列第一艘邮轮——“海洋光谱号”从西班牙巴塞罗那启航，经过为期 47 天的奥德赛环球之旅，于 2019 年 6 月 3 日在上海开启亚洲首航，带来邮轮业最新科技，成为亚洲最大、最昂贵的邮轮。2019 年 12 月，“海洋光谱号”将转港至香港为华南地区消费者带来圣诞冬季航线，此后将返回并长期部署上海。皇家加勒比游轮计划 2021 年将 23 万吨级的“绿洲 V 号”系列布局上海母港。2019 年 4 月，绿洲系列第五艘游轮正式启动建造，代表着建造工程正式开启的新船钢板切割仪式在法国圣纳泽尔的大西洋船厂顺利举办，计划将于 2021 年交付。该船将融合姐妹邮轮所具有的标志性七大社区概念与新奇有趣的船上体验、创新升级的寰宇美食、无与伦比的娱乐活动和最新应用的科技技术，呈现意想不到的邮轮新体验。

歌诗达邮轮专为中国量身打造的首艘 Vista 级邮轮“威尼斯号”于 2019 年 5 月 18 日在上海开启亚洲首航，以水城为灵感来源，歌诗达“威尼斯号”原汁原味地呈现了威尼斯城市中流转着的文艺与风情，以及圣马可大堂、贡多拉、凤凰大剧院等经典意式元素。“威尼斯号”应用了岸电设施、清洁燃料、垃圾回收系统和水循环系统等环保技术，致力于减少巡航对海洋生态系统的影响。歌诗达“威尼斯号”也全面考虑了中国消费者的偏好，提供中式火锅、传统点心等东方美食。歌诗达“威尼斯号”的姐妹船“佛罗伦萨号”将途经阿布扎比、科伦坡、新加坡等多地，穿越地中海、中东、东南亚和东亚，于2020年12月布局中国市场，这也是一艘专为中国市场量身打造的新船，与歌诗达“威尼斯号”秉持相同的理念，从概念构思到产品设计都将以中国消费者的喜好与需求为重心。

表9　中国市场母港邮轮变化情况

2015年	2016年	2017年	2018年	2019年
海洋量子号	海洋量子号	海洋量子号	海洋量子号	海洋量子号
海洋水手号	海洋赞礼号	海洋赞礼号	海洋赞礼号	海洋光谱号
海洋航行者号	海洋航行者号	海洋航行者号	海洋航行者号	海洋航行者号
海洋神话号	海洋神话号	海洋水手号	辉煌号	赛琳娜号
维多利亚号	海洋水手号	赛琳娜号	赛琳娜号	大西洋号
赛琳娜号	赛琳娜号	大西洋号	大西洋号	威尼斯号
大西洋号	大西洋号	维多利亚号	幸运号	辉煌号
蓝宝石公主号	维多利亚号	幸运号	处女星号	盛世公主号
天秤星号	幸运号	抒情号	双子星号	喜悦号
新世纪号	抒情号	新世纪号	宝瓶星号	世界梦号
海娜号	新世纪号	钻石辉煌号	新世纪号	探索梦号
中华泰山号	钻石辉煌号	中华泰山号	喜悦号	宝瓶星号
	中华泰山号	蓝宝石公主号	盛世公主号	钻石辉煌号
	蓝宝石公主号	盛世公主号	钻石辉煌号	中华泰山号
	黄金公主号	处女星号	中华泰山号	
	天秤星号	云顶梦号	世界梦号	
	处女星号	喜悦号		
	云顶梦号	银影号		

地中海邮轮“荣耀号”将在2020年春季进驻中国。“荣耀号”是地中海传奇系列的第二艘邮轮，总登记吨位17.15万吨，最大载客量5714人。“荣耀号”邮轮内部设计继续采用了地中海邮轮欧洲奢华尊贵的风格——时尚、创新、高端、大气。“荣耀号”邮轮剧院在传统的音乐、歌舞剧、魔术表演之外，节目表演有了全新的升级。根据地中海邮轮与著名表演团体太阳

马戏团（Cirque Du Soleil）的独家合作协议，太阳团马戏团的艺术家专门为“荣耀号”邮轮打造了两个剧目。地中海“荣耀号”邮轮阳台房占比高达75%，让更多游客可以享受到与大海的互动。除了常规房型之外，各种豪华套房也再度升级。首先奢华“船中船”地中海游艇有了全新改造，设立了独立转角阳台和露天就餐区域。其次为了满足更多家族同堂出游，设立了最多可入住10人的家庭套房以及包含旋涡泳池的双层套房。“荣耀号”邮轮将继续与乐高和智高合作，在乐高海上乐园与智高婴幼儿俱乐部的基础上升级，创设专门的家庭游乐区域。

云顶邮轮集团专为亚洲邮轮市场量身打造的2艘20.4万吨级、最大载客量达到9500人的“环球级”邮轮龙骨铺设仪式于2018年9月11日在德国MV造船集团之罗斯托克船厂举行，标志着德国造船史上最大邮轮的建造工程全面启动，将于2021年布局上海母港。“环球级”邮轮拥有极为丰富的休闲、娱乐、餐饮设施，包括主题乐园内配合虚拟现实科技的过山车、戏院、亚洲及西式SPA、多种地道亚洲餐饮概念等。“环球级”邮轮拥有多达2500间客房，标准载客量为5000人，最高载客量达到9500人。在部分邮轮公司调整运力的同时，更多国际邮轮公司将最新、最好的邮轮布局中国尤其是上海。

（三）中国邮轮港口接待能级不断提升

邮轮港口是发展邮轮旅游、保障邮轮服务质量和提升邮轮经济贡献的重要基础设施。2018年9月，交通运输部、海关总署等国家十部门出台《关于促进我国邮轮经济发展的若干意见》，提出不断提升我国邮轮港口的服务能力，提升邮轮码头的接待能级，进一步提升邮轮港口的集疏运能力，完善邮轮港口服务功能，形成邮轮母港、始发港及访问港等不同层次的邮轮港口体系。在国际邮轮港口形态中，根据邮轮港口的设施条件、市场规模、邮轮经济规模等要素将港口分为访问港、始发港、母港等三种形式。邮轮母港是始发港的高级阶段形式，可形成明显的区域邮轮经济。根据国际邮轮港口发展经验，邮轮母港的经济效应远高于访问港，因而发展邮轮母港成为我国沿海港口城市的重要形式。

在过去的十年里，我国各地沿海城市对邮轮港口的投资力度较大，根据《全国沿海邮轮港口布局规划方案》，2030 年前，全国沿海形成以 2～3 个邮轮母港为引领、以始发港为主体、以访问港为补充的港口布局。邮轮港接待大型邮轮能力显著提升。我国目前在使用的邮轮港口共 15 家、邮轮专用码头 8 家，其中上海吴淞口国际邮轮港、天津国际邮轮母港、青岛邮轮母港、深圳蛇口邮轮母港等具备接待世界最大 22 万吨级邮轮能级，未来广州南沙邮轮母港、厦门邮轮母港等也将具备接待世界最大邮轮能力，2019 年 1 月 9 日，广州南沙国际邮轮母港综合体航站楼主体宣告正式封顶。上海吴淞口国际邮轮港新建 2 个大型邮轮泊位，码头总长度达到 1600 米，共布置 2 个 22.5 万吨级和 2 个 15 万吨级，总计 4 个大型邮轮泊位，建筑总面积从 2.4 万平方米增加到 7.9 万平方米，年总接待能力从 60.8 万人次提升至 357.8 万人次，2018 年 7 月 13 日新客运大楼开始试运营，迎来“盛世公主号”、诺唯真“喜悦号”、地中海“辉煌号”3 艘大型邮轮靠泊，当天接待出入境游客量达 2.1 万人次，这是中国邮轮母港历史上第一次当天出入境游客超过 2 万人次。

邮轮港改造工程进入新阶段，2018 年年初，大港区二码头 10～11 号 15 万吨级邮轮泊位、配套航道及 22 库国际邮轮通关设施相继改造完成，对大港区二码头 8～9 号泊位改造，建成大连港第二个 15 万吨泊位。厦门国际邮轮母港已于 2019 年 4 月初完成泊位改造升级，邮轮泊位达到 1400 米，能够同时停靠 3～4 艘大型邮轮，已具备迎接世界最大 22.5 万总吨邮轮的硬件水平。烟台国际邮轮母港工程于 2019 年 5 月开工建设，将于 2020 年建成投产。邮轮港口进入品质提升阶段，服务标准化是打响服务品牌、提升服务质量的重要抓手，上海吴淞口国际邮轮港对标世界一流邮轮母港，引领国际邮轮港口服务品牌建设。2018 年 9 月 11 日，上海吴淞口国际邮轮港服务标准化试点项目顺利通过终期验收，这是全国首个邮轮港口服务标准化试点的成功验收，引领着我国邮轮港口服务标准化迈向新阶段。新兴邮轮港口逐步建立，2018 年 7 月 17 日，温州港状元岙港区国际邮轮码头正式通过口岸对外开放启动验收，靠泊等级为 5 万吨级兼靠 10 万吨级（见表 10）。

表10　2018～2019年我国邮轮港口扩建及新建情况

邮轮港口	新建类别	新建内容	完工时间
上海吴淞口国际邮轮港	后续工程	新建2个22万吨级码头以及平台、引桥、客运大楼及廊道，岸线长度将在目前774米的基础上延伸至1600米，形成4个大型邮轮泊位，建造面积由24000平方米增加到79000平方米，日接待游客能力从1.7万人次增长到4万人次，2018年完工	2018年7月
厦门国际邮轮港	二期工程	改造岸线总长度达到1400余米，改建四个泊位，有1个15万吨级泊位、2个10万吨级邮轮泊位、1个客滚船泊位，可以接待22.5万吨级超级邮轮停靠	2019年4月
广州南沙邮轮母港	新建港口	南沙邮轮码头综合体总投资170亿元，按世界标准建设1个22.5万总吨和1个10万总吨的邮轮泊位	2019年10月
北海邮轮母港	港口改造	项目选址于北海石步岭港区，新建1个10万吨级泊位、1个15万吨级泊位、1个25万吨级邮轮泊位、打造国际化、高品质国际邮轮母港现代服务业聚集区	—
温州国际邮轮港	港口改造	将温州状元岙港区A区西端420米岸线由集装箱功能调整为邮轮功能，相应布置1个15万总吨级邮轮泊位，建造5800多平方米的旅客联检大厅	2018年7月

（四）中国邮轮经济政策体系逐步完善

经过十年发展，我国邮轮旅游已经实现了从小众旅游向大众旅游的转变、从跟随国际规则向积极主动的旅游国际合作和旅游外交转变，中国正成为影响国际邮轮旅游格局的重要力量。当前，中央和地方政府推出一系列的支持政策，建立了系统的政策体系，大力支持邮轮产业发展。2018年9月28日，交通运输部、海关总署等十部门联合发布《关于促进我国邮轮经济发展的若干意见》，具有涉及国家部门多、内容涵盖广、政策落地性强、创新空间大等显著特点，在中国邮轮史上是首次。2018年9月，广州市南沙区人民政府办公室出台《广州南沙新区（自贸片区）促进邮轮产业发展扶持办法》。2018 年 9 月，温州市财政局、温州市旅游局、温州市旅投集团（筹）等部门出台《温州市国际邮轮产业培育方案》，争相提升本地邮轮经济的吸引力。

2019 年 5 月，交通运输部原则上同意海南省制定的相关方案，同意三亚海口邮轮港试点中资方便旗邮轮无目的地航线，基于海南海域情况及海南国际邮轮发展状况，在五星红旗邮轮投入运营前，先期在海南三亚、海口邮轮港开展中资方便旗邮轮无目的地航线试点。2019 年 4 月，福建省发改委等十部门印发《关于促进邮轮经济发展的实施方案》，提出加强邮轮建造及配套能力建设、培育本土邮轮及市场、增加有效供给、提升邮轮服务水平，努力建成布局合理、便利快捷、制造先进、安全规范、应用广泛的邮轮产业体系，着力打造“海丝邮轮”品牌，推动邮轮经济产业链成为经济增长新亮点。2019 年 7 月，海南省人民政府办公厅印发《海南邮轮港口海上游航线试点实施方案》的通知，紧紧围绕打造“海南国际旅游消费中心”的战略定位，通过探索创新中资非五星红旗邮轮开展海上游航线试点，加快三亚向邮轮母港方向发展，丰富海南邮轮旅游航线产品，拓展邮轮旅游消费发展空间，培育邮轮旅游消费新热点，把海南打造成特色鲜明的邮轮旅游消费胜地。随着相关邮轮经济政策的逐步落实，政策红利将进一步释放，必将推动中国邮轮经济的更好发展。应加强与各级主管部门的对接，推动邮轮经济相关政策法规集成创新，争当邮轮经济政策试验田，把政策红利转化为推动邮轮经济发展的强大动力（见表 11）。

表 11　2018～2019 年我国新推出的邮轮产业扶持政策

部门	相关政策	政策内容
交通运输部	《关于落实〈中共中央 国务院关于支持海南全面深化改革开放的指导意见〉实施方案》	推动三亚邮轮母港建设，支持服务三亚邮轮母港的免税油料、生活物资、维修等邮轮物料供应基地与维修养护基地建设，支持邮轮公司以东南亚、港澳台等航线为重点，开发运营涉及三亚、海口邮轮港的邮轮航线产品

续表

部门	相关政策	政策内容
交通运输部、发展改革委、工业和信息化部、公安部、财政部、商务部、文化和旅游部、海关总署、税务总局、移民局	《关于促进我国邮轮经济发展的若干意见》	明确了积极培育邮轮市场、拓展提升港口服务能力、进一步优化口岸环境和功能、强化邮轮安全发展、着力推动邮轮绿色发展、加快推进邮轮建造及配套装备产业发展、着力提升邮轮供应配套能力、提升邮轮运输旅游服务水平、大力推动邮轮人才培养等九个方面的主要任务
中共中央、国务院	《中共中央 国务院关于支持海南全面深化改革开放的指导意见》	支持海南开通跨国邮轮航线,支持三亚等邮轮港口试点开展公海游航线,加快三亚邮轮母港建设
中共中央、国务院	《关于完善促进消费体制机制进一步激发居民消费潜力的若干意见》	支持邮轮、游艇等消费大众化发展,加强相关公共配套基础设施建设
国务院办公厅	《完善促进消费体制机制实施方案(2018～2020年)》	制定出台邮轮旅游发展规划、游艇旅游发展指导意见
上海市人民政府办公厅	《关于促进本市邮轮经济深化发展的若干意见》	要结合打响"四大品牌",不断做强特色,提升邮轮旅游服务能级,发展以邮轮制造为核心的高端制造业和配套产业。要与全面深化改革、扩大开放相衔接,推动发展邮轮经济的相关政策成为实现更高水平对内对外开放的有力举措
上海市海事局	《"国际邮轮优先"工作职责及操作流程》	明确邮轮通行"五优先",更好保障邮轮准点和安全通行
上海市商务委	《关于支持宝山邮轮服务贸易发展的若干措施》	推动邮轮服务贸易政策创新发展
上海市宝山区人民政府	《关于加快宝山邮轮经济发展的实施意见》	打造具有全球影响力的邮轮企业总部基地、建设具有全球竞争力的邮轮母港、构筑全产业链的邮轮经济发展高地、推动产城融合区港联动发展、优化邮轮经济发展的营商环境等
上海市工商行政管理局	《支持宝山区邮轮产业发展的若干意见》	围绕营造安全放心的邮轮旅游消费环境,开通邮轮消费维权的绿色通道,及时化解消费纠纷,维护消费者合法权益等
威海市港航管理局、市财政局、市旅游发展委	《发展国际邮轮旅游产业财政奖励意见》	对成立邮轮公司、在威海始发航线、在威海挂靠航线、邮轮港口(码头)经营企业、邮轮代理服务公司、旅行社等进行奖励

续表

部门	相关政策	政策内容
广州市人民政府	《关于印发建设广州国际航运中心三年行动计划(2018~2020年)的通知》	鼓励发展邮轮设计、修造、供应、人才培训、邮轮旅游保险、免税购物等邮轮旅游服务产业
福建省发改委等十部门	《关于促进邮轮经济发展的实施方案》	加强邮轮建造及配套能力建设、培育本土邮轮及市场、增加有效供给、提升邮轮服务水平,努力建成布局合理、便利快捷、制造先进、安全规范、应用广泛的邮轮产业体系,着力打造"海丝邮轮"品牌,推动邮轮经济产业链成为经济增长新亮点
福建自贸区厦门片区管委会	《关于促进厦门自贸试验区邮轮船供服务业发展的暂行办法》	按每年交付靠泊厦门自贸区邮轮的国内物资货值总额给予2%的奖励,每家船供企业每年最高补贴100万元
广州南沙区政府办公室	《广州南沙新区(自贸片区)促进邮轮产业发展扶持办法》	对邮轮公司落户、邮轮港(码头)经营企业、邮轮组织等进行扶持补贴,其中明确提出在南沙区设立的具有独立法人地位并在南沙缴纳税收的邮轮公司,给予一次性资金扶持50万~500万元
海南省政府、办公厅	《海南邮轮港口海上游航线试点实施方案》	通过探索创新中资非五星红旗邮轮开展海上游航线试点,加快三亚向邮轮母港方向发展,丰富海南邮轮旅游航线产品,拓展邮轮旅游消费发展空间,培育邮轮旅游消费新热点
交通运输部	《关于推进海南三亚等邮轮港口海上游航线试点的意见》	基于海南海域情况及海南国际邮轮发展状况,在五星红旗邮轮投入运营前,先期在海南三亚、海口邮轮港开展中资方便旗邮轮无目的地航线试点
海口市人民政府办公厅	《海口市鼓励邮轮产业发展财政补贴实施办法》	对在海口组建或新迁入邮轮公司以及国际邮轮公司在海口设立独立法人公司,对邮轮公司(或包租邮轮的企业)将海口作为访问港的邮轮,对邮轮港口经营企业给予补贴,对旅行社招徕游客在海口登轮等给予资金补贴
天津市人民政府办公厅	《天津市邮轮旅游发展三年行动方案(2018~2020年)》	重点任务和措施主要包括进一步加强京津冀邮轮旅游协同发展、进一步提升邮轮母港服务功能、进一步丰富完善邮轮旅游产品、进一步加强邮轮旅游宣传推广、进一步拓展和延伸邮轮产业链、进一步提升管理服务水平、进一步争取邮轮旅游产业发展政策、进一步加强邮轮旅游人才培养、积极支持邮轮会展业发展、充分发挥天津邮轮游艇协会作用等十个方面

续表

部门	相关政策	政策内容
温州市旅游投资集团、市财政局、市旅游局	《温州市国际邮轮产业培育方案》	发挥现代邮轮的拉动能力和吸附作用,打造国际化邮轮母港,根据温州市邮轮旅游发展现状,采取政府奖励引导措施,培育邮轮产业发展,促进邮轮产业实现常态化运营,达到国际化邮轮母港目标。主要奖励在温州港开展邮轮旅游业务的自运营的邮轮公司、包船的旅行社

在上海由“邮轮旅游”向“邮轮经济全产业链”转型升级的关键时期，上海市政府办公厅出台《关于促进本市邮轮经济深化发展的若干意见》，这个政策与其他省份出台补贴政策不同，这是一个具有显著创新性的政策，体现了以港口为基础、以市场为抓手、以产业链延伸作为战略方向的思路，从建设国际一流邮轮港口、全面提升邮轮旅游品质、战略布局邮轮经济全产业链等方面推动邮轮产业政策的系统性创新，为上海对标全球最高水平、最高标准，打造具有全球影响力的邮轮经济中心之一奠定了坚实的基础（见表 12）。

表 12　上海市级邮轮经济政策设计内容

重点任务	主要内容	政策要点
建设国际一流邮轮港口	统筹邮轮港口功能布局	统筹上海吴淞口国际邮轮港、上海港国际客运中心、外高桥邮轮备用码头“两主一备”邮轮港口发展
	提升邮轮靠泊通行能力	确立符合国际惯例的邮轮优先通行规则、大型邮轮等超宽船“双向通行”、南槽航道整治工程、引航服务和口岸单位查验随船制度、特殊天气情况下邮轮适航规则和通行保障机制
	优化口岸和出入境管理	加强邮轮“单一窗口”建设,全面实施混合验放通关模式,扩大 144 小时过境免签、国际邮轮旅游团 15 天入境免签的适用范围,推进互联网预申报、入境卡电子化等便利化措施,完善邮轮口岸诚信管理体系
	完善港口配套基础设施	将邮轮港纳入全市综合交通规划体系,建设国际邮轮客运交通枢纽,完善港区及周边交通基础设施,港城联动、商旅文结合的配套服务设施,建设“绿色”邮轮港,邮轮港口标准化建设
	建立健全应急管理机制	上海国际邮轮应急保障常态化工作机制,提高对大雾大风等灾害天气的监测、预报和预警能力,开展应急演练,切实提高应急处置能力

续表

重点任务	主要内容	政策要点
全面提升邮轮旅游品质	丰富邮轮旅游产品供给	开发上海始发的多港挂靠邮轮航线，推动互为母港或多母港航线发展，有条件地开放无目的地邮轮航线，发展空海、海陆、江海联运旅游产品，组织运营具有中国文化特点的邮轮主题航次
	加快邮轮旅游目的地建设	上海中国邮轮旅游发展实验区打造A级景区，邮轮旅游与本市优质旅游资源联动，吸引更多境外游客来上海搭乘邮轮，探索对组织国际游客入境旅游的邮轮公司及境外旅行社的奖励机制
	创新邮轮旅游产品销售模式	深化邮轮船票制度试点，实施“凭票进港、凭票登船”，搭建统一的邮轮公共信息服务平台，允许邮轮公司在其官方平台销售由其他具备相应资质企业提供的邮轮旅游配套服务产品，探索鼓励外商独资邮轮企业申请出境游等资质的政策，建立邮轮与航空、铁路、省际巴士等联程联动机制
	切实规范邮轮旅游市场	落实政府监管部门、邮轮公司、销售代理机构、游客等相关主体责任，将邮轮旅游产品销售纳入上海市旅游行业管理与诚信建设系统，引导游客自觉履行邮轮旅游合同，主动遵守目的地法律法规和船上礼仪，建立畅通的邮轮游客维权渠道
	提升邮轮旅游的国际影响力	进一步提升上海邮轮旅游节等活动的影响力，争取亚太邮轮大会等高规格国际邮轮会议常驻上海，支持建立亚洲邮轮港口城市联盟，依托国内外旅游推介会、展览会等活动平台，积极推介上海邮轮旅游产品
战略布局邮轮经济全产业链	打造邮轮企业总部基地	研究引进邮轮企业总部的便利化政策及激励措施，吸引邮轮服务配套企业集聚发展
	培育支持本土邮轮企业发展	积极向国家有关部委争取出台支持邮轮品牌发展的专项政策，对本土企业以购置、租赁、制造等方式组建本土邮轮船队给予低息贴息及相关税费优惠政策的支持。争取放宽本土邮轮品牌的船员国籍限制。优先支持本土邮轮企业运营近海航线
	支持国产大型邮轮制造	制定上海大型邮轮制造行动计划，加强对邮轮设计制造核心技术的攻关，引导和鼓励各类市场主体参与邮轮研发、设计及制造服务
	发展邮轮修造配套产业	支持宝山邮轮配套产业园、外高桥造船基地等建设邮轮修造产业基地及配套园区，培育设备、零部件、材料等领域的本土配套企业，推进国内外邮轮相关协会组织、科研院所、检测认证平台、交易服务机构等功能性平台集聚

续表

重点任务	主要内容	政策要点
	建设邮轮船供物资分拨中心	搭建邮轮船供物资平台，推动出口监管仓建设，探索建立针对邮轮船供物资的退税制度。提升国际邮轮公司本地物资及商品的采购比例，健全国际货柜转运制度，实现国际货柜转运常态化，吸引邮轮公司在上海建立国际邮轮物资配送中心
	推动邮轮购物消费升级	支持邮轮港口配置常年展示、交易、服务等功能，支持邮轮口岸设立出境和进境免税店，研究在邮轮港周边布局免税店或离境退税店。搭建全国性邮轮网上商业展示交易平台，打造邮轮跨境购物平台
强化政策支撑和保障	完善工作推进机制	依托上海中国邮轮旅游发展实验区联席会议，推进邮轮经济发展规划、政策制定、重点项目等重要工作的实施
	深入推动“双区联动”	探索实施新一轮对外开放、贸易便利化、金融创新等政策举措，支持在国际邮轮港率先建设海关政策叠加、资源整合的邮轮监管区。适时在符合条件的区域探索创建海关特殊监管区域
	加大财政金融支持力度	争取国家政策性金融机构加强对本市邮轮产业的金融服务，支持建立邮轮产业发展基金。引导保险机构、商业银行等探索针对邮轮产业的金融产品。鼓励邮轮领域创新创业，吸引更多社会资本参与邮轮产业投资
	推动长三角邮轮经济一体化	与连云港、舟山等共同探索区域邮轮组合母港建设、运营和管理，建立长三角邮轮旅游服务联盟，扩大省际邮轮直通车覆盖范围，构建长三角邮轮旅游守信联合激励和失信联合惩戒机制
	加强邮轮经济统计和研究	研究构建科学的邮轮产业统计指标体系，组建上海国际邮轮学会，加强国内外邮轮旅游产品价格指数研究
	强化邮轮人才体系支撑	支持高校优化邮轮相关课程设置，将邮轮职业培训项目纳入本市职业技能培训补贴范围。建立国际邮轮专家资源库平台

（五）中国邮轮行业协会联盟发展情况

邮轮行业协会是中国邮轮市场发展的有力促进者、市场规范者和行业标准的探索者，积极打造与国际接轨的邮轮旅游接待服务标准。2018 年 1 月，为更好地促进大连市邮轮旅游产业规范有序发展，大连市邮轮旅游产业促进会成立，会长由马文宁担任。促进会积极发挥政府和会员之间的桥梁和纽带作用。2018 年 5 月 22 日，上海现代服务业联合会邮轮经济服务专委会正式揭牌成立。2018 年 11 月，在进博会期间，上海邮轮供应协会正式揭牌成立，为健全国际货柜转运制度、促进邮轮物资本地采购、打造国际邮轮船供物资分拨中心提供了良好的基础（见表 13）。

表 13　中国各类邮轮行业协会

协会名称	成立年份	协会地址
中国交通运输协会邮轮游艇分会	2006	北京市
中国港口协会邮轮游艇码头分会	2014	上海市
海南省邮轮游艇协会	2011	海口市
深圳市邮轮游艇产业促进会	2012	深圳市
天津邮轮游艇协会	2013	天津市
青岛市邮轮游艇协会	2015	青岛市
世界旅游城市联合会邮轮分会	2016	青岛市
海南省邮轮旅游行业协会	2017	海口市
台州市邮轮游艇行业协会	2017	台州市
深圳市旅行社行业协会邮轮专业委员会	2017	深圳市
大连市邮轮旅游产业促进会	2018	大连市
上海现代服务业联合会邮轮经济服务专委会	2018	上海市
上海邮轮供应协会	2018	上海市

为加快推动青岛邮轮旅游发展，推进青岛建设世界一流邮轮母港和国际海洋名城，2018 年 3 月，由青岛国际邮轮有限公司、歌诗达邮轮、诺唯真游轮、云顶邮轮、钻石邮轮、渤海邮轮、青岛市旅行社协会邮轮中心、山东万达国旅、山东大新华运通、山东凯撒、青岛远洋船员学院等 40 余家邮轮船公司、邮轮专业旅行社、船代公司、高校共同发起成立青岛邮轮旅游发展联盟。2018 年 5 月 17 日，由广州市南沙区政府、中国交通运输协会邮轮游艇分会、广州中交邮轮母港投资发展有限公司共同倡议发起的广州邮轮产业联盟正式成立（见表 14）。

表 14　中国各类邮轮联盟情况

联盟名称	成立时间	发起单位	地址
21 世纪海上丝绸之路邮轮旅游发展联盟	2015 年	由三亚凤凰岛国际邮轮港、新加坡邮轮中心、马来西亚马六甲黄金港、韩国济州邮轮产业协会、广州南沙国际邮轮码头、深圳太子湾项目部、厦门国际邮轮港、舟山群岛国际邮轮港有限公司 8 家单位共同发起成立	三亚
亚太邮轮港口服务标准联盟	2017 年	联盟发起单位为大连港客运总公司、上海港国际客运中心、上海吴淞口国际邮轮港发展有限公司、深圳招商蛇口国际邮轮母港有限公司、新加坡邮轮中心私人有限公司、天津国际邮轮母港有限公司、环美邮轮码头、厦门港务集团和平旅游客运有限公司、舟山群岛国际邮轮港	上海
福建邮轮旅游联盟	2017 年	由中国国旅、厦航国旅、建发国旅等 8 家旅行社发起成立	厦门
深圳市邮轮旅游联盟	2017 年	深圳招商蛇口国际邮轮母港有限公司协同广东中旅(深圳)旅行社有限公司等 12 家旅行社担任首届执委	深圳
青岛邮轮旅游发展联盟	2018 年	由青岛国际邮轮有限公司、歌诗达邮轮、诺唯真游轮、云顶邮轮、钻石邮轮、渤海邮轮、青岛市旅行社协会邮轮中心、山东万达国旅、山东大新华运通、山东凯撒、青岛远洋船员学院等 40 余家邮轮船公司、邮轮专业旅行社、船代公司、高校共同发起成立	青岛
广州邮轮产业联盟	2018 年	联盟成员单位共 25 家,包括邮轮公司、邮轮港口、旅行社、船舶代理、免税商业、邮轮设计建造、邮轮维修保养、教育科研、人才培养等与邮轮产业相关的企业和机构	广州

（六）中国邮轮免签政策实施情况

为推动入境旅游的发展，我国推进 144 小时过境免签政策和 15 天入境免签政策。申请 144 小时过境免签人员应当持有有效护照或者其他国际旅行证件和 144 小时内确定日期、座位前往第三国（地区）的联程客票，填写临时入境外国人入境卡，接受出入境边防检查机关询问。自 2016 年 1 月 30 日起，51 国公民（同 72 小时过境免签政策适用国家名单）持本人有效国际旅行证件和 144 小时内确定日期和座位前往第三国（地区）的联程机票，可免办签证自上海海（上海港国际客运中心、吴淞口国际邮轮港）、陆（上海火车站）、空港口岸（上海浦东国际机场、虹桥国际机场），或者南京航空口岸（南京禄口国际机场）、杭州航空口岸（杭州萧山国际机场）任一口岸入境或出境，在上海市、江苏省和浙江省行政区域内免签停留 144 小时。经国务院批准，自 2017 年 12 月 28 日起，北京首都国际机场、北京铁路西客站、天津滨海国际机场、天津国际邮轮母港、石家庄国际机场、秦皇岛海港等 6 个口岸，对奥地利、俄罗斯、美国、澳大利亚、韩国等 53 个国家持有效国际旅行证件和 144 小时内确定日期、座位前往第三国（地区）联程客票的外国人，可选择上述任一口岸入境或出境，并可在北京市、天津市和河北省行政区域免签停留 144 小时，实行过境免签政策（见表 15）。

从辽宁沈阳桃仙国际机场、大连周水子国际机场过境，可选择从上述任一口岸入境或出境，并可在辽宁省行政区域免签停留 144 小时。经国务院批准，自 2019 年 1 月 1 日起，外国人过境厦门（厦门高崎国际机场、厦门五通客运码头、厦门国际邮轮中心口岸）可享受 144 小时过境免签政策，对 53 个国家的外国人持有第三国（地区）签证和机票（船票）途经厦门时，可以免签在厦停留 144 小时。

表 15 适用 144 小时过境免签政策口岸及免签停留范围

<table>
<tr><th>所在城市</th><th>口岸名称</th><th>实施时间</th><th>免签停留范围</th></tr>
<tr><td rowspan="5">上海</td><td>上海浦东国际机场</td><td rowspan="7">2016 年 1 月 30 日</td><td rowspan="7">上海市
江苏省
浙江省</td></tr>
<tr><td>上海虹桥国际机场</td></tr>
<tr><td>上海火车站</td></tr>
<tr><td>上海港国际客运中心</td></tr>
<tr><td>上海吴淞口国际邮轮港</td></tr>
<tr><td>江苏南京</td><td>南京禄口国际机场</td></tr>
<tr><td>浙江杭州</td><td>杭州萧山国际机场</td></tr>
</table>

续表

所在城市	口岸名称	实施时间	免签停留范围
北京市	北京首都国际机场	2017 年 12 月 28 日	北京市
	北京铁路西客站		
天津市	天津滨海国际机场		天津市
	天津国际邮轮母港		
石家庄	石家庄正定国际机场		河北省
秦皇岛	秦皇岛海港		
沈阳市	沈阳桃仙国际机场	2018 年 1 月 1 日	辽宁省
大连市	大连周水子国际机场		
厦门市	厦门高崎国际机场	2019 年 1 月 1 日	厦门市
	厦门五通客运码头		
	厦门国际邮轮中心		

资料来源：国家移民管理局。

经国务院批准，自 2016 年 10 月 1 日起，在上海施行外国旅游团乘坐邮轮入境 15 天免签政策。外国旅游团（2 人及以上）可由我境内合法注册的旅行社组织、接待并负责安排从上海邮轮口岸免办签证整团入境，停留时间不超过 15 天（从入境次日起算），活动范围限定在沿海省份和北京市，即上海市、辽宁省、河北省、天津市、山东省、江苏省、浙江省、福建省、广东省、广西壮族自治区、海南省内的邮轮靠泊港口所在的城市及其周边省内城市行政区域内和北京市。《中国（海南）自由贸易试验区总体方案》提出，积极支持实施外国旅游团乘坐邮轮 15 天入境免签政策。交通运输部等十部门联合制定出台的《关于促进我国邮轮经济发展的若干意见》提出逐步扩大外国旅游团乘坐邮轮入境 15 天免签政策实施范围，吸引境外游客乘坐邮轮入境旅游。

三　中国邮轮经济全产业链全面启动

（一）中国国产邮轮建造进入实质性阶段

邮轮建造属于高风险、高附加值、高垄断、高技术、高集聚的特殊行业，近年来，世界邮轮市场年均需要12艘大型邮轮，供不应求。邮轮制造也呈高度垄断性，全球最大的三家邮轮建造公司及配套企业均位于欧洲，合计承接了全球90%的订单。在中国邮轮市场规模不断增大的同时，中国邮轮市场由外籍邮轮主导，邮轮船票收入流入国外，邮轮船员培训、邮轮设计建造、邮轮船供基地、邮轮企业总部等基本在国外，从而使得我国邮轮经济贡献一直处于较低水平，发展本土邮轮产业势在必行。本土邮轮产业是提升邮轮经济贡献的重要基础，国产邮轮是掌握市场主导权、稳定邮轮市场、保持邮轮市场可持续发展的关键。当前中国是世界第一造船大国，但造船主要集中在中低端船型，稍高端的只是散货船，推动国产邮轮本土建造是推动我国造船业转型升级、供给结构调整的重要抓手。随着中国邮轮市场的逐步扩大，对新型邮轮的需求量将逐步扩大，如果没有国产邮轮的参与，外籍邮轮会不断加大对中国市场的运力投放，在市场较差的情况下，将出现“闪进闪退”的情况，不利于中国邮轮市场的稳定持续增长。

2018年11月，中国集团与美国嘉年华集团、意大利芬坎蒂尼集团在首届进口博览会上正式签订2+4艘13.5万总吨Vista级大型邮轮建造合同。每艘邮轮船价为7.7亿美元，2艘大型邮轮新造船合同总价为15.40亿美元，第一艘国产邮轮计划于2023年9月30日交付，第二艘邮轮初步计划于2024年12月交付，这标志着我国首艘大型邮轮设计建造及相关配套产业集群进入正式实施阶段。2019年3月26日，中船集团大型邮轮项目首个采购合同在外高桥造船正式签订。根据合同，ABB将为外高桥造船承建的中国首艘国产豪华邮轮提供一体化解决方案，包括2套Azipod吊舱式全回转推进系统以及全套中压配电系统，内含5台主发电机、中压配电板、配电变压器等，该合同的正式签订标志着H1508大型邮轮采购工作取得了阶段性进展。

2018年10月，招商局集团与海门市政府签署邮轮制造基地项目协议、邮轮配套产业园项目协议、国际邮轮城合作协议等三个项目落地协议。2019年5月22日，招商局邮轮制造有限公司与上海世天邮轮产业有限公司签订了1+1+2艘37000总吨豪华邮轮建造合同，该艘豪华邮轮是由世天邮轮与招商邮轮合作自主设计、自主建造，并将由世天邮轮安排运营的中国首艘豪华邮轮。2019年3月12日，招商局工业集团极地探险邮轮1号船下水仪式暨3号船开工仪式在江苏海门基地举行，下水后还进行设备调试、内装工程、倾斜试验、试航等工作，于7月底具备交船条件，9月正式交付。并且签署了极地探险邮轮3号船开工证书，3号船首张钢板顺利点火切割，第二艘邮轮正式开工建造。极地探险邮轮1号船是国内首艘自主建造的邮轮，也是中国造船史上第一艘极地探险邮轮。极地探险邮轮1号船的船舶总长为104.4米，型宽18.4米，设计航速不小于15.5节，已满足安全返港、USPH、USCG等相关规范要求，同时符合船舶冰级1A、POLAR CLASS 6（HULL）冰级符号及POLAR CAT-B极地服务区域的要求。该系列型船采用电力推进和先进的控制系统，在船型设计、室内布置、声音舒适性和能源消耗等方面具有独特的技术优势（见表16）。

表16　2018～2019中国邮轮建造实质性启动情况

序号	订单情况	建造厂商	船东企业	造价情况
1	2+4艘13.5万总吨Vista级大型邮轮	上海外高桥造船有限公司	中船嘉年华邮轮有限公司	每艘邮轮船价为7.7亿美元
2	1+1+2艘37000总吨豪华邮轮	招商局邮轮制造有限公司	上海世天邮轮产业有限公司	每艘邮轮造价为20亿元
3	4+6艘极地探险邮轮	招商重工（江苏）有限公司	美国SunStone公司	—

（二）中国邮轮翻修业逐步发展壮大

邮轮翻新业务具有较高的市场价值和发展潜力，豪华邮轮通常每5～8年进行一次翻新及改造，邮轮翻新市场的日渐扩大受邮轮设施的日常损耗，以及根据市场需求变化带来的设施格局、新技术的应用及安全环保等多个方面因素的影响。邮轮翻新与普通客船改造截然不同，在技术要求方面较高，面临更多的风险挑战，并且对翻修过程的项目管理能力要求十分高，对邮轮修造业运用的材料技术有较高的要求，能够为邮轮公司提供更好满足市场需求的改造方案。每艘大型豪华邮轮的翻修改造成本在1000万～5000万美元，主要是内装工程翻修。全球邮轮翻修业务主要集中在迈阿密、欧洲、巴哈马以及新加坡等地区，德国及新加坡在国际豪华邮轮翻新、修理市场中占有重要地位。随着我国本土邮轮翻修能力的增强，国外船东更倾向于使用成本低、周期短、方式灵活的本土总包公司及配套产品。目前，国内邮轮旅游市场发展迅速，豪华邮轮在“本土化”翻修领域存在巨大的市场机遇。上海华润大东船务工程有限公司率先进入邮轮修理与改装领域，有着丰富的商船维修与改装经验，其98%的业务来自国外船东，年维修船舶在300艘左右，技术储备十分丰富。舟山中远海运重工有限公司在豪华邮轮进坞安全风险掌控、舱房设施升级、外板油漆翻新等方面积累了不少的经验，并且成立了专门的管理团队，从生产管理到所有设备设施的配套准备都根据豪华邮轮做了专业的安排，把公司经营重点放在豪华邮轮翻修上（见表17）。

表17　中国邮轮主要翻修企业

序号	翻修企业	所处位置	案例
1	上海华润大东船务工程有限公司	上海崇明	“大西洋号”“赛琳娜号”等
2	舟山中远海运重工有限公司	浙江舟山	“海洋赞礼号”等
3	友联船厂（蛇口）有限公司	深圳蛇口	“双鱼星号”
4	中船集艾邮轮科技发展（上海）有限公司	上海宝山	“天海新世纪号”

中船集艾是中船集团为推进发展邮轮及高技术船舶内装业务而设立的混合所有制平台企业。中船集艾正致力于“邮轮内装工程和技术研发中心，邮轮本土配套供应链孵化平台，邮轮内装工程管理和施工人员培训基地”的建设。并与德国R&M船舶技术有限公司成立戎美邮轮科技发展（上海）有限公司，致力于增强邮轮本土内装设计、施工和供应链管理等方面的综合技术能力。2019年4月9日，中船集艾邮轮科技发展（上海）有限公司与UEI邮轮投资有限公司在2019年海贸全球邮轮大会上的中方展台正式签署

“塞班之星”邮轮全船翻修总包合同，这是首次由本土企业承接并在国内实施的邮轮全船翻修总包工程。这是国内企业首次承接的邮轮全船翻修总包项目，要求承包方具有设计、采购、施工 EPC 总包等全面综合管理能力，不仅需要具备邮轮舱室和公区的设计及施工能力、对全船设计与施工进行系统把控能力，同时还要满足船级社、挂旗国等相关规范要求。

（三）中国本土邮轮船队逐步壮大

在中国邮轮市场发展的前十年，本土邮轮船队均是民营企业参与，并且都是单船运营，而从 2018 年开始，中国本土邮轮船队开启了新时代，有了更多实力雄厚的国家队参与，并且是与全球最大邮轮运营企业嘉年华集团合资成立，这显然比天海邮轮委托运营更有优势。2018 年 3 月，中船集团与嘉年华集团在香港合资成立中船嘉年华邮轮公司，注册资本 5. 5 亿美元，中船集团占股60%，向嘉年华集团购买2 艘现有邮轮，首艘新购进邮轮“大西洋号”，计划于 2019 年底前交付。另一艘为“大西洋号”的姐妹船“地中海号”，交付日期有待宣布。到 2029 年，中船嘉年华邮轮有限公司旗下计划拥有 8 ~ 10 艘大型邮轮，将成为中国最大的国际化运营的中资邮轮公司（见表 18）。

表 18　2019 年中国本土邮轮品牌船队

序号	邮轮名称	船东公司	交付年份	船公司注册地
1	“中华泰山号”	渤海邮轮有限公司	2014	香港
2	“钻石辉煌号”	钻石国际邮轮有限公司	2015	香港
3	“大西洋号”	中船嘉年华邮轮有限公司	2019	香港
4	“鼓浪屿号”	星旅国际邮轮有限公司	2019	香港

中国旅游集团与中远海运集团合资成立星旅邮轮国际有限公司，总部设在香港，并在厦门设立国内运营中心。从 P&O 英国邮轮公司购置一艘“奥利安娜号”（Oriana）。该邮轮建造于 1995 年，吨位为 6. 9 万总吨，计划于 2019 年 8 月在欧洲正式接手该邮轮，9 月 30 日正式首航，开始在中国沿海

进行商业运营。包含体验航次在内，2019 年“鼓浪屿号”将在厦运营 8 个航次，其中包含多个热门的“海丝”航线，未来计划运营从中国各大母港（包括上海、厦门、广州、青岛、海口等）出发到日本、越南、菲律宾、马来西亚、泰国、新加坡、文莱、印尼等国家和地区的邮轮航线。

四　中国邮轮经济高质量发展面临的挑战

在经历十多年的快速增长后，中国邮轮市场供需关系发生了一定变化，产生了短暂的市场波动，这符合普遍市场规律。在中国邮轮市场转型的时间窗口期，推动邮轮经济高质量发展成为重要的发展方向。从国内邮轮游客量看，2018 年由 300 万人次降至 270 万人次，2019 年预计仍有一定下滑，约 240 万人次。据国际邮轮协会（CLIA）预计，中国邮轮市场自 2020 年起将再次向波峰转变，此后每年保持 15 万～25 万人次的增量。

（一）邮轮文化普及慢，中国邮轮市场亟待加强培育

邮轮自 2006 年引进中国以来，中国游客把乘邮轮比作是体验“平民消费、豪华享受”的绝佳方式。但是，国际邮轮公司的运营规则和惯例，与我国法律法规、国人旅游消费习惯之间存在一些差异。文化、理念的差异，是事关长远发展的大事情。比如，最近有自媒体称，诺唯真邮轮是被中国大妈“吃跑”的。实际上，从邮轮运营成本看，餐食只占很小一部分。2018 年第二季度，食物成本在诺唯真整体邮轮运营成本中的比重只有 10%～15%，约是燃油成本的一半。占最大比重的是运营和交通等支出，约占 29%；其次是劳动力支出，约占 25%。当然，这里还是折射了精神文化层面的一些东西。比如，在吴淞口国际邮轮港运营之初，一旦发生因天气等不可抗力造成邮轮跳港或延误，中国游客就会要求赔钱，若要求无法满足就会上演“霸船”等极端行为。同时，我们注意到，邮轮文化的普及度不够，大量的游客依然十分看重岸上目的地旅游，过分看重邮轮产品的性价比，而非邮轮休闲度假的本质属性，将豪华邮轮仅仅作为一种较为廉价舒

适的海洋交通工具。从中国旅游业的发展史看，游客旅游出行都将以自然风景形成的景观和人文历史形成的景观作为旅游目的地，尤其是以A级以上景区作为重要的旅游目的地。而邮轮来源于西方欧美国家，短时间使得中国游客在深层次里认知其为旅游目的地是较为困难的。2017年，中国邮轮市场渗透率仅为0.15%，即便是市场渗透率最高的上海也不到1%，且复购率较低。

（二）市场供给结构有效调控不足，外籍邮轮趋利而动

中国邮轮旅游市场供给主要依赖外籍邮轮，缺乏本土邮轮船队，导致邮轮经济贡献外流，对本地经济拉动不足，必须通过系统性政策创新为本土邮轮发展松绑，为中国邮轮经济提供源源不断的动力。中国邮轮市场属于新兴市场，进出门槛都不高，目前外资品牌占据主导地位，自有品牌份额约为10%。前几年，在中国市场利润预期较高、潜力巨大的情况下，嘉年华、皇家加勒比游轮、诺唯真游轮、地中海邮轮等国际邮轮集团旗下的邮轮品牌纷纷进入中国市场，但局限在国内几个邮轮港开展母港业务，航线相似、产品差异化不突出，加上“包船模式”导致价格恶性竞争，使得国际邮轮公司在中国市场的收益有所降低。在中国市场收益降低之后，部分邮轮公司的全球总部对中国市场的信心有所下降，进而调整了国际邮轮的全球布局，将在中国市场运营的邮轮投放到收益更高的区域。目前来看，中国市场对这种现象的调控力度不足，在对外资船队选择上缺乏主动权。

（三）税费成本明显高于国外，“中国籍”邮轮发展难

国内邮轮母港的收费标准主要包括政府规费和码头企业收费两部分。同等情况下，国内停靠综合收费比美国高出3~5倍、比欧洲高出2~3倍。邮轮运营成本过高还在于，即便邮轮的注册地在中国，在实际运营过程中，仍需缴纳部分税费，主要包含企业所得税、车船使用税、印花税等税费，占总费用的30%。因此，至今仍没有一艘“中国籍”邮轮。携程旗下的“天海新世纪号”已退出中国市场；海航所属的“海娜号”注册地为马耳他，已

退出中国市场；渤海轮渡“中华泰山号”注册地在巴拿马；钻石邮轮“辉煌号”注册在巴哈马。

（四）邮轮市场分销渠道受政策限制，易造成低价竞争

国际邮轮公司主要是自有渠道＋旅行社代销模式，旅行社代销比例在60%左右，邮轮公司自销在30%左右。国内主要是中间商的包船/切舱的集中销售模式，邮轮公司自销和旅行社代销的比例较低。目前中国参与邮轮分销的旅行社有500余家，销售渠道“窄而长”，滋生了很多“票务黄牛”，在邮轮船期临近时与邮轮公司、旅行社进行价格博弈，代理商或包船商迫于市场风险的压力，与其达成交易，而这部分客户未给旅行社带来任何收益，反而影响健康市场价格体系的形成。比如，以上海和迈阿密为母港的邮轮价格对比，上海4～5晚的价格为600～750美元，迈阿密为900～1000美元；上海和巴塞罗那对比，平均水平也有一定差距。

近年来，邮轮公司直销模式正逐步兴起，皇家加勒比游轮在中国的切舱旅行社合作伙伴从以前的10～20家增加到现在的100家，直销比例从以往几乎为零的状态提高到2018年的约20%，预计2019年会提高到30%。但邮轮公司在探索直销模式的发展中，也遇到了一定问题。我国《旅游法》规定，旅行社经营出境游包价产品，必须具备出境游资质才可以进行产品经营与销售。目前邮轮产品是作为出境旅游产品，销售方需要具备出境资质，邮轮公司无法在其官方平台销售由其他具备相应资质企业提供的邮轮旅游配套服务产品，不允许外商独资旅行社经营出境产品，这使得中国邮轮分销渠道数量较少，而邮轮不同于机票和火车，需要更多的分销渠道参与。

（五）“多港挂靠”政策尚未真正突破，影响联动效应

2009年10月交通运输部发布公告，允许外籍邮轮开展“多点挂靠”业务，但明确规定“在性质上属于国内运输，须经特案批准方可开展”，并明确提出“不得允许我港口间承载的旅客离船不归”。“多点挂靠”政策的出台是为了有效解决我国多区域邮轮港口相互独立发展、互动性较低的问题，

加强区域之间的合作发展，更加有利于游客的出游便利性和各区域邮轮市场的繁荣。但2009年至今，外籍邮轮开展多点挂靠业务十分少，其中当然有市场自身的因素，但也有审批程序严格、流程较长的原因，并且明确提出不允许游客离船不归，这在一定程度上降低了政策效用，使得我国的近海旅游发展受到限制。“多点挂靠”政策的推行是为了更好地利用我国丰富的邮轮港口资源，在一定程度上解决我国各沿海区域港口缺乏合作、客源互动性较差的市场问题，加强邮轮游客市场的多方位合作，为游客参与邮轮旅游提供便捷，更好地促进邮轮市场的发展。外籍邮轮“多点挂靠”审批流程烦琐、审批时间较长，并要求游客禁止“离船不归”，这都会限制“多点挂靠”政策的现实适用性。优化“多点挂靠”审批流程，为“多点挂靠”提供更为便利的条件，但更需要邮轮公司为“多点挂靠”提供更多优质的配套旅游产品。

五　中国邮轮经济发展趋势分析

（一）中国邮轮市场规模呈现持续波动性增长

据国际邮轮协会预计，全球邮轮市场规模在2019年有望达到3000万人次，2025年有望达到3760万人，具有良好的发展前景和潜力。在经历2017年、2018年市场规模增速放缓后，2019年中国邮轮市场发展形势依然不容乐观，但这也是旅游业发展较为正常的规模变化，从西方邮轮旅游市场的发展史来看，欧美邮轮市场也经历了从高速增长到平稳增长的转变。进入新时代，随着经济社会发展，人们的消费能力更高，对美好生活的向往更加强烈，对休闲旅游的需求也迈向高层次，邮轮旅游是人们出游旅行的重要选择之一。据国际邮轮协会预计，2019年中国邮轮市场母港邮轮数量达到14艘，比2018年16艘减少2艘，母港邮轮数量同比下降12.5%，邮轮床位数达到40342个，同比减少5.2%；邮轮市场运力达到194.08万人次。在2019年，皇家加勒比全新船系“超量子系列”“海洋光谱号”布局中国市场。皇家加勒比游轮的市场运力达到 53.03 万人次，市场份额为 27.3%；歌诗达邮轮市场运力达到 62.31 万人次，市场份额为 32.0%，居中国首位；星梦邮轮市场运力达到 23.8 万人次，市场份额为 12.3%，居中国第三位。

（二）邮轮航线创新产品逐步增多

虽然韩国邮轮航线现在仍未开放，但是邮轮公司结合游客需求和市场情况，努力拓展新的邮轮航线。2019 年，皇家加勒比为中国市场带来了更高品质且具有差异化的邮轮产品，推出了 8 天以上的长航线，共 9 个航次，包括 8 天 7 晚上海至大阪、神户、东京（横滨）、长崎的航线和上海至伊罗戈斯、苏比克湾、冲绳的航线，9 天 8 晚上海至下关、京都（舞贺）、新潟、函馆和上海至海参崴、京都（舞鹤）、福冈的航线。2020 年，皇家加勒比提供覆盖 27 个目的地港口的约 130 个岸上观光精品游线路，全年部署的长航线数量较 2019 年将提升 40%。无目的地邮轮航线就是邮轮从港口出发，开到附近的公海上，不停靠他国港口，然后返回原港口。目前无目的地邮轮航线没有先例，交通运输部和公安部等也没有出台具体的文件和细则，虽然海南已经有政策，但目前并未开展无目的地航线的实际操作。在《中国（海南）自由贸易试验区总体方案》《关于促进我国邮轮经济发展的若干意见》《关于促进本市邮轮经济深化发展的若干意见》等文件中均提出了推动无目的地航线或公海游的发展。在上海或海南试点实行无目的地邮轮航线，有利于推出邮轮短程旅游产品，满足周末邮轮游的需求，扩大邮轮旅游年轻消费群体。

（三）邮轮港免税商业业态逐步丰富

当前大部分邮轮港配备的是出境免税店，游客购买物品最多的是烟、酒，规定入境游客不能购买免税品，游客只能是买好东西带到船上。无法像机场日上免税店那样买好东西，回国取货。2016 年 2 月，财政部、商务部等五部门联合印发《口岸进境免税店管理暂行办法》，决定增设和恢复口岸进境免税店，进一步促进口岸进境免税店发展。2018 年 4 月，文化和旅游部与财政部、商务部、海关总署、国家税务总局等部门对《口岸进境免税店管理暂行办法》进行研究补充，正式出台《关于印发口岸进境免税店管理暂行办法补充规定的通知》，进一步有效引导境外消费回流，加速升级旅游消费。针对邮轮游客消费需求旺盛的问题，在现有出境免税店基础上配套进境免税店，当前吴淞口国际邮轮港已经获批进境免税店资质，面积为1700平方米，在两个新航站楼分别布局850平方米。未来将有更多的邮轮港设立进境免税店。并且会参考海南离岛免税的模式，在邮轮港周边打造专为邮轮游客服务的免税店，同时提高邮轮游客进境免税额度，提升邮轮港的吸引力。

（四）本土邮轮品牌支持力度逐步加大

目前邮轮购置所缴纳的税费较高，尤其是悬挂五星红旗的邮轮需缴纳近30%的税费，并且邮轮强制报废年限参照货轮为30年，并不适合邮轮，五星红旗邮轮船员国籍限制较大，中国籍船员需占比60%以上，不符合国际化需求。外籍邮轮无法运营内河及近海航线，可以作为培育本土品牌的优势。《关于促进我国邮轮经济发展的若干意见》明确提出，大力培育本土邮轮发展，先期鼓励中资方便旗邮轮发展，逐步推进五星红旗邮轮发展。研究综合推进政策措施，推进五星红旗邮轮船队发展。在上海市人民政府办公厅出台的《关于促进本市邮轮经济深化发展的若干意见》中明确提出，争取对本土企业以购置、租赁、制造等方式组建本土邮轮船队给予低息贴息及相关税费优惠政策的支持，争取放宽本土邮轮品牌的船员国籍限制。2020年将有部分支持本土邮轮品牌发展的政策逐步落地，为本土邮轮船队发展提供更为良好的环境。

六　推动中国邮轮经济高质量发展的若干建议

（一）加快推动培育和传播邮轮文化

邮轮文化在邮轮经济的发展中孕育而生，邮轮文化是邮轮业在经济活动过程中形成或创造的具有意识和行为规范的总和，是人类众多文化体现的一种，是邮轮业的基本理念。通过多种途径，深化“邮轮＋文化”内涵，加强引导、培育和传播邮轮文化，为高质量、高品位发展厚植根基。中国连续举办亚太邮轮大会、中国邮轮产业发展大会、国际邮轮服务贸易高峰论坛以及邮轮旅游节等重大活动，一个重要考虑就是推动形成具有国际影响力的邮轮文化推广平台。要进一步加大国内市场的宣传推广力度，用全媒体的形式让更多游客对邮轮旅游有更深度的认识，逐步提升市场渗透率和复购率。继续举办好各类邮轮节庆活动，打造具有国际影响力的邮轮文化推广平台，不断提升国内外市场的渗透率和复购率。同时要着眼于开发国外入境旅游，宣传、展示中国邮轮旅游的魅力和旅游目的地的魅力，更好地促进入境旅游的发展。

（二）加快推进邮轮市场培育和模式创新

鼓励邮轮公司及销售代理机构积极探索直销、零售等分销模式，允许邮轮公司在其官方平台销售由其他具备相应资质企业提供的邮轮旅游配套服务产品。探索鼓励外商独资邮轮企业申请出境游等资质的政策。同时，加快推广邮轮船票。吴淞口国际邮轮港已完成国家试点，全面实现“凭票进港、凭票登船”。交通运输部2019年在全国推广邮轮船票，并形成一整套邮轮服务标准体系。要建立统一的邮轮船票管理平台，实行注册登记制度，并建立准入机制，扩大船票销售渠道，使得不具备出境资质的旅行社也可以进行船票销售。管理平台承担对零售商监管的责任，并积极发展船票零售商。当前邮轮分销渠道数量少，直销模式面临瓶颈较多，不符合国际邮轮分销模式惯例。允许注册符合条件的中外合资出境旅行社，以更好地拓宽邮轮分销渠道，推动邮轮旅游市场健康持续发展。

（三）进一步深化邮轮旅游产品创新

与境外港口城市合作推动互为母港或多母港航线发展，吸引更多访问港客源，促进入境旅游发展。推动航空、高铁、内河游轮与邮轮的联动，积极发展空海、海陆、江海联运旅游产品，形成适应市场需要、层级丰富的邮轮旅游产品体系。积极争取邮轮“多点挂靠”政策常态化实施和审批流程简化，开发上海始发的多港挂靠邮轮航线。向国家部委争取开辟邮轮新航线的政策扶持和便利条件，开发从上海始发的多港挂靠邮轮航线以及包括港澳台和境外港口的组合航线，加强与国外港口城市合作，推动多国多母港邮轮定班航线发展，有条件地开放无目的地及周边海岛邮轮航线。吸引独具特色的主题邮轮运营，支持邮轮公司组织运营具有中国文化特点的邮轮主题航次，鼓励中国文化演出团体、演艺项目、艺术品等上邮轮展演展销，提升中国文化与邮轮文化的契合度。

（四）加快推进邮轮经济全产业链发展

邮轮经济向上穿透研发设计、先进制造，向下衔接旅游消费、服务管理，覆盖服务、制造、购物、文化等各方面，是一个全产业链的概念。做大做强邮轮产业，要依托邮轮产业优势地区的资源配置能力，抓住“一带一路”倡议、海洋强国战略、粤港澳大湾区以及长三角一体化发展契机，推进邮轮全产业链布局，合力打造中国邮轮产业新高地。一是推动邮轮修造配套发展。尤其是长三角地区具有坚实的产业基础和完整的产业链条，具有研发、制造等诸多优势，应代表国家参与全球高端竞争，摘取全球造船业“皇冠上的明珠”。支持中船集团国产大型豪华邮轮设计建造，发挥邮轮配套产业园作用，创建以服务邮轮经济为主要特色的海关特殊监管区，建设邮轮修造产业集群，吸引为邮轮制造提供各类配套产品和服务的境内外企业入驻，不断推动产业链延伸。二是大力发展邮轮入境游。整合我国丰富的旅游资源，深度开发邮轮旅游特色产品，丰富高端主题产品，将邮轮旅游大范围、广纵深地融入现代城市旅游生态系统，提升邮轮旅游发展效益。三是搭建邮轮功能型平台。推进国内外邮轮相关协会组织、科研院所、检测认证平台、交易服务机构等功能性平台集聚，提升综合配套服务能力。支持建立第三方检验鉴定机构，按照国际标准采信其检测结果。四是提升邮轮总部经济。优化营商环境，制定适用国际邮轮企业特点的企业总部认定办法，研究引进国际邮轮企业总部的便利化方案及激励措施，吸引和集聚国际邮轮公司、国际性邮轮组织或行业协会等各类企业总部或地区总部落户。高水平的邮轮经济发展需要推动全球各类相关企业的集聚，形成产业集群，进而构筑完善的邮轮全产业链体系。而放宽船舶管理及代理等企业市场准入政策，对于国内外邮轮企业集聚有较强吸引力。

（五）建立健全邮轮高质量发展政策体系

邮轮经济是新兴海洋经济，进一步发挥我国邮轮经济机制较完善、国际化水平较高、改革先行的环境优势，全面接轨国际规则，通过建立示范区实现邮轮经济政策制度的系统性集成创新，探索创新支撑邮轮经济发展的政策体系、制度创新体系，支撑邮轮全产业链发展需求。通过政策制度创新，缩小与发达国家或地区在邮轮政策和航运市场环境方面的差距，为我国邮轮经济发展提供政策创新空间，推动全国邮轮经济高质量发展，引领我国邮轮经济发展水平的整体提升。邮轮经济是高度国际化的新兴经济，邮轮企业均是跨国型企业，对于资本流动便利化有着较高的需求。有效降低外汇账户开立要求、简化外汇收支手续等，可以更好地推动国际邮轮产业资本流动。邮轮产业经济是高度资本密集型经济，对融资租赁、航运保险等有较高的需求，降低准入门槛、分期缴纳关税和增值税等方面的优惠，可以为邮轮经济提供更完善的金融支持。邮轮修造国外高度垄断，目前配套产业集群主要集中在欧洲，我国在大型邮轮修造领域将直接参与全球最高水平的竞争，亟须保税加工等便利化政策以及相应的税收优惠政策，更好地提升我国邮轮修造的全球竞争力。

参考文献

[1] 汪泓主编《邮轮绿皮书：中国邮轮产业发展报告（2018）》，社会科学文献出版社，2018。

[2] 汪泓主编《邮轮绿皮书：中国邮轮产业发展报告（2017）》，社会科学文献出版社，2017。

[3] 汪泓主编《邮轮绿皮书：中国邮轮产业发展报告（2016）》，社会科学文献出版社，2016。

[4] 汪泓主编《邮轮绿皮书：中国邮轮产业发展报告（2015）》，社会科学文献出版社，2015。

[5] 叶欣梁、梅俊青：《中国邮轮经济运行分析与发展预测（2018）》，上海交通大学出版社，2018。

G.3

2018～2019年中国邮轮产业发展十大热点

叶欣梁　汪　泓　史建勇　王友农*

摘　要： 2018～2019年中国邮轮产业发展的热点涉及邮轮经济政策、国产大型邮轮建造、本土邮轮船队、中国邮轮旅游发展示范区、邮轮港进境免税店、邮轮港口海上游航线试点等方面，具体包括：各级邮轮经济政策纷纷出台，破解邮轮经济发展难题；国产大型邮轮建造进入实质性阶段，邮轮经济全产业链全面启动；央企组建本土邮轮船队，打造中国民族邮轮品牌；旗舰邮轮布局中国市场，推动邮轮经济高质量发展；上海获批中国邮轮旅游发展示范区，继续引领中国邮轮经济创新发展；邮轮港口接待能级显著增强，为邮轮经济发展奠定坚实基础；国内首家邮轮港进境免税店获批，打造邮轮购物新亮点；国内首个邮轮全船翻修总包项目，完善邮轮修造产业链；邮轮港口海上游航线试点方案出台，推动邮轮无目的地航线发展；邮轮公司2020年战略布局，助推中国邮轮蓬勃发展。

关键词： 邮轮产业　邮轮建造　全产业链　创新发展

---

* 叶欣梁，博士，上海工程技术大学教授，上海国际邮轮经济研究中心副主任，上海吴淞口国际邮轮港副总经理，研究方向：邮轮经济；汪泓，博士，中共宝山区委书记，教授，博士生导师，研究方向：邮轮经济；史建勇，博士，上海工程技术大学党委副书记，教授，研究方向：邮轮经济；王友农，上海吴淞口国际邮轮港董事长，研究方向：邮轮经济。

在改革开放再出发的时代背景下，中国邮轮经济进入由“高速度增长”向“高质量、高品位发展”转变的关键时期。当前，中国邮轮经济进入了一个新的发展阶段：邮轮旅游发展进入战略调整期、邮轮经济政策进入红利释放期、邮轮旅游迈向邮轮经济进入转型关键期。在中国邮轮经济的发展中，诸多热点事件引起邮轮业界的广泛关注。热点事件往往是具有较强标志性和里程碑意义的事件，对推动邮轮经济发展具有重要的现实价值和深远影响。

为深入解读邮轮经济热点事件所带来的影响和启示，上海国际邮轮经济研究中心针对我国邮轮经济发展最新形势，以影响力强、典型性强等为原则，通过与国内外邮轮业界和学术界的集思广益，深入研讨，经过国内外邮轮业界及学界专家的共同努力，从众多的热点事件中，筛选出十个热点事件。通过对热点事件的阐述与剖析，深度解读热点事件背后的规律、原因以及结果，从而为中国邮轮经济发展提出更好的建议。

热点一：各级邮轮经济政策纷纷出台，破解邮轮经济发展难题瓶颈

（一）热点事件

2018 年 9 月，交通运输部、国家发改委等十部门出台《关于促进我国邮轮经济发展的若干意见》，提出围绕延伸壮大我国邮轮经济产业链，加强邮轮自主设计建造及配套能力建设、培育本土邮轮及市场发展、提升邮轮服务水平，增加有效供给，为培育经济发展新动能、加快建设交通强国和制造强国、建设美丽中国提供有力支撑。提出到 2035 年，我国邮轮市场成为全球最具活力市场之一，邮轮自主设计建造和邮轮船队发展取得显著突破，体系完善、效率显著的邮轮产业链基本形成，邮轮经济规模不断扩大，对城市转型、产业升级、经济发展和人民消费的支撑力和保障作用显著增强。2018 年 10 月 8 日，上海市人民政府办公厅印发《关于促进本市邮轮经济深化发展的若干意见》，提出以提升邮轮港口服务能级、深化邮轮旅游供给侧改革、推动邮轮产

业链延伸为主线，着力优化营商环境、着力丰富产品供给、着力提升品牌品质、着力挖掘产业潜力，全面融入全球邮轮经济分工合作，全力打造上海邮轮经济发展新高地。2019 年 4 月 12 日，福建省发展和改革委员会等十部门印发《关于促进邮轮经济发展的实施方案》，加强邮轮建造及配套能力建设、培育本土邮轮及市场、增加有效供给、提升邮轮服务水平，努力建成布局合理、便利快捷、制造先进、安全规范、应用广泛的邮轮产业体系，着力打造“海丝邮轮”品牌，推动邮轮经济产业链成为经济增长新亮点。2019 年 5 月 7 日，交通运输部发布《关于推进海南三亚等邮轮港口海上游航线试点的意见》，提出基于海南海域情况及海南国际邮轮发展状况，在五星红旗邮轮投入运营前，先期在海南三亚、海口邮轮港开展中资方便旗邮轮无目的地航线试点。2019 年 7 月，海南省政府办公厅印发《海南邮轮港口海上游航线试点实施方案》，提出围绕打造“海南国际旅游消费中心”的战略定位，加快三亚向邮轮母港方向发展，探索创新中资非五星红旗邮轮开展海上游航线试点，鼓励运输经营人丰富航线产品，培育邮轮旅游消费新热点。

（二）事件点评

当前，邮轮经济政策进入红利释放期。我国邮轮旅游已经实现了从小众旅游向大众旅游转变，社会各界对邮轮经济发展战略意义的认识更加清晰，因此，国家及地方政府在 2018～2019 年密集出台邮轮经济扶持政策，尤其是出台邮轮经济政策的层级大幅度提升，邮轮经济政策的精准性显著增强，制约邮轮经济高质量发展的瓶颈很大程度上得以突破。随着相关邮轮经济政策的逐步落实，政策红利将进一步释放，必将推动中国邮轮经济更好发展。需要地方政府加强与各级主管部门的对接，推动邮轮经济相关政策法规集成创新，争当邮轮经济政策试验田，把政策红利转化为推动邮轮经济发展的强大动力。

（三）重要启示

邮轮经济是典型的口岸经济，具有全球化、外向型特点，国际邮轮产业普遍集聚于经济高度自由的港口城市。逐步完善以服务邮轮经济为主要特色的海关监管制度，适时在符合条件的区域探索创建海关特殊监管区域。中国已建立六个邮轮旅游发展实验区，在中国邮轮经济发展过程中起到良好的引领示范作用，但缺乏有效的政策支撑，要争取实质性配套政策。支持地方政府创建以邮轮经济为特色的综合保税区，推动国际邮轮港、邮轮产业园区与自贸试验区对接联动，实施有利于邮轮经济新业态发展的综合配套政策制度，为邮轮经济发展创造更大的创新发展空间。

热点二：国产大型邮轮建造进入实质性阶段，邮轮经济全产业链全面启动

（一）热点事件

上海外高桥造船有限公司于 2018 年 11 月 6 日在中国国际进口博览会上与中船嘉年华及中船邮轮签订了 2 艘大型邮轮新造船合同，其中实船 2 艘，选择船 4 艘。中船嘉年华作为项目合同买方，外高桥造船与中船邮轮作为合同联合卖方。作为合同卖方之一的中船邮轮也是中船集团的控股子公司，同时合同买方中船嘉年华由中船邮轮持有 60% 的股份，故本次交易构成关联交易。此次签订生效的 2 +4 艘 13. 5 万总吨 Vista 级大型邮轮项目将由中船集团旗下中船邮轮科技发展有限公司和上海外高桥造船有限公司联合设计建造，按照中船集团与嘉年华合资组建的中船嘉年华邮轮有限公司要求以及中国市场特点与游客偏好量身打造。交易标的为 2 艘大型邮轮，船型为 13. 55 万总吨 Vista 级。大型邮轮总长为 323. 6 米，型宽为 37. 2 米，最大容纳乘客量为 5246 人，总客房 2125 间，入级英国劳氏船级社和中国船级社，挂巴拿马旗。第一艘实船计划于 2023 年 9 月 30 日交付，第二艘实船初步计划于 2024 年 12 月交付。

（二）事件点评

推动国产邮轮建造是提升我国造船业国际竞争力和增强现代制造业能级的重要方向。中船邮轮建造合同是我国首次签订的真正意义上的大型邮轮建

造合同，该合同的签订标志着中船集团大型邮轮工程进入正式实施阶段，中国首艘具有世界先进水平的大型邮轮开始实质性地设计建造，这将推动我国船舶工业登上新高地、实现高质量发展。积极推进大型邮轮设计建造是响应国家战略的重要举措，是我国抓住船舶市场历史机遇、迎合市场发展需求的重要体现，是中国船舶工业转型升级的重要方向，更是公司及外高桥造船全面转型升级和多元化发展的战略需要。中船集团与嘉年华集团、芬坎蒂尼集团全力推动中国首艘大型邮轮项目的实施，同时以稳健的步伐打造健康有序、可持续发展的中国邮轮旅游市场，助力中国邮轮产业全面腾飞，实现邮轮产业的“中国梦”。邮轮建造市场主要集中在欧洲区域，本项目的母型船为意大利芬坎蒂尼集团为嘉年华集团建造的歌诗达“威尼斯号”邮轮，本项目交易的价格参考欧洲邮轮新造船市场价格。

（三）重要启示

大型邮轮的设计建造符合国家海洋战略方针，能够促进船舶行业供给侧改革，推动我国船舶工业转型升级。中船邮轮通过整合中船集团内外相关优势资源，统筹利用国家和地方政策及资金支持，开展邮轮投资运营、设计建造、配套供应全产业链布局，以逐步形成比较完整的邮轮产业体系，推动中船集团产业结构向高端制造升级，支持造船强国建设和制造强国战略目标落地。中船邮轮将通过与世界一流造船企业和世界顶级邮轮运营企业的合资合作，在邮轮研发设计、运营管理等产业链关键环节，构建属于中船邮轮的“微笑曲线”；在将世界邮轮文化引入中国的同时，打造中国邮轮品牌、建设中国邮轮文化并向世界传播，取得经营事业的成功，同时成为文化交流的使者。

热点三：央企组建本土邮轮船队，打造中国民族邮轮品牌

（一）热点事件

在中国国际进口博览会上，嘉年华集团宣布与中国船舶工业集团有限

公司组建邮轮合资公司“中船嘉年华邮轮有限公司”。中船嘉年华于2018年3月19日在香港设立，注册资本5.5亿美元，中船邮轮出资3.3亿美元，占股60%，嘉年华（英国）有限公司出资2.2亿美元，占股40%。中船嘉年华邮轮公司向嘉年华集团购买两艘现有邮轮，首艘新购进邮轮“大西洋号”总吨85861吨，计划于2019年底前交付至新公司名下。另一艘为大西洋号的姐妹船“地中海号”，交付日期有待宣布。到2029年，中船嘉年华邮轮有限公司旗下计划拥有8~10艘大型邮轮，将成为中国最大的国际化运营的中资邮轮船东公司。2019年5月23日，由中远海运集团和中国旅游集团共同出资设立的“星旅远洋邮轮”在厦门举行品牌发布会，这是该邮轮公司首次正式亮相，旗下首艘豪华邮轮“鼓浪屿号”也正式向外界公布。“鼓浪屿号”由中远海运集团和中国旅游集团合资购入，是一艘约7万吨的豪华邮轮，可容纳1880人。内地运营总部设立在厦门。

（二）事件点评

邮轮产业作为朝阳产业，具有国家战略利益与企业经济利益的叠加、国防工业发展需求与邮轮经济发展需求叠加的双重优势，对消费与就业有较强的直接拉动力，能带动相关产业的协调发展，产生巨大的社会效益和经济效益。中船集团携手嘉年华集团、芬坎蒂尼集团进入邮轮产业是中船集团的战略选择，通过与国际一流企业的合作，打造涵盖邮轮设计建造、运营服务和供应链的全产业链，并共同推动行业环境改善，形成促进邮轮产业持续发展的生态体系。2015年，嘉年华集团与中船集团宣布成立合资公司，嘉年华集团对其持少数股权。在此基础上成立的中船嘉年华邮轮有限公司，旨在中国推出首个专门为中国邮轮市场打造的多船邮轮品牌，也将助力中国实现优先发展邮轮产业的目标。星旅邮轮标志着中国本土邮轮品牌进入了第二阶段的发展，在天海邮轮退场后，目前仅剩下渤海邮轮和钻石邮轮两个运营单船的本土邮轮品牌。而“鼓浪屿号”的加入也成为本土邮轮中最大的一艘邮轮。

（三）重要启示

中国邮轮市场潜力巨大，但仍处于初级阶段且未被充分渗透。而基于对出境旅游长期增长的预期，以及游客对邮轮旅游的理解、认知和需求的不断提升，中国将为未来邮轮业的发展带来重要契机。随着邮轮业在中国的持续增长和发展，人们普遍预期这里将成为全球最大的邮轮市场。中船集团与全球最大的休闲旅游公司嘉年华集团的邮轮合资公司中船嘉年华邮轮有限公司引进歌诗达“大西洋号”并纳入旗下运营。届时，中国本土邮轮品牌间的竞争会更加激烈。作为中国本土第一家真正意义上的国资国际邮轮公司，星旅远洋邮轮将依托中远海运集团和中国旅游集团两大股东的雄厚实力和行业优势，立足中国特色，打造民族邮轮品牌，有望成为中国邮轮行业的领军者。

热点四：旗舰邮轮布局中国市场，推动邮轮经济高质量发展

（一）热点事件

2019 年 5 月 18 日，专为中国市场定制的歌诗达“威尼斯号”抵达上海，并举行盛大首航仪式，宣布这艘专为中国消费者量身打造的邮轮正式进入中国市场并开启运营。歌诗达“威尼斯号”是品牌旗下首艘专为中国消费者定制的新船，从意大利到上海的首航沿着古老的海上丝绸之路，不仅传递了水城威尼斯的美丽与魅力，更承载了可追溯到马可·波罗时代、见证中意两国友好往来的悠久历史。2019 年 6 月 3 日，上海吴淞口国际邮轮港迎来了第 2000 艘次母港邮轮。皇家加勒比邮轮“海洋光谱号”从西班牙巴塞罗那启航，经过为期 47 天的奥德赛环球之旅，搭载近 5000 名国际游客靠泊“东方之睛”，正式开启了中国母港航季。“海洋光谱号”在量子邮轮的基础上对客房、餐饮、娱乐、科技等设施进行了升级和突破，不仅开创了全新客

房类别，推出了创新餐饮理念，还设计了一系列海上首创的娱乐项目、活动设施及高科技互动体验。

（二）事件点评

歌诗达邮轮于2006年首次开启以中国为母港运营的航线，成为首个进驻中国市场的国际邮轮品牌。作为专为中国市场设计和建造的邮轮，歌诗达“威尼斯号”也全面考虑了中国消费者的偏好，提供了丰富的餐饮娱乐选择，以期打造宾至如归的邮轮度假体验。乘客在享受意式风情的同时，亦可选择中式火锅、传统点心等东方美食，并能在KTV中放松心情，度过一段难忘的海上时光。歌诗达“威尼斯号”将以上海为母港运营，为周边地区的消费者带来沉浸式的意式邮轮度假体验。歌诗达“威尼斯号”的姐妹船歌诗达“佛罗伦萨号”正在建造中，预计将于2020年投入中国市场。作为2019年加入上海邮轮母港运营的“新面孔”，超量子系列首艘邮轮“海洋光谱号”凝聚了皇家加勒比多年在亚洲市场通过产品优化实践积累的经验和知识，对邮轮新船设计与建造的国际水准发起了又一次冲击，将成为中国邮轮市场发展新的里程碑。2020年和2021年还将有地中海邮轮“荣耀号”（总吨位17.15万吨）、歌诗达邮轮“佛罗伦萨号”（总吨位13.55万吨）、云顶“环球级”邮轮（总吨位20.4万吨）、皇家加勒比“绿洲V号”（23万吨级）等陆续投入上海运营。

（三）重要启示

近两年，中国邮轮旅游市场规模有所回落，但“质”的提升在继续，世界著名邮轮公司纷纷在上海投入新的运力，进一步提升中国在全球邮轮市场的地位和影响力。近年来，中国母港邮轮越来越大、越来越新，吴淞口国际邮轮港靠泊邮轮平均吨位在10万吨左右，2019年为14.7万吨，四年增长41%。额定载客量2012~2016年平均为2500人，2019年为3794人，而船龄越来越短，2012~2016年靠泊邮轮平均船龄约为13年，2017年为10.91年，2018年为9.71年，2019年为4.43年。国际邮轮公司根据中国市场运营特点和游客需求，将更多、更大、更新的邮轮投入中国运营，说明中国在全球邮轮版图发展的战略地位日益提升，对邮轮公司的吸引力增加，中国邮轮市场的运营能级提升。

热点五：上海获批中国邮轮旅游发展示范区，继续引领中国邮轮经济创新发展

（一）热点事件

目前，国家文化和旅游部批准上海创建中国邮轮旅游发展示范区。为加快推动上海邮轮经济“换道超车”打造良好的营商环境，需要加大政策创新力度，为邮轮经济创新发展提供新的载体和平台。通过创建示范区，上海可以更好地代表国家参与全球邮轮合作与竞争，打造邮轮经济高质量发展全国样板，增强服务国家战略发展能力。努力建成亚太地区邮轮旅游枢纽港和世界一流邮轮母港、全球影响力的邮轮旅游目的地，建成亚太邮轮企业总部基地和具有全球影响力的邮轮经济中心。牵头制定全国邮轮港口服务标准《邮轮港服务规范》，并于2019年下半年将在全国施行。牵头编制《全国邮轮旅游产业发展规划（2019～2035）》，以期推动中国邮轮经济高质量发展。

（二）事件点评

2012年，国家旅游局批准在上海宝山以吴淞口为中心设立中国首个邮轮旅游发展实验区，在亚太邮轮大会期间举行中国邮轮旅游发展示范区揭牌仪式。在推进完善邮轮产业政策体系、提高母港建设和管理能力、提升邮轮产业服务品质、培育本土邮轮服务力量、扩大邮轮经济产出水平等领域积极探索试验，实验区的示范功能和引领作用得到业界认可。嘉年华集团、皇家加勒比集团、诺唯真集团、地中海邮轮等全球前四大邮轮公司以及云顶集团先后将全球最大、最新、代表邮轮科技最先进水平的豪华邮轮投入中国运营，在上海宝山开启亚洲首航，使上海吴淞口在全国15个邮轮港口中稳占

鳌头。文化和旅游部已明确支持并正式批复上海创建中国首个邮轮旅游发展示范区，这是国家部委对上海邮轮经济发展成果的充分肯定和支持。

（三）重要启示

当前，中国邮轮经济进入了由“高速度增长”向“高质量、高品位发展”转变的关键时期，建立“中国邮轮旅游发展示范区”，可以进一步瞄准重点环节，聚焦突出问题，加大工作力度，提升邮轮经济能级。与“中国邮轮旅游发展实验区”相比，“中国邮轮旅游发展示范区”不仅要在政策创新上集成突破，更要在范围、格局、能级等方面实现重大跨越。高起点编制中国邮轮旅游发展示范区总体规划，推进示范区的功能定位、区域范围、配套政策等方面的研究工作。进一步提升中国首个邮轮旅游发展示范区国际影响力，有效提升示范引领效应，助推上海邮轮经济全产业链发展。

热点六：邮轮港口接待能级显著增强，为邮轮发展奠定坚实基础

（一）热点事件

2019 年 1 月 9 日，广州南沙国际邮轮母港综合体航站楼主体宣告正式封顶。2019 年 3 月 29 日，广州南沙国际邮轮母港运营管理有限公司正式签约成立，该运营公司由广州海港商旅有限公司与中交城市投资控股有限公司合资组建，将负责南沙国际邮轮母港建成后的日常运营管理。南沙国际邮轮母港项目于 2019 年 10 月试靠船，在 2019 年 11 月举行的第 14 届中国邮轮产业发展大会期间开港运营。2018 年 7 月 13 日，上海吴淞口国际邮轮港后续工程正式启动试运营，实现“三船同靠”，具备“四船同靠”运营能力。2019 年 1 月 22 日，“东方之睛”迎来新年第一次“三船同靠”，“海洋量子号”、诺唯真“喜悦号”和歌诗达“赛琳娜号”三艘大型母港邮轮依次排列，全天旅客吞吐量达 2.6 万人次，创下亚洲邮轮港单日接待旅客数量之

最。2019 年 5 月 21 日，吴淞口国际邮轮码头后续工程通过了项目整体竣工验收，后续工程整体达到了港口正式开放的基本条件，平台面积由 6.7 万平方米增加到 14.7 万平方米，航站楼面积由 2.5 万平方米增加到 8 万平方米，设立邮轮港旅游综合服务中心，游客体验大幅度改善。

（二）事件点评

对比国外著名邮轮港口，国外邮轮港口与中心城区毗邻，拥有良好的交通条件、旅游资源，并且与城市的配套设施形成良好的互动，具有明显的内部区位优势，而我国大部分的邮轮港口地处中心城市之外，也有部分如厦门、青岛等与城区距离较近。邮轮港标准化建设成效显著，吴淞口国际邮轮港服务标准化试点项目顺利通过终期验收，成为全国首个邮轮港口服务标准化试点单位。邮轮港游客服务不断优化，邮轮港旅游综合服务中心正式揭牌，咨询和便民服务功能已投入运营。广州南沙大力发展滨海旅游，吸引区域消费，建设南沙新区邮轮母港，大力发展水乡游船、海上游艇或邮轮等水上旅游。高标准建设南沙邮轮母港，完善各项服务接待设施，做好与珠江游深度开发项目的衔接融合，将南沙邮轮田港打造为世界邮轮旅游航线的著名节点。

（三）重要启示

当前，我国邮轮港口在港口靠泊能力方面较为领先，与国外著名邮轮港口在功能性方面已经十分接近，邮轮接待能力逐渐提升。国际邮轮城的发展不能独立于城市的整体规划，要将邮轮城的规划与地方城区的规划进行统筹，充分实现国际邮轮城与城市发展的良好互动。随着中国各大邮轮港口群的形成，未来中国将产生邮轮港口运营管理集团，进行资本与管理输出，提升中国邮轮港口的集团化运营能力。未来的邮轮港口运营管理集团主要是进行管理输出，兼具资本输出，并充分整合我国在邮轮港口基建方面的经验和较为雄厚的技术实力以及较为丰富的运营管理经验，进行对海外的输出。

热点七：国内首家邮轮港进境免税店获批，打造国际邮轮购物新亮点

（一）热点事件

2018 年 12 月，财政部同意在吴淞口国际邮轮港增设口岸进境免税店，这是我国首家邮轮进境免税店，获批进境免税店规模为 1700 平方米，其中两个航站楼各 850 平方米，由深圳市国有免税商品（集团）有限公司中标，与上海吴淞口国际邮轮港发展有限公司成立合资公司。2018 年 3 月 29 日，《财政部、商务部、文化和旅游部、海关总署、国家税务总局关于印发口岸进境免税店管理暂行办法补充规定的通知》提出，口岸进境免税店的经营主体须丰富经营品类，制定合理价格，服务引导境外消费回流，满足居民消费需求，加速升级旅游消费的政策目标等要求。

（二）事件点评

2018 年 10 月，上海市人民政府办公厅印发的《关于促进本市邮轮经济深化发展的若干意见》提出，推动邮轮购物消费升级，支持邮轮口岸设立出境和进境免税店，研究在邮轮港周边布局免税店或离境退税店。免税店是奢侈品消费的主要渠道，近年来全球范围内免税店销售额增速较快，全球免税业销售总额近十年年复合增长率达到 7.5%。当前，中国消费者是世界奢侈品最大规模的消费群体，但 70% 以上的奢侈品消费在境外发生。免税店免除的税种主要包含关税、进口环节增值税和消费税。当前，在进境免税店购物金额方面，在维持居民旅客进境物品 5000 元人民币免税限额不变的基础上，允许其在口岸进境免税店增加一定数量的免税购物额，连同境外免税购物额总计不超过 8000 元人民币。免税渠道由于享受特有的政策优惠，拥有明显的价格优势，已经成为我国消费者消费奢侈品与精品的重要渠道。

（三）重要启示

根据贝恩的调研数据，对于单价1000元以上的精品消费品，我国消费者通过免税店渠道购买的比例达到38%，成为最主要的精品购买渠道。在出境免税店基础上建立进境免税店，可以推进境外购物消费内流，有效促进国内消费。推动线上线下结合，支持搭建全国性邮轮网上商业展示交易平台，打造邮轮跨境购物平台，加快引导境外消费向境内消费转变。邮轮通常为夕发朝至，出境免税店仅满足出境游客购物，设立进境免税店可以实现游客进出境均可以购物，实现上午进境免税购物，下午出境免税购物。并且当前出境经营品牌较少，主要是烟酒及化妆品，进境免税店可进一步丰富经营品类，更好地满足游客的购物需求，同时也将更好地促进邮轮经济的发展，提升邮轮经济贡献。

热点八：国内首个邮轮全船翻修总包项目，完善国际邮轮修造产业链

（一）热点事件

2019年4月9日，中船集艾邮轮科技发展（上海）有限公司与UEI邮轮投资有限公司在2019年海贸全球邮轮大会（Seatrade Cruise Global）上的中方展台正式签署“塞班之星”邮轮全船翻修总包合同，这是首次由本土企业承接并在国内实施的邮轮全船翻修总包工程。“塞班之星”项目涉及全船约200间舱室的翻新以及娱乐、餐厅、酒吧、厨房、大堂等约5000平方米公区的改造。“塞班之星”翻修设计灵感源于塞班大海“光水影”变幻，将水波明暗深浅虚实变化形成的斑斓光影作为设计的基础元素，并融入塞班岛的自然风光，打造出一个满足游客休闲娱乐全方位需求的梦幻空间。

（二）事件点评

邮轮翻修具有巨大的市场发展空间，本次是国内企业首次承接的邮轮全

船翻修总包项目，要求承包方具有设计、采购、施工 EPC 总包等全面综合管理能力，不仅需要具备邮轮舱室和公区的设计及施工能力，对全船设计与施工进行系统把控能力，还要满足船级社、挂旗国等相关规范要求。该项目从设计开始就同时满足英国劳氏船级社（LR）和美国海岸警卫队（USCG）的要求，材料及施工工艺等均需符合相关标准，确保取得进入美国海域运营的相关证书。塞班岛对船舶排放标准要求严格，此次将按照“零排放”的标准进行升级改造。集成服务方案的创新之处在于由总包单位牵头，结合项目实际情况选择合适的协作单位，共同研究制订科学总包方案，实现以设计引领生产的先进模式。利用中船集团综合资源，中船集艾首创“一站式”服务体系。

（三）重要启示

中船集艾作为项目总承包牵头单位，帮助船东协调各方工作，并负责邮轮内装详细设计及总包；上海船舶设计研究院（SDARI）负责邮轮结构和隐蔽工程优化设计；上海船厂船舶有限公司提供项目实施场地和相关配套服务；国内外邮轮配套产品供应商提供材料及产品，形成从项目前期准备到实施完成的全流程创新服务模式，为船东提供专业集成解决方案。中船集艾把配套供应链培育和管理作为核心能力之一，现已初步建成邮轮配套供应商数据库，协助本土供应商获取产品资质证书，携手进入邮轮配套产业。为确保项目按期保质交付，中船集艾在严格遵循国际标准和规范的前提下，将大范围使用本土配套产品，本土配套率可达 70% 左右。

热点九：邮轮港口海上游航线试点方案出台，推动邮轮无目的地航线发展

（一）热点事件

2019 年 5 月 7 日，交通部发布《关于推进海南三亚等邮轮港口海上游航线试点的意见》（以下简称《意见》），批准海南在五星红旗邮轮投入运营

前，先期在海南三亚、海口邮轮港开展中资方便旗邮轮无目的地航线试点。2019 年 7 月 12 日，海南省人民政府办公厅发布了《海南邮轮港口海上游航线试点实施方案》。根据该方案，海南将紧紧围绕打造“海南国际旅游消费中心”的战略定位，通过探索创新中资非五星红旗邮轮开展海上游航线试点，加快三亚向邮轮母港方向发展，丰富海南邮轮旅游航线产品，拓展邮轮旅游消费发展空间，培育邮轮旅游消费新热点，把海南打造成特色鲜明的邮轮旅游消费胜地。海上游航线是指从海南三亚、海口邮轮港出发，在经批准的水域范围内航行，并返回始发港口，其间不再停靠其他港口的航线。在五星红旗邮轮投入运营前，中资邮轮运输经营人可以用其拥有或者光租的非五星红旗邮轮开展海上游航线试点。

（二）事件点评

目前三亚的邮轮产业现状比较滞后，未来发展潜力很大，中资方便旗邮轮无目的地航线试点是一个重磅利好，能够大力推动三亚邮轮产业的发展，同时，在政策落地上离不开地方政府的规划、资金的支持。简化旅客登轮证件管理和查验手续，允许旅客凭有效身份证或出入境证件向边检部门提出登轮申请。在旅行社报名参团的旅客，也可由旅行社统一向边检部门提出旅客登轮申请。支持邮轮企业设计丰富多样的无目的地邮轮航线，满足游客和居民海上看日出、潜水海钓、企业休闲商旅以及私人聚会等多样性的消费需求，逐步引导中国居民形成成熟的邮轮休闲消费理念，促进三亚邮轮母港建设，支撑海南国际旅游消费中心发展。允许旅客通过身份证登船，以极大地方便游客。以往，外地人到海南旅游，若想乘坐邮轮，却苦于没有护照或者本地办理护照的时间太长。《意见》提出旅游者有身份证即可登船，这给不少临时起意的游客带来巨大的方便，有可能拉动一定的市场需求。

（三）重要启示

中资方便旗邮轮无目的地航线试点丰富了中资邮轮的玩法，提高了中资邮轮在整个邮轮行业的竞争力，在目前以国外邮轮主导的市场环境下，无疑是一个利好政策，为未来中国邮轮的发展铺路。海口出入境边防检查总站应按照便民高效的原则，简化旅客登轮证件管理和查验手续，中国内地居民凭有效居民身份证或出入境证件、中国港澳台籍居民凭港澳居民来往内地通行证或台湾居民来往大陆通行证、外国籍人员凭有效出入境证件及本航次邮轮票务信息证明（中资邮轮运输经营人的售票证明或旅客实名购买的船票）申办登轮许可，并为旅客提供快速便捷的通关服务。邮轮港口经营人、海口出入境边防检查总站应建立邮轮旅客凭有效证件和登船凭证进出港的制度和流程，为旅客提供便捷高效的进出港、通关服务。鼓励中资邮轮运输经营人设计丰富多样的邮轮海上游航线，满足游客和居民海上看日出、海洋文化体验、主题邮轮体验、企业休闲商旅以及私人聚会等多样性的消费需求。

热点十：邮轮公司2020年战略布局，助推中国邮轮蓬勃发展

（一）热点事件

2019 年 5 月，皇家加勒比国际游轮宣布了 2020 年中国市场部署计划。2020 年皇家加勒比旗下共有三艘邮轮部署中国大陆和香港地区，全面覆盖华东、华北和华南地区。超量子系列首艘邮轮“海洋光谱号”于 1 ~ 11 月部署上海母港；被称为“来自未来的邮轮”的“海洋量子号”于 5 ~ 10 月部署天津母港，全面辐射北方市场；因皇家大道和真冰溜冰场而闻名的“海洋航行者号”，在完成斥资 1 亿美金的翻新工程后，于 7 ~ 9 月部署香港母港；而“海洋光谱号”（Spectrum of The Seas）于 11 月底至 12 月部署香港母港并提供圣诞和新年航线。2019 年 5 月 6 日，歌诗达邮轮宣布旗下专为中国市场量身打造的歌诗达“威尼斯号”的姐妹号新船“佛罗伦萨号”，将于 2020 年 12 月抵达中国。该船的灵感来源于久负盛名的世界艺术之都意大利佛罗伦萨，致力于通过意式美学邮轮风情体验，让广大中国消费者感受富有美感的生活。2018 年 4 月，MSC 地中海邮轮宣布 17.1 万吨级“荣耀

号”在2020年春季进驻中国市场。“地中海荣耀号”造价105亿欧元，于2019年3月下水，是MSC地中海邮轮旗下传奇系列的第二艘船。皇家加勒比游轮全球最大级别邮轮——23万吨级的“绿洲V号”系列将布局上海母港。云顶邮轮集团全新打造的两艘“环球级”邮轮（总吨位20.4万吨，最大载客量9500人）将于2021年布局上海母港。

（二）事件点评

当前中国邮轮市场属于典型的供给拉动型，需要更多的新产品不断地去刺激需求，尤其是在邮轮旅游发展的培育期，需要对各个细分市场进行深入分析，为每个不同的细分市场提供具有典型差异化的邮轮。在有效控制总量的情况下，也可以更为有效地实现供给与需求的平衡。当前中国邮轮市场的发展需要更多大型邮轮的投放，在过往中国邮轮市场的发展中，随着中国“大船时代”的到来，由于国际邮轮公司向中国市场投放的大型邮轮均为新型邮轮，而这些邮轮设施更为完备、更加现代化，推动了中国邮轮游客对邮轮消费需求的不断升级。而在中国市场运营的中小型邮轮基本为船龄较大、设施较为陈旧的邮轮，竞争力明显偏弱，对游客的吸引力较小。世界大型邮轮的到来将为中国邮轮市场带来更为强大的发展信心。

（三）重要启示

新时代新发展，国内消费需求升级，人们的消费能力更高，对美好生活的向往更加强烈，对休闲旅游的需求也迈向更高层次，邮轮旅游成为重要选择之一，这也是刺激邮轮旅游市场转向更高质量、更高品位的重要因素。全球知名邮轮公司越来越多的大船、新船、旗舰船密集进入中国市场，说明中国在世界邮轮版图上的战略地位日益凸显，这与中国作为全球第二大邮轮客源市场的地位相匹配。国际邮轮公司企业高层普遍认为中国市场具有较大潜力，将选派更多旗舰型邮轮投放中国特别是上海市场，并参与中国邮轮经济全产业链发展。超大邮轮入驻中国邮轮母港，对于中国邮轮经济发展具有重大的意义，将进一步提升中国在全球邮轮市场中的地位和影响力，这是大船时代和新船时代的重要标志，要努力为其创造良好的条件，更好地推动中国邮轮经济高质量发展。

参考文献

[1] 汪泓主编《邮轮绿皮书：中国邮轮产业发展报告（2018）》，社会科学文献出版社，2018。

[2] 汪泓主编《邮轮绿皮书：中国邮轮产业发展报告（2017）》，社会科学文献出版社，2017。

[3] 汪泓主编《邮轮绿皮书：中国邮轮产业发展报告（2016）》，社会科学文献出版社，2016。

[4] 汪泓主编《邮轮绿皮书：中国邮轮产业发展报告（2015）》，社会科学文献出版社，2015。

[5] 叶欣梁、梅俊青：《中国邮轮经济运行分析与发展预测（2018）》，上海交通大学出版社，2018。

专 题 篇

Special Topics

G.4
亚洲邮轮经济发展景气指数研究

史健勇　邱 羚　齐林恺*

摘 要： 世界邮轮旅游的发展前景十分广阔，市场增长潜力巨大。随着世界休闲旅游的发展，特别是发展中国家经济社会的快速发展，邮轮旅游越来越受到大众游客的欢迎。邮轮经济涉及众多要素，具有经济要素的集聚性、旅游产品的网络性、服务对象的全球性和文化交融的多元性等特点。邮轮发展不仅是高增长产业，也是高波动产业，亚洲邮轮经济在区域经济乃至全世界经济中发挥着核心和中枢作用，亚洲邮轮经济的不健康发展或者大范围、大幅度地波动会给全世界邮轮经济

* 史健勇，博士，上海工程技术大学教授，上海国际邮轮经济研究中心首席研究员，研究方向为邮轮经济、战略管理；邱羚，博士，上海工程技术大学教授，上海国际邮轮经济研究副主任，研究方向为邮轮经济、战略管理；齐林恺，博士，上海工程技术大学管理学院讲师，研究方向为邮轮经济。

造成巨大损失，因此，运用严谨科学的方法对亚洲邮轮经济的景气运行状态进行分析和评价就显得特别必要和重要。本研究目的在于，在了解景气波动形成机理的基础上，建立科学有效的亚洲邮轮经济景气评价监控测量体系，分析运行态势，给出相应建议。

关键词： 中国　亚洲　邮轮经济　景气指数

一　邮轮经济发展现状分析

（一）世界邮轮产业规模持续增长，整体发展稳健趋好

根据国际邮轮协会（CLIA）的数据，自20世纪80年代以来，邮轮行业以8.2%的年均复合增长率快速增长。全球邮轮游客量从2008年的1630万人次增长到2018年的2690万人次。2018年邮轮经济对世界经济贡献总值为1285亿美元，创造了近94万个工作岗位。国际邮轮协会预计2025年全球邮轮游客数将达到3760万人次（见图1），这表明国际邮轮市场依然具有良好的发展前景和巨大的市场潜力。邮轮产业以1∶10以上的贡献率成为新时代世界各国和地区经济发展的全新增长极。

（二）国际地位全面提升，中国邮轮市场进入调整发展期

近年来，世界邮轮巨头公司纷纷把目标瞄向亚洲市场，尤其是中国市场。邮轮市场“东移”特征凸显，亚洲以及大洋洲地区的邮轮游客量增速远超欧美地区。当前我国已经成长为旅游大国，在全球出境旅游客源国中位居第一、在全球入境旅游接待国中位居第四，正在向旅游强国迈进。邮轮旅游作为休闲度假高端旅游业态，已经成为国际旅游业中增长最快的部分，我国已经成为全球第二大邮轮客源市场，邮轮旅游逐渐成为人们的重要选择之

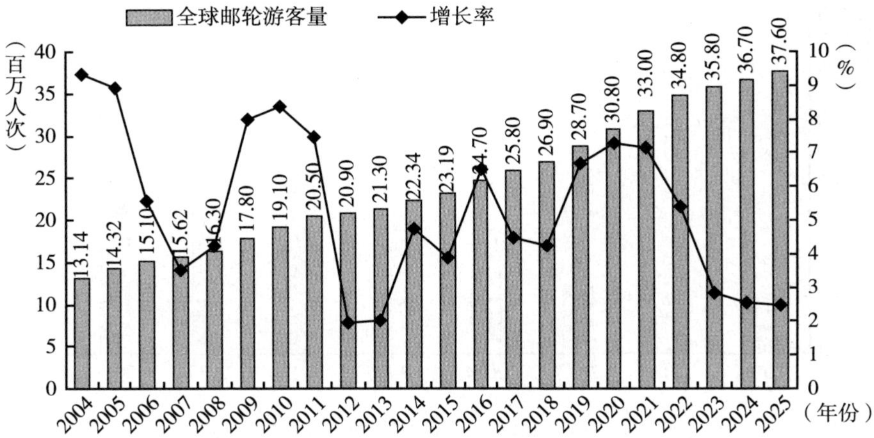

图 1　世界邮轮游客量及增长率

资料来源：CLIA。

一，成为满足人们对幸福生活追求的重要方面（见图 2、图 3）。2019 年 7 月 31 日国务院总理李克强在主持召开国务院常务会议时，明确提出支持邮轮游艇旅游等新业态发展。

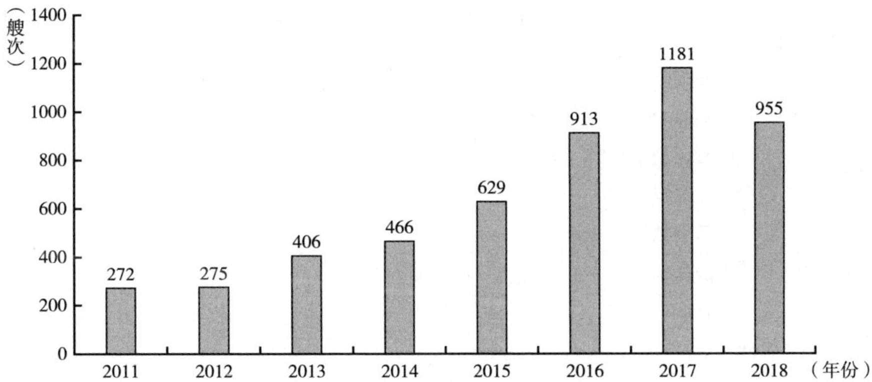

图 2　2011～2018 年中国接待邮轮总艘次

资料来源：SICBI。

此外，从供给侧来看，2019 年各大邮轮公司在中国市场运营的邮轮数量较 2017～2018 年也有所下降。如表 1 所示，按照各大邮轮公司 2019 年的

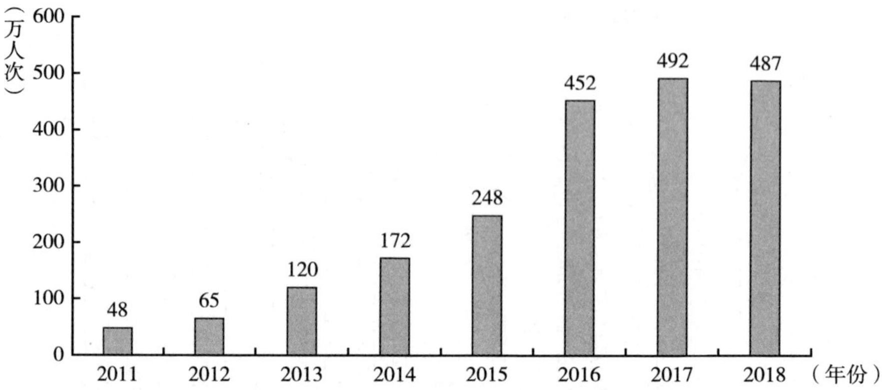

图 3　2011～2018 年中国接待邮轮游客总人次

资料来源：SICBI。

邮轮航期安排，2019 年以中国各大邮轮港口为母港的国际邮轮公司有 7 家，包括皇家加勒比、歌诗达、丽星、地中海、诺唯真、星梦、公主邮轮，邮轮总数为 13 艘。

表 1　以中国港口为母港的国际邮轮公司及旗下邮轮

邮轮公司	旗下邮轮
歌诗达	“赛琳娜号”（上海、天津、大连）、“新浪漫号”（厦门、大连、香港）、“威尼斯号”（上海）、“大西洋号”（深圳、台湾、厦门、）
皇家加勒比	“海洋量子号”（上海、天津）、“海洋光谱号”（上海、香港）、“海洋航行者号”（青岛、香港）
丽　星	“双鱼星号”（香港）
星　梦	“世界梦号”（广州、香港）、“探索梦号”（上海）
公　主	“盛世公主号”（上海）
地中海	“辉煌号”（上海、天津、厦门、深圳）
诺唯真	“喜悦号”（上海，2019 年 4 月离开中国市场）

（三）汇聚邮轮发展合力，上海邮轮市场健康发展

截至 2018 年底，吴淞口国际邮轮港累计接靠国际邮轮突破 2000 艘次，

接待出入境游客1300余万人次，占全国邮轮市场的63%，稳居亚洲第一、全球第四，带动中国成为全球第二大邮轮客源市场，推动国际邮轮经济进入“中国时代”。2019年8月2日，吴淞口国际邮轮港“三船同靠”，单日旅客接待量超2.75万人次，加上8500多名船员，单日入出境总人数约3.6万人次，成为亚洲邮轮港单日接待出入境旅客之最。上海邮轮市场规模的扩大，为全国邮轮市场国际地位的提升和邮轮客源市场的培育奠定了坚实的基础。

在邮轮旅游发展进入战略调整期、邮轮经济政策进入红利释放期、邮轮旅游迈向邮轮经济进入转型关键期时，以习近平新时代中国特色社会主义思想为指导，深入贯彻党的十九大和十九届二中、三中全会精神，全面落实“创新、协调、绿色、开放、共享”的发展理念，主动对接“一带一路”倡议、长江经济带发展及长三角一体化国家战略，创建中国邮轮旅游发展示范区，对标国际最高标准、最好水平，以推动高质量发展、创造高品质生活为导向，全面优化邮轮港营商环境，巩固和扩大中国邮轮经济领先优势，提升邮轮产业能级，打响邮轮领域上海品牌，打造“国际邮轮之城”，再造全球邮轮界的中国传奇。

（四）邮轮建造市场高度集中，机遇与挑战并存

由于多年的技术沉淀与积累，欧洲三大造船厂的邮轮设计和建造技术一直保持世界领先水平。目前全球有能力建造豪华邮轮的厂商主要为意大利的芬坎蒂尼集团、德国的迈尔船厂和法国的大西洋船厂。目前世界85%以上的豪华邮轮由以上船厂建造。豪华邮轮造船技术的高壁垒性也造成了邮轮设计制造业的高垄断性。此外，近年来全球邮轮订单呈现稳中有升的态势。从订单成交水平看，行情较好的年份成交量在15艘以上，行情较差的年份在5艘以内，行情一般的年份在10艘左右。2015年后，邮轮市场空前繁荣，全球共有33艘邮轮订单成交，同比大幅增长，创下有史以来的最高水平（见图4）。

2015～2020年全球邮轮订单呈现稳中有升的趋势（见表2），订单主

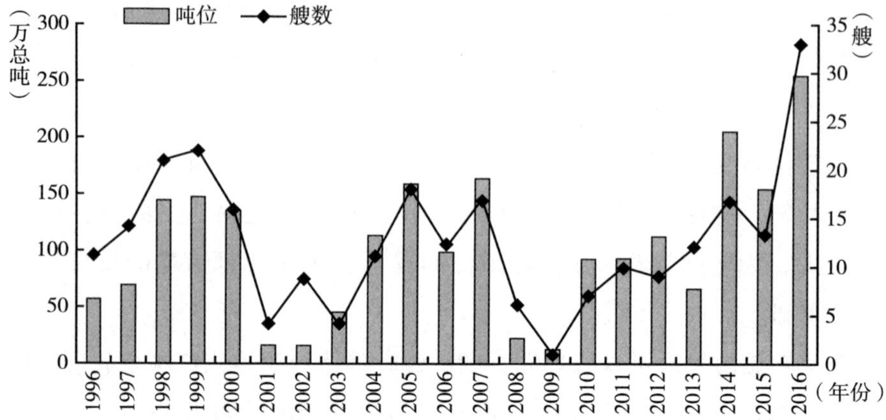

图4　1996～2016年全球豪华邮轮订单数量

资料来源：CLIA。

要来源为几个大的国际邮轮公司，造船成本基本上持平，吨位数越来越大，主要供应方还是来自欧洲造船厂，新船主要计划部署在北美、欧洲和亚太区域。

表2　2015～2020年全球邮轮订单

年份	Cruise Line	Ship	Cost	Tonnage	Capacity	Yard	Sailing	Delivery
2015	P&O Cruises	Britannia	760	141000	3611	Fincantieri	Europe	March
2015	Viking Ocean	Viking Star	TBA	47000	944	Fincantieri	Europe	Spring
2015	TUI	Mein Schiff 4	625	97000	2500	STX Finland	Europe	Spring
2015	Royal Caribbean	Anthem	950	167000	4100	Meyer	Eur/Carib	Spring
2015	Ponant	Le Lyrial	150	11000	262	Fincantieri	World	Spring
2015	AIDA	AIDAprima	645	125000	3250	Mitsubishi	Europe	Q4
2015	Norwegian	Escape	920	164600	4200	Meyer	Carib	October
2016	Holland America	Koningsdam	520	99000	2660	Fincantieri	TBA	Feb
2016	Viking Ocean	Viking Sea	TBA	47000	944	Fincantieri	Europe	Spring
2016	Carnival	Vista	780	135000	4000	Fincantieri	TBA	Spring
2016	Royal Caribbean	Unnamed	1300	227625	5400	STX France	TBA	Spring
2016	AIDA	Unnamed	645	125000	3250	Mitsubishi	TBA	March
2016	TUI	Mein Schiff 5	625	97000	2500	STX Finland	Europe	Spring
2016	Royal Caribbean	Ovation	950	167000	4100	Meyer	TBA	“Mid 2016”

续表

年份	Cruise Line	Ship	Cost	Tonnage	Capacity	Yard	Sailing	Delivery
2016	Regent	Explorer	450	54000	738	Fincantieri	World	Summer
2016	Viking Ocean	Viking Sky	TBA	47000	944	Fincantieri	Europe	"Mid 2016"
2016	Seabourn	Unnamed	TBA	40350	604	Fincantieri	World	Second Half
2016	Star Cruises	Genting World	960	150000	3360	Meyer	Asia	Fall
2017	Norwegian	Bliss	920	164600	4200	Meyer	TBA	Spring
2017	MSC Cruises	Unnamed	900	167600	4500	STX France	TBA	Early 2017
2017	Viking Ocean	Unnamed	TBA	47000	944	Fincantieri	Europe	Early 2017
2017	TUI	Mein Schiff 6	625	97000	2500	STX Finland	Europe	Spring
2017	Princess	Unnamed	760	141000	3600	Fincantieri	TBA	May
2017	Star Cruises	Unnamed	960	150000	3360	Meyer	Asia	Fall
2017	MSC Cruises	Unnamed	950	154000	4140	Fincantieri	TBA	November
2018	MSC Cruises	Unnamed	950	154000	4140	Fincantieri	TBA	May
2018	TUI	Mein Schiff 7	625	97000	2500	STX Finland	Europe	Spring
2018	Seabourn	Unnamed	TBA	40350	604	Fincantieri	World	Spring
2018	Royal Caribbean	Unnamed	1300	227625	5400	STX France	TBA	TBA
2018	Norwegian	Unnamed	1100	164600	4200	Meyer	TBA	Q2
2018	Celebrity	Unnamed	900	117000	2900	STX France	TBA	Fall
2019	MSC Cruises	Unnamed	900	167600	4500	STX France	Europe	Early 2019
2019	TUI	Mein Schiff 8	625	97000	2500	STX Finland	Europe	Spring
2019	Norwegian	Unnamed	1100	164600	4200	Meyer	TBA	Q4
2020	Celebrity	Unnamed	900	117000	2900	STX France	TBA	First Half

根据对意大利芬坎蒂尼集团、德国迈尔船厂以及法国大西洋船厂三大邮轮制造厂的造船能力分析可知，目前三家制造商年均生产能力为 7 ~8 艘，按照当前全球在营邮轮的淘汰周期估算，预计未来 15 年国际邮轮年均更新需求为 6 ~7 艘，中国等新兴市场的年均需求为 4 ~5 艘，因此在当前市场情况下全球邮轮总需求为 12 艘左右。目前全球邮轮制造市场供需关系已严重失衡。据了解，三大邮轮制造厂在 2023 年前的船位已全部售罄，手持订单最晚交船期已排到 2027 年（见表 3）。

表 3　全球主要邮轮建造企业手持订单情况（截至 2017 年 7 月）

序号	船厂	订单量(艘)	客位(个)	客位占比(%)
1	芬坎蒂尼	29	80197	31.2
2	迈尔船厂	24	93166	36.2
3	STX 法国	15	70900	27.6
4	Lloyd 造船	5	13000	5.0
合计		73	257263	100

（五）邮轮全产业链发展初步形成，能级显著提升

1. 国家政策支持

2018 年 9 月 27 日交通运输部、发展改革委、工业和信息化部、公安部、财政部、商务部、文化和旅游部、海关总署、税务总局、移民局等十部门联合制定印发了《关于促进我国邮轮经济发展的若干意见》（以下简称《意见》）。

《意见》指出，以邮轮自主设计建造和本土邮轮船队发展为突破重点，强化技术创新、政策创新、制度创新，积极培育发展邮轮设计建造、邮轮运营、邮轮旅游、配套服务等新兴产业，全面推进邮轮产业链发展。《意见》明确了发展目标：到 2035 年，我国邮轮市场成为全球最具活力的市场之一，邮轮自主设计建造和邮轮船队发展取得显著突破，体系完善、效率显著的邮轮产业链基本形成，邮轮经济规模不断扩大，对城市转型、产业升级、经济发展和人民消费的支撑力和保障作用显著增强。

为推进我国邮轮经济的发展，《意见》同时明确了九个方面的主要任务，包括：积极培育邮轮市场，拓展提升港口服务能力，进一步优化口岸环境和功能，强化邮轮安全发展，着力推动邮轮绿色发展，加快推进邮轮建造及配套装备产业发展，着力提升邮轮供应配套能力，提升邮轮运输旅游服务水平，大力推动邮轮人才培养。

2. 国产豪华邮轮建造正式起步

2018 年 11 月 6 日，在中国首届国际进口博览会上，中国船舶工业集团

有限公司与美国嘉年华集团、意大利芬坎蒂尼集团正式签订了 2 艘大型邮轮新造船合同，另加 4 艘选择权，每艘邮轮船价为 7.7 亿美元，合同总价为 15.4 亿美元。如果 6 艘订单全部生效，合同总金额将达到 46.2 亿美元，合计约 320 亿元人民币，这创造了中国造船业有史以来最大的订单纪录。这是我国首次签订的真正意义上的大型邮轮建造合同，标志着中国船舶工业正式开启了大型邮轮建造新时代。

该合同的签订标志着我国邮轮产业朝着上游邮轮设计制造方向迈出了实质性的一步，而这一举动不仅与世界邮轮设计制造市场的供需不平衡状态相契合，把握住了市场机遇，同时也为我国邮轮产业的进一步发展乃至国家经济的发展提供了全新的动力源泉，拓宽了我国邮轮产业链的长度，提升了我国邮轮产业以及相关配套产业的竞争力。

3. 大力推进豪华邮轮配套产品标准建立

2018 年 10 月 24 日，中国船级社、上海工程技术大学和中船集艾邮轮科技发展（上海）有限公司在 2018 年 Seatrade 亚太邮轮大会上正式签署《邮轮配套产品试验及认可与研发中心项目合作意向书》。针对国内邮轮配套产业基础薄弱、配套产品匮乏的现状，拟在宝山设立产品试验及认可服务窗口，提高相关证书办理服务质量，加快办理速度，逐步建立邮轮配套产品相关的工艺标准体系，开展新产品研发和试制工作，推动邮轮配套产业本土化发展。

4. 其他方面

在邮轮制造方面，推动中船集团、招商集团与国外知名船舶建造企业合作，共同建造国产邮轮。邮轮产业园纷纷崛起，如大连船舶配套产业园、南通船舶配套产业园、上海中船国际邮轮产业园、三亚市省级邮轮母港产业园，为打造豪华国际邮轮提供制造、运营、配套等服务。

国企协力推动邮轮配套产业链发展。中船集团、招商集团积极参与邮轮船舶建造和设计，中船集团 2015 年与中投公司签署战略合作协议，并在 2015 年 10 月与中投公司、嘉年华等 6 家企业组建合作联盟。与 6 家银行发起设立 300 亿元产业基金，助力豪华邮轮的设计制造、投资运营以及配套服务等。

研究智库助力邮轮配套产业链发展。中船设计研究院、上海船舶设计研究院等主要从事邮轮研发设计以及相关配套研制工作。高校、上海国际邮轮经济研究中心等研究智库主要从事邮轮配套产业链发展机制和路径研究工作。

二　邮轮经济景气指数发布的意义

世界邮轮旅游的发展前景十分广阔，市场增长潜力巨大。随着世界休闲旅游的发展，特别是发展中国家经济社会的快速发展，邮轮旅游越来越受到大众游客的欢迎。邮轮经济涉及众多要素，具有经济要素的集聚性、旅游产品的网络性、服务对象的全球性和文化交融的多元性等特点。亚洲邮轮市场目前虽然仅占全球邮轮市场的7%，但由于北美洲市场日趋饱和，以及亚洲市场具有的优势，亚洲逐渐成为各大邮轮公司开拓的新兴国际邮轮目的地，并在近几年出现了快速增长。亚洲邮轮经济呈现出市场潜力巨大、客源凸显多元化、产品日益丰富、港口建设与发展完善、港口经营与管理水平提升的特点。

中国和亚洲邮轮经济在区域经济乃至全世界经济中发挥着核心和中枢作用，我们运用严谨科学的方法，对亚洲邮轮经济的景气运行状态进行分析和评价，基于大数据经科学建模、分析和论证，通过建立系统、全面、针对性强的评价体系，运用指数化评价方法进行量化测评，以真实反映一定时期内亚洲邮轮经济可持续发展的综合能力，为准确描述亚洲邮轮经济的周期性波动、提高产业监测与预警能力奠定基础。

对邮轮经济景气波动的研究分析就是着力揭示和认识一些相关经济变量与区域产业发展总体态势和局部特征之间的联系，归纳和总结出若干邮轮经济总体运行的基本规律；基于景气理论的视角观察中国和亚洲邮轮旅游业运行的经济现象，将表象背后的因果关系用较为严密的逻辑进行表述，根据景气指数及其计算模型研究邮轮经济运行发展的趋势，对邮轮经济历史发展历程和形成的景气波动曲线及其产生的原因进行分析，为政府和企业针对不同时期的宏观政策、运营战略、措施改进等方面提供理论参考和具体的方法指导，以推动我国和亚洲邮轮产业平稳健康发展。

三　邮轮经济景气指标体系构建及数据收集

（一）邮轮经济景气指标体系构建

基于经济指标变动与总体经济变动在时间上存在的先后关系，经济景气指标可以分为先行指标、一致指标和滞后指标。因此邮轮经济发展景气指数指标体系二级指标确定为：先行指标、一致指标和滞后指标。

三级指标确立的过程如下。

第一，建立景气指标征询表。结合文本分析法和文献研究法，基于指标筛选的代表性、可操作性和适用性原则形成亚洲邮轮经济景气指标征询表。

第二，指标初步筛选。基于已建立的亚洲邮轮经济景气指数征询表，运用专家打分法对指标进行初步筛选。

第三，指标二次筛选。为确保指标的重要性和代表性，采用专家咨询法对初步筛选的指标进行二次筛选。邀请邮轮公司、邮轮港口公司、邮轮旅行社、邮轮经济研究机构等邮轮经济行业相关的企事业单位专家，专题讨论和确定邮轮经济景气指数指标体系构建的具体问题。

最终确立的亚洲邮轮经济景气指标体系主要包含：3 个二级指标（先行指标、一致指标和滞后指标）和 19 个三级指标（GDP、居民人均可支配收入、经济增长率、接待游客总人次、邮轮维修保养基地、制造邮轮数量、邮轮船供收入、接待邮轮游客总人次、邮轮码头泊位数邮轮港和邮轮公司岸上从业人员数等）。

（二）数据收集

由于邮轮产业涉及的相关产业较多，邮轮产业相关数据较难从别的产业统计数据中剥离，为数据收集与统计工作带来诸多困难和挑战，对于测算邮轮经济景气指数这样新的尝试来说，数据来源的匮乏是必然存在的。

关于中国和亚洲邮轮景气指数的数据，一方面来自官方文献、网站和出版物：国家统计年鉴、国家国民经济和社会发展统计公报、中交协邮轮游艇分会（CCYIA）官网、国际邮轮协会（CLIA）官网、中国邮轮发展报告、邮轮绿皮书、邮轮港口公司年报及国内外知名邮轮公司年报等，另一方面来自日本、韩国、新加坡等国家旅游主管部门、邮轮港、国内外邮轮公司、邮轮旅行社、邮轮港口相关负责人的调研访谈。

四 研究结论

根据合成指数法，选取 2011 年作为基准时间，将其值设为 100，绘制 2011 ~2020 年中国和亚洲邮轮经济景气合成指数图，如图 5、图 6 所示。

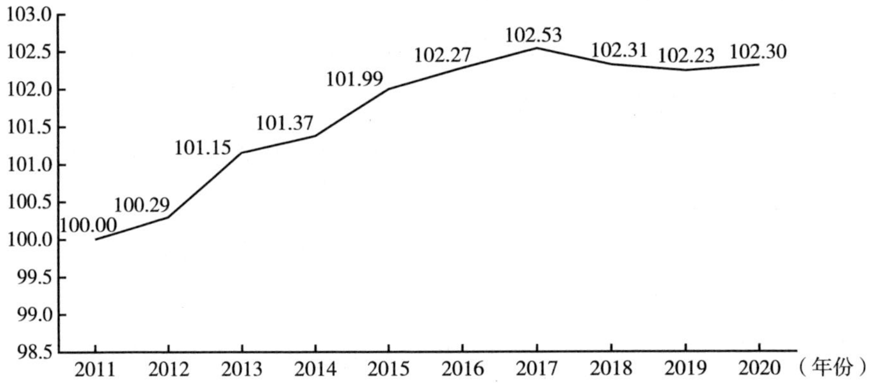

图 5 中国邮轮经济景气合成指数

中国邮轮经济景气合成指数位于荣枯线以上，景气度处于正常发展状态，说明中国邮轮经济繁荣，成果显著。从 2012 年至 2020 年，中国邮轮经济景气合成指数分别为 100.29、101.15、101.37、101.99、102.27、102.53、102.31、102.23、102.30，呈现出稳中求进的态势。

亚洲邮轮经济景气合成指数位于荣枯线以上，景气度处于正常发展状态，说明亚洲邮轮经济繁荣，成果显著。从 2012 年至 2020 年，亚洲邮轮经济景气合成指数分别为 100.19、101.06、101.30、101.83、102.07、102.37、102.13、102.09、102.21，呈现出稳中求进的态势。

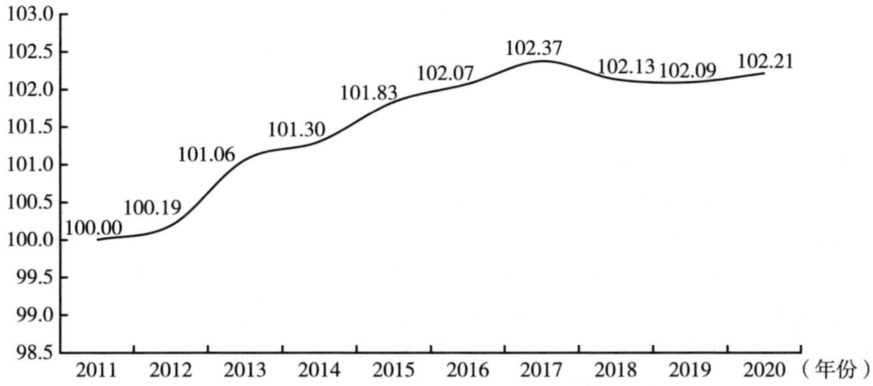

图 6　亚洲邮轮经济景气合成指数

中国和亚洲邮轮经济景气合成指数向我们传递和透析了如下的重要信息。

（1）无论是中国还是亚洲邮轮经济景气合成指数都位于荣枯线（100）以上，景气度处于正常发展状态。说明中国和亚洲邮轮经济的发展前景仍然乐观。

（2）2018 年中国和亚洲邮轮经济景气合成指数，均比 2017 年略有下降。其直接原因是，2018 年的接待邮轮艘次都有一定幅度的下降，出入境邮轮旅客的增速都有所减缓。未来中国和亚洲邮轮旅游市场都进入了短暂的“调整期”，这是邮轮经济在长期发展中的一个正常波动。

（3）当前我国邮轮旅游正面临着“调整期”的重要拐点，从短期看它对邮轮经济有一定影响，但从长期发展看，只要在这个“调整期”中，抓紧对邮轮经济全产业链的科学规划，抓紧对邮轮市场的进一步规范，抓紧对邮轮文化和邮轮消费理念的培育，在“调整期”后我们就会迎来从量变到质变的全新发展。“调整期”的长短，一方面受全球宏观经济的影响，另一方面视上述措施实施的力度和效果而定。

我国依托邮轮母港优势，推动邮轮全产业链发展，在上、中、下游实现了邮轮经济链的延伸，为中国参与全球邮轮市场分工与合作提供了坚实的发展基础，助推了邮轮市场的健康持续发展。

参考文献

Papathanassis A. , Beckmann I. , "Assessing the Poverty of Cruise Theory Hypothesis," *Annals of Tourism Research*, 2011, 38 (1) .

Brida J. G. , Zapata S. , "Cruise Tourism: Economic, Socio-cultural and Environmental Impacts," *International Journal of Leisure and Tourism Marketing*, 2010, 1 (3) .

Smith A. J. , Scherrer P. , Dowling R. , "Impacts on Aboriginal Spirituality and Culture from Tourism in the Coastal Waterways of the Kimberley Region, North West Australia," *Journal of Ecotourism*, 2009 (2) .

Hung K. , Petrick J. F. , "Testing the Effects of Congruity, Travel Constraints, and Self-efficacy on Travel Intentions: An Alternative Decision-making Model," *Tourism Management*, 2012, 33 (4) .

Peisley T. , " The Cruise Business in Asia Pacific," *Travel and Tourism Analyst*, 1999 (2) .

汪泓主编《邮轮绿皮书：中国邮轮产业发展报告（2018)》，社会科学文献出版社，2018。

G.5

新时代中国邮轮经济全产业链战略研究

汪 泓　江瑞勤　梅俊青*

摘　要： 2019年是中国从邮轮旅游迈向邮轮经济的重要转型期，也是邮轮经济全产业链发展的关键之年。国产大型邮轮设计建造实质性启动，本土邮轮船队发展加速，培育邮轮经济发展新动能，大力推动邮轮产业要素集聚，邮轮配套产业集群逐步形成，邮轮港口接待能级持续提升，港城融合城市更新进度不断加快，行业引领作用持续提升。从中央到地方各级政策相继聚焦邮轮产业，邮轮政策环境持续优化，制约邮轮经济高质量发展的瓶颈在很大程度上将得以突破，为邮轮经济发展创造了更加良好的创新空间。中国邮轮经济能级和核心竞争力持续增强，邮轮经济全产业链发展战略定位和功能布局逐步清晰，加快迈向邮轮经济高质量发展新时代。本文深入分析邮轮经济全产业链发展的内涵、现状及问题，并提出新时代背景下邮轮经济全产业链发展的战略路径和模式，以期巩固和扩大中国邮轮经济领先优势，提升邮轮产业能级，同时提出相应的保障措施。

关键词： 新时代　邮轮旅游　邮轮经济　全产业链　战略路径

* 汪泓，博士，中共宝山区委书记，教授，博士生导师，研究方向：邮轮经济；江瑞勤，上海市宝山区滨江开发建设管理委员会主任，研究方向：邮轮经济；梅俊青，硕士，上海吴淞口开发有限公司，研究方向：邮轮经济。

邮轮经济以邮轮旅游为驱动，集聚邮轮装备研发设计制造、邮轮公司运营、邮轮港口运营、邮轮维修保养以及邮轮相关衍生服务开发等先进制造业和现代服务业有机融合的综合性现代产业集群，集资本密集型、技术密集型和劳动密集型于一体，具有市场规模大、增长趋势保持稳健、产业要素高度集聚、发展潜力巨大的显著特征，具有较强的产业乘数效应，具备较高的产业附加值，成为全球沿海沿江城市发展的新动能。近年来，我国沿海城市大力推进邮轮产业这一新兴业态，并期望其成为区域经济转型发展的推动力和区域经济新的增长点，更好推进现代海洋经济的快速发展。在中国邮轮经济发展的前十年，主要侧重点在于邮轮运营、兴建国际邮轮港口、提升港口运营能级、加强邮轮市场培育、提升邮轮市场规模等方面；在第二个十年，基于邮轮旅游的发展，正式启动邮轮经济全产业链发展，主要侧重点在于邮轮设计建造、本土邮轮船队构建、国际邮轮城建设以及邮轮相关配套产业发展，在更高的平台上参与全球邮轮经济的竞争与合作，完善中国邮轮经济产业体系。

一 中国邮轮经济全产业链发展机遇分析

（一）全球邮轮市场规模保持稳健增长

邮轮旅游市场规模的持续增长是邮轮经济全产业链发展的根本基础和源动力。虽然邮轮市场的发展受到国际政治形势、经济形势等因素的影响，但得益于旺盛的出游需求，全球邮轮游客市场规模日益增长。

据国际邮轮协会（CLIA）数据，2018 年全球游客规模达到 2850 万人次，同比上升 7%，预测 2019 年市场规模将突破 3000 万人次（见图 1），并且保持持续上升趋势，2025 年有望达到 3760 万人次。作为全球邮轮新兴区域的亚洲市场，2018 年游客数量达到 420 万人次，同比上升 5%，全球市场份额从 2013 年的 8% 增长到 2018 年的 15.1%，成为仅次于加勒比海地区的第二大客源市场。

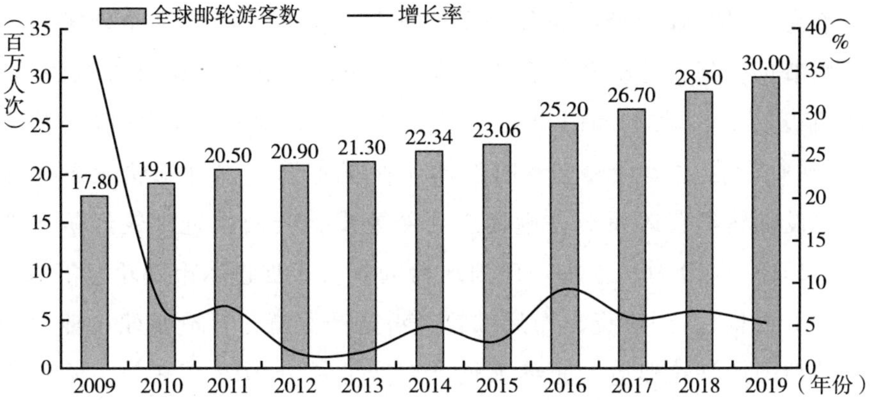

图 1　2009～2019 年全球邮轮游客数及增长率

资料来源：Cruise Lines International Association。

（二）全球邮轮产业链经济贡献日益增强

邮轮经济产业链具有较强的带动性和集聚性，目前世界邮轮产业主要集聚在北美和欧洲，邮轮公司运营是邮轮经济产业链中重要的经济贡献来源，并且近年来随着市场需求和供给的同步上升，邮轮公司在全球范围内的营收能力日益增强。占据全球 82.4% 市场份额的前四大邮轮运营公司为嘉年华集团、皇家加勒比集团、诺唯真集团和地中海邮轮集团。云顶香港 2018 年营收总额达到 391 亿美元，约 2700 亿元人民币。邮轮设计建造依然供不应求，芬坎蒂尼集团 2018 年获得 14 艘邮轮新造船订单，集团营业收入达到 61.5 亿美元，同比增长 9%，邮轮业务收入增长 6.4%。2019 年上半年，营业额达到 28.37 亿欧元，同比增长 12%，新签邮轮订单 11 艘，息税后利润为 2.15 亿欧元，同比增长 17%，息税后边际利润率为 7.6%。

（三）中国大力推动邮轮经济全产业链发展

邮轮经济全产业链是中国发展邮轮经济的战略路径和发展方向，是提升中国邮轮经济国际地位和参与全球竞争的重要基础，也是有效推动产业落地、提升邮轮经济贡献的重要抓手。随着中国成为全球第二大邮轮客源市场，邮轮经济全产业链发展有了更加良好的基础和投资的信心。2018 年 9 月，国家十部门出台《关于促进我国邮轮经济发展的若干意见》，从邮轮自主设计建造、打造本土邮轮船队、提升邮轮旅游市场规模、建设邮轮配套体系等方面提出了新要求，全面推进邮轮经济产业链发展。2018 年 10 月，上海市政府出台的《关于促进本市邮轮经济深化发展的若干意见》，明确提出布局邮轮经济全产业链，打造邮轮企业总部基地，推动国产邮轮建造，完善邮轮配套产业链。2019 年 4 月，福建省出台的《关于促进邮轮经济发展的实施方案》提出，打造邮轮特色产业链体系，推动邮轮经济产业链成为福建省经济增长新亮点。2019 年 5 月，广州市政府出台《关于加快广州国际邮轮产业发展若干措施》，在邮轮母港、船供中心、邮轮修造、配套产业、免税购物等方面提出了新的发展方向（见表 1）。

表 1　我国推进邮轮经济全产业链的政策措施

序号	层面	政策名称	产业链环节	重点发展方向
1	国家	《关于促进我国邮轮经济发展的若干意见》	上游	邮轮自主设计建造
				邮轮修造、物流等供应链体系
				邮轮舱室内装
				邮轮动力及推进系统
				电气自动化系统及设备
				中船邮轮产业园建设
			中游	中资方便旗邮轮
				五星红旗邮轮
				邮轮目的地开发
				邮轮入境旅游
			下游	邮轮港口布局
				邮轮港口服务功能
				邮轮物资供应
				邮轮人才培养

续表

序号	层面	政策名称	产业链环节	重点发展方向
2	上海	《关于促进本市邮轮经济深化发展的若干意见》	上游	国产大型邮轮制造
				邮轮研发、设计及制造服务
				邮轮修造配套产业
				邮轮建造功能性平台集聚
			中游	亚太邮轮企业总部基地
				支持本土邮轮企业发展
				邮轮旅游市场
				邮轮旅游目的地建设
			下游	亚洲邮轮船供物资分拨中心
				国际一流邮轮港
				邮轮免税购物
				邮轮人才体系支撑
3	广州	《关于加快广州国际邮轮产业发展若干措施》	上游	引导国内外邮轮设计建造企业落户
				邮轮维修、保养、改造和装饰等
				区域性国际邮轮修造中心
			中游	邮轮旅游市场
				华南国际邮轮旅游目的地
			下游	全球邮轮船供配送中心
				南沙邮轮母港建设
				邮轮母港综合功能提升
				融资租赁、保险等相关服务
				建立邮轮人才资源库
				邮轮会展经济

资料来源：邮轮经济发展相关政策文件。

二　中国邮轮经济全产业链发展形势分析

（一）邮轮旅游为产业发展形成良好基础

近年来，得益于我国良好的经济发展形势、居民生活水平的提升以及对更高层次美好生活需求的不断增强，邮轮旅游作为高端旅游消费成为消费升级的新选择，使得我国邮轮市场经过十年的发展在规模上位居全球第二，成为国际邮轮市场最为重要的新兴市场之一。邮轮旅游规模的增长首先推动邮轮港口经济发展，进而由港口经济向产业经济延伸。从2006年中国母港邮轮市场开始，截至2018年全年，中国邮轮港口接待邮轮总量达到6783艘次，接待出入境游客量达到2302.29万人次。其中，接待母港邮轮4618艘次，母港邮轮出入境游客量达到1954.24万人次。邮轮市场的增长使得各方开始关注邮轮旅游，并在资本投入、政策创新、港口建设、市场培育、宣传推广等方面加大投入，多个港口可以接待22万吨级世界最大邮轮，从而为邮轮经济全产业链发展奠定了良好的基础。其中，吴淞口国际邮轮港开港以来三年登顶亚洲第一、五年问鼎全球前四，累计接靠邮轮2000多艘次、出入境游客突破1300万人次，市场规模全国绝对领先，使得上海成为中国邮轮经济全产业链的先行者。

（二）国产邮轮设计建造实质性启动

我国邮轮市场规模不断扩大，并且具备良好的发展前景，但我国邮轮市场一直被外籍邮轮公司主导，邮轮设计建造被欧洲垄断，打造国产邮轮成为提升市场主导权、拓展邮轮产业链、提升产业经济贡献的重要方向。中船集团、招商局集团、中船重工集团以及其他船舶建造企业也纷纷进入邮轮设计建造领域，以2018年11月中船集团与嘉年华集团、芬坎蒂尼集团在首届进博会上正式签订2+4艘13.5万总吨Vista级大型邮轮建造合同为标志，我国国产大型邮轮设计建造正式进入实质性启动阶段。2019年5月，国内民营邮轮建造龙头企业世天邮轮也与招商局工业集团签署1+1+2艘3.7万总吨邮轮新造船合同。2018年10月，招商局集团与海门市政府签署邮轮制造基地项目、邮轮配套产业园项目、国际邮轮城合作等三个项目协议。2019年7月，招商重工自主建造的极地探险邮轮成功试航，推动国产邮轮建造新发展。

（三）本土邮轮运营进入国家队时代

为推动中国本土邮轮船队的发展，从2013年开始探索，先后有“海娜号”“中华泰山号”“天海新世纪号”“钻石辉煌号”等中资邮轮开展运营，但都面临着运营经验不足、经营亏损巨大的压力。2018 年 9 月，“天海新世纪号”正式退出中国市场。2018 年 3 月，中船集团与嘉年华集团在香港合资成立中船嘉年华邮轮公司，注册资本为 5.5 亿美元，其中中船集团占股 60%。向嘉年华集团购买“大西洋号”“地中海号”2 艘现有邮轮，并规划到 2029 年，中船嘉年华将拥有 8～10 艘邮轮，打造全球最大中资邮轮公司。另外，中国旅游集团与中远海运集团合资成立星旅邮轮国际有限公司，在厦门设立国内运营中心，首艘邮轮命名为“鼓浪屿号”，标志着中国本土邮轮运营进入国家队时代，相较于民营邮轮公司具有更好的资源和平台优势（见表 2）。

表 2　2019 年中国本土邮轮船队发展情况

序号	邮轮公司	邮轮名称	首航时间	邮轮吨位（万总吨）	当前状况
1	海航邮轮	“海娜号”	2013 年 1 月	4.7	退役
2	渤海邮轮	“中华泰山号”	2014 年 8 月	2.45	在营
3	天海邮轮	“天海新世纪号”	2015 年 5 月	7.15	出售
4	钻石邮轮	“钻石辉煌号”	2016 年 7 月	2.45	在营
5	中船邮轮	“大西洋号”（现名）	—	8.56	在营
6	中船邮轮	“地中海号”（现名）	—	8.56	在营
7	星旅邮轮	“鼓浪屿号”	2019 年 9 月	6.9	在营

资料来源：相关邮轮公司。

三　中国邮轮经济全产业链发展瓶颈分析

（一）邮轮产业链发展总体性规划亟须建立

虽然我国邮轮码头游客接待总量呈上升态势，但邮轮经济依然不够明显，各个沿海城市邮轮都是自主性、自发性发展，缺乏全国性的邮轮产业链规划，使得“看得见的手”引导性不足。在全国各地邮轮港口经济发展极为不均衡的情况下，各地依然推进邮轮港口扩容，盲目兴建邮轮母港，但邮轮接待量与港口能级严重失衡，部分港口甚至无船停靠。除上海、海门提出邮轮建造外，福建、广州、天津等地也提出推动邮轮建造，并且不少地方还提出推动建立邮轮船供中心。所以需要进行全国“一盘棋”的邮轮总体规划，明确各地的发展定位和产业布局，加强多区域之间的联动发展，避免盲目竞争，更好推动中国邮轮产业发展。

（二）邮轮设计建造支持政策亟需加大

我国在邮轮设计建造方面起步较晚，涉及邮轮设计建造的相关核心技术掌握得比较少，从而使得技术沉淀较少。邮轮设计建造的发展，不仅需要自身的技术和管理能力，还需要更多的邮轮设计建造配套企业的集聚，这就需要设计更多的优惠政策吸引国内外邮轮设计建造企业。邮轮设计建造需要强大的资金实力的支撑，尤其是在前期的邮轮研发设计阶段（见图2），面临着投入大、几乎无收益的困境，并且邮轮建造是高风险的行业，需要大量的资金支撑，所以需要更大的政策扶持，亟须保税加工等便利化政策以及相应的税收优惠政策。

（三）国内外邮轮龙头企业产业集聚能力有待提升

目前世界邮轮产业主要集聚在北美和欧洲地区。北美地区以邮轮总部及配套产业为主，世界邮轮设计建造及配套产业主要集中在欧洲地区。目前国际邮轮领域标准基本由外国垄断，中国企业进入邮轮产业的门槛和壁垒很高。高水平的邮轮经济发展需要推动全球各类相关企业的集聚，形成产业集群。邮轮修造国外高度垄断，目前配套产业集群主要集中在欧洲，我国推进国产大型邮轮修造，但尚未掌握邮轮修造的自主知识产权，缺少本土化的邮轮建造功能性平台，邮轮核心部件的自主研发及供应链管理方面较为欠缺，邮轮产业要素集聚效应偏低，区域辐射及带动效应有限。国内外优质邮轮企业集聚程度依然较低，邮轮龙头企业对产业要素的整合能力有待进一步增强。

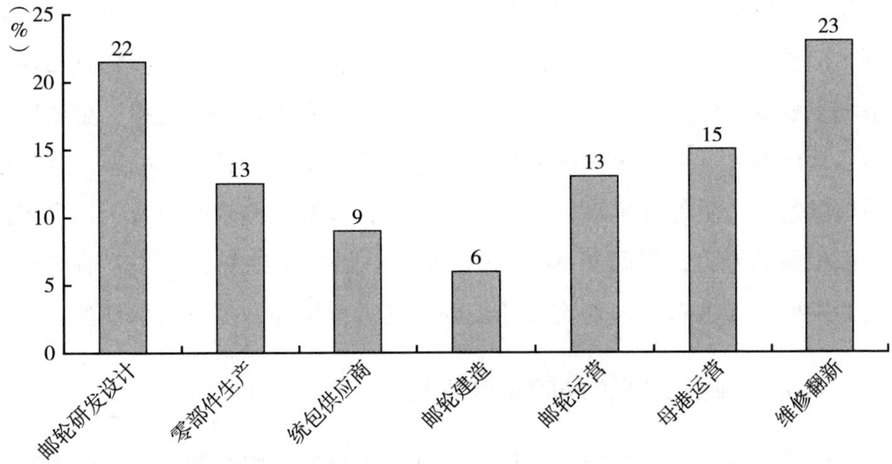

图 2　邮轮经济全产业链附加值分布

资料来源：国际邮轮协会（CLIA）。

（四）缺少邮轮经济产业链发展的开放型政策体系

发展新兴经济，提升经济贡献需要强有力的政策支撑。邮轮产业是典型的口岸经济，具有高度的全球化、外向型特征，与国际邮轮经济所需政策环境高度契合，对于资本流动便利化有着较高的需求，并且是高度资本密集型经济，对融资租赁、航运保险等有较高的需求。尤其是邮轮修造国外高度垄断，目前配套产业集群主要集中在欧洲。上海在大型邮轮修造领域将直接参与全球最高水平竞争，但缺乏自贸区政策优势，面临着邮轮产业资本流动便利化较低、融资租赁准入门槛较高、监管制度便利化不足等问题，对吸引全球企业推进邮轮产业要素集聚有较大的限制影响，不利于提升邮轮产业经济贡献。

四　对策建议

（一）加强中国邮轮旅游市场培育力度

邮轮市场能级的持续提升是邮轮经济全产业链发展的重要基础。推动邮轮文化广泛传播，加大对内地市场的宣传推广力度，需要运用全媒体的形式让更多的游客对邮轮旅游有更深度的认识，邮轮市场才可以逐步提升市场渗透率和复购率。中国邮轮市场的发展不仅要提升本土市场渗透率，更要吸引全球各地的游客，要让更多国外游客充分认识到中国邮轮旅游的魅力和旅游目的地的魅力，更好地推动入境旅游的发展，提升入境旅游消费，让世界游客认识中国的魅力；吸引更多国外游客来中国乘坐邮轮，推进“邮轮+”模式的发展，加大对国内外旅行社奖励力度，持续提升邮轮市场规模。

（二）加强本土邮轮品牌发展支持

邮轮是高端船舶建造技术的集成，具有较长的使用寿命，并且由于其旅游属性特征，日常使用年限较长，日常运营维护较好。至今尚无悬挂我国国旗的邮轮，税费问题是最大的影响因素，并且无法开设博彩、免税店等业务，对船员国籍有较高限制。国内运行的邮轮的报废年限定为30年，使得国内企业只能购买船龄较低的邮轮，本土邮轮企业也因船舶可用资产寿命缩短而在经营中面临巨大的年度资产折旧成本，这明显会增加本土企业购买邮轮的成本负担。外籍邮轮公司可以将达到30年船龄限制的邮轮投放国外其他市场，我国本土邮轮则将邮轮报废。因此，可以申请参照国际通行惯例，出台邮轮延期使用技术规范或条例。

（三）构建区域性邮轮经济创新性产业集群

中国邮轮经济全产业链发展，需要建立若干个创新性产业集群。邮轮产业集群的核心是在一定空间范围内形成高集中度的产业，将更好推动邮轮相关企业在生产成本、交易成本、物流成本等相关成本的降低，更好地提升邮轮产业规模经济和范围经济效益，从而有效提升区域邮轮产业集群的集聚能力和产业竞争力。因此，要在中国沿海沿江的邮轮城市建立若干个邮轮产业集群，并且是技术密集型的创新性产业集群，更好地提升运作效率和创新能力，更好地推动区域邮轮产业链发展，提升邮轮经济对区域经济的带动作用。在上海，要充分发挥母港引力优势，推动建立邮轮运营总部基地，建立邮轮设计研发中心，打造邮轮建造配套产业集群，从而建立邮轮经济全产业链。

（四）推动建立以邮轮经济为特色的综合保税区

邮轮经济是典型的口岸外向型经济，邮轮产业是高度国际化的新兴产业，邮轮产业集群普遍分布于经济高度自由的港口城市。瞄准邮轮经济发展关键节点，综合考虑邮轮设计制造、港口运营、邮轮船供中心建设及邮轮配套产业等发展需要，加快设立邮轮监管区。逐步完善以服务邮轮经济为主要特色的海关监管制度，创建以邮轮经济为特色的综合保税区，全面接轨国际规则，探索创新支撑邮轮经济发展的政策体系、制度创新体系，为邮轮经济发展创造更大的创新发展空间，提升邮轮经济产业链集聚能力。

参考文献

[1] 汪泓主编《邮轮绿皮书：中国邮轮产业发展报告（2018）》，社会科学文献出版社，2018。

[2] 汪泓主编《邮轮绿皮书：中国邮轮产业发展报告（2017）》，社会科学文献出版社，2017。

[3] 汪泓主编《邮轮绿皮书：中国邮轮产业发展报告（2016）》，社会科学文献出版社，2016。

[4] 汪泓主编《邮轮绿皮书：中国邮轮产业发展报告（2015）》，社会科学文献出版社，2015。

[5] 孙晓东：《中国邮轮旅游业：新常态与新趋势》，《旅游学刊》2015 年第 1 期。

[6] Wang Y., Jung K., Yeo G. T., et al., "Selecting a Cruise Port of Call Location Using the Fuzzy-AHP Method: A Case Study in East Asia," *Tourism Management*, 2014 (42).

G.6

长三角一体化背景下邮轮旅游目的地发展研究

侯文玉*

摘　要： 长三角地区是我国发展基础最好、经济最具活力、开放程度最高、创新能力最强、体制环境最优、综合实力最强的区域之一。长三角具有丰富的邮轮港口资源和旅游资源，是我国重要的旅游客源地和目的地，具备邮轮旅游目的地发展先天优势。发挥特色旅游资源优势，围绕长三角"世界级城市群"开发邮轮旅游特色产品，推动"邮轮+"产品创新，加大长三角作为邮轮旅游目的地的宣传推广力度，形成长三角邮轮旅游目的地国际品牌吸引力。发挥长三角大交通优势，推动长三角邮轮旅游的同城效应，建立长三角邮轮组合母港，将邮轮旅游大范围、广纵深地融入长三角旅游生态系统中。本文通过对长三角一体化背景下邮轮旅游目的地开发与国际营销策略战略路径进行更为深入全面的研究分析，从而提升长三角邮轮经济国际竞争力。

关键词： 长三角一体化　邮轮旅游　旅游目的地

近年来，随着我国旅游业的蓬勃发展和居民对更高层次旅游产品需求

---

* 侯文玉，博士，同济大学国际文化交流学院副教授、韩国庆熙大学孔子学院中方院长，研究方向：汉语国际教育，邮箱：03173@ tongji. edu. cn。

的不断上升，虽然增速有所下降，但邮轮旅游市场依然保持良好的发展态势，并且逐步向高质量阶段转变，成为推动我国旅游经济供给侧改革的重要支点和推动力。长江三角洲地区是中国经济最具发展潜力的经济板块，也是国际公认的六大世界级城市群之一，到 2030 年，全面建成具有全球影响力的世界级城市群。长三角作为我国邮轮产业要素最为集聚的区域，未来将作为一个整体区域与加勒比海、地中海等世界级邮轮旅游目的地展开竞争。2018 年 11 月 5 日，国家主席习近平在首届中国国际进口博览会开幕式发表演讲时提到，将支持长江三角洲区域一体化发展并上升为国家战略，对于推动我国邮轮经济高质量发展创造了新的历史机遇。以长三角一体化为基础背景全面推进上海邮轮旅游目的地建设的创新发展战略路径，寻求更多的先发优势，实现上海邮轮经济由高速增长向高质量发展，更好地推动上海邮轮经济国际影响力的提升，提升长三角区域邮轮经济的能级，打造具有世界级邮轮旅游目的地，提升长三角地区邮轮市场国际化影响力。

一　长三角一体化为邮轮旅游带来的新机遇

（一）长三角一体化上升为国家战略

长江三角洲地区是我国经济最具活力、开放程度最高、创新能力最强的区域之一，是“一带一路”和长江经济带的重要交汇点。2018 年 11 月 5 日，国家主席习近平在首届中国国际进口博览会开幕式发表演讲时提出，支持长江三角洲区域一体化发展并上升为国家战略。将更加有利于推动在更高的层面上实现更大的改革开放，可以更好地把握长三角一体化发展的趋势特征，充分利用长三角地区产业、市场、人才、资金等各类资源，发挥比较优势，注重邮轮经济分工合作、凸显特色、错位竞争，形成优势互补、各具特色的协同发展格局，代表国家在更高层次、更广邮轮经济领域参与国际竞争与合作。

（二）长三角地区具备良好的经济基础

长三角区域是我国经济基础最好、生产力最为发达的地区之一。长三角地区包括上海、江苏、浙江、安徽三省一市，人口总规模约 2.2 亿，占全国的 1/6，是人口净流入最多的城市群。2018 年经济总量约 20 万亿元，是全国的近 1/4，其中以服务业为标志的第三产业平均产值占 GDP 总量的比例超过 65%，是我国经济增长的重要引擎，在我国经济社会发展建设中具有举足轻重的影响和地位。

长三角地区经济发达水平位居全国前列，国民生产总值及个人可支配收入均处于较高的水平（见表 1），并且城市的城镇化率处于较高的水平，当地居民的消费能力较强，这也为邮轮旅游产业的发展奠定了良好的基础。[①] 由于长三角地区是我国邮轮旅游产业最为重要的集聚区，当地居民对邮轮旅游的认知处于较高的水平，乘坐邮轮出境旅游的需求较为旺盛，使得长三角地区的邮轮游客占有全国市场的较大比例。华东地区经济最为发达的上海，更是我国第一大邮轮旅游客源城市，是我国邮轮旅游产业发展的引擎。[②] 在 2018 年全国 16 个经济规模达到万亿元以上的城市中，长三角城市群有 6 个，其中上海经济规模以 3.3 万亿元位居全国第一，具有较为明显的领先优势。

表 1　长三角地区人均 GDP 与城镇居民收入状况

单位：元

年份	上海		浙江		江苏		安徽	
	人均 GDP	城镇居民人均收入	人均 GDP	城镇居民人均收入	人均 GDP	城镇居民人均收入	人均 GDP	城镇居民人均收入
2006	56730	22808.6	31684	19954	28685	15248.7	10044	9771
2007	64589	26101.5	37128	22583.8	33689	17686.5	12039	11473
2008	72536	29759.1	42214	24980.8	40000	20175.6	14448	12990

① 《长江三角洲区域一体化发展规划纲要》。

② 第一财经、新浪新闻等相关资料。

续表

年份	上海		浙江		江苏		安徽	
	人均 GDP	城镇居民人均收入	人均 GDP	城镇居民人均收入	人均 GDP	城镇居民人均收入	人均 GDP	城镇居民人均收入
2009	77556	32403.0	44335	27119.3	44232	22494.9	16391	14085
2010	73274	35738.5	50024	30134.8	51978	25115.4	20888	15788
2011	82560	40532.3	58665	34264.4	61649	28972	25340	18606
2012	85000	44754.5	63266	37994.8	68347	32519.1	28792	21024
2013	90100	48879.3	68462	41241.0	74607	35131	31684	23114
2014	97300	48841.4	72967	40392.7	81874	34346.3	34427	24839
2015	103100	52962.0	77644	43714.0	87995	37173	35997	26936
2016	113600	57692.0	83538	47237	95259	35659	39092	29156
2017	124600	62596.0	92057	51261	107189	43622	44206	31640
2018	135000	68034.0	98643	55574	115168	47200	47712	34393

资料来源：各省市统计公报。

（三）长三角地区具备良好的交通互通基础

长三角区域交通基础快速发展，区域交通网络基本形成，高速公路网和高速铁路网相继形成，互联互通水平大大提升，综合交通运输体系不断完善，区域合作空间范围逐渐扩大，同城化效应逐渐显现。[①] 以上海为中心、以 300 公里为半径画圆，可以覆盖长三角的 15 个城市。在长三角一体化的 26 个城市之间，已经有 22 个城市实现高铁连通，其中上海已经形成与周边地区的一小时交通圈，南京、合肥、杭州等经济较为发达的省会城市交通基础设施较为便捷。建立长三角统一、开放、规范的旅游产业生态圈，打造世界级都市旅游生态圈，对推进长三角一体化进程具有重要作用。长三角地区目前共有 5 个国际邮轮码头（见表 2），设计年接待能力达到 830 万人次，具备良好的邮轮旅游发展基础。

① 《长江三角洲区域一体化发展规划纲要》。

表 2　长三角地区邮轮港口情况

序号	邮轮港口	基础设施	省份	辐射范围
1	上海吴淞口国际邮轮港	2 个 22.5 万吨级和 2 个 15 万吨级共 4 个大型邮轮泊位，建筑面积 7.9 万平方米，具备“四船同靠”的接待能力，日接待游客能力从 1.7 万人次增长到 4 万人次	上海	全国市场
2	上海港国际客运中心	码头岸线 882 米，现有 3 个邮轮泊位和 15 个游艇泊位，可同时停泊 3 艘 7 万吨级邮轮，水深 9～13 米。还提供商业活动场地，建有特色餐厅、邮轮旅游公共服务中心、超市、餐饮等配套设施	上海	长三角地区
3	舟山群岛国际邮轮港	已建成的 10 万吨级（兼靠 15 万吨级）码头，全长 356 米、宽 32 米，引桥长 188 米，平均高程 3.85 米，前沿水深 12 米，设计年客运量 46 万人次	浙江	长三角地区
4	温州国际邮轮港	邮轮泊位 7 号泊位长 340 米、宽 50 米，靠泊等级为 5 万吨级兼靠 10 万吨级，客运大厅总建筑面积 6200 平方米，设计游客接待能力为 22 万人次/年	浙江	长三角地区
5	连云港国际客运中心	客运站占地及水域面积约 10 万平方米，总建筑面积 19.7 万平方米，年发送旅客 48 万人次	江苏	长三角地区

资料来源：相关邮轮港口官网。

（四）长三角地区具备良好的邮轮旅游目的地基础

建设最具吸引力的品质生活新高地，既是推动长三角一体化高质量发展的内在要求，又是推动长三角一体化高质量发展的落脚点和发展目标。长三角地区旅游资源禀赋好、互补性强，5A 级总数超过全国的 1/5。长三角是全国重要的旅游客源地和目的地，拥有 946 处旅游景点，占全国的 22.9%，其中有 27 个国家 5A 级旅游景区，占全国的 20.8%；254 个国家 4A 级旅游景区，占全国的 22.9%。目前上海是长三角的初级旅游集散中心，南京和杭州是长三角的次级旅游集散中心，苏州、宁波和绍兴等是长三角重要的区内旅游目的地。有效整合上海及周边旅游资源，加快推动上海邮轮旅游目的地的建设，同时培育邮轮市场，提升人民群众对邮轮旅游的获得感（见表3）。

表3　长三角江浙沪水上旅游概况

序号	长三角	区域	水域	主题	文化特色
1	上海市	市区	黄浦江	浦江游览	海派文化/都市风光
2		崇明	长江口	岛屿生态	都市生态
3	浙江	杭州	西　湖	湿地系统	文化水域
4		绍兴	河　道	—	古越文化
5		淳安	千岛湖	山水生态	自然文化、人造水域
6		宁波	东钱湖	财富宗教	现代都市水域文化
7		乌镇	水　乡	江南古镇	江南文化
8	江苏	南京	秦淮河	古都风情	秦淮文化
9		苏州	护城河	环 城 游	古运河文化
10		无锡	太　湖	湖光山色	太湖风光
11		周庄	水　乡	江南古镇	江南文化
12		扬州	瘦西湖	历史园林	江南文化
13		南通	濠　河	城市风光游	现代城市水域文化

二　长三角一体化邮轮旅游发展存在的问题

（一）长三角尚未建立成功的邮轮旅游目的地

市场需求的培育是提升市场规模和推进邮轮产业链延伸的重要基础。长三角邮轮旅游的客流主要集中在上海，其他邮轮港口数量较少且发展滞后，难以串联形成长三角邮轮旅游航线，且邮轮航线以始发为主，整个长三角尚未成为成熟邮轮旅游目的地，导致邮轮入境旅游发展缓慢。此外，“江南水乡”在游客心中的品牌认知度很高。各地可进一步推进沿江沿海航线旅游目的地的开发，打造“邮轮+游船”“水水联运”水上旅游产品，推出“邮轮+景区门票+酒店”等系列旅游产品，在长三角形成国内国外联动互通的水上旅游市场。通过长三角一体化扩大活动影响力，打造区域旅游消费的新名片。

（二）长三角邮轮旅游与都市旅游的互动不强

2006～2018 年，上海共接待访问港邮轮 443 艘次、游客 90.3 万人次，分别占接待邮轮总量和游客总人数的 17% 和 8%，其中 2018 年全市接待 6.9 万人次，吴淞口接待 4.3 万人次，入境游与出境游发展不平衡，邮轮旅游对上海建设世界著名旅游城市发挥作用不够。邮轮旅游目的地的发展要更多与当地居民的生活进行有效结合，如在长三角邮轮旅游一体化中，使全域旅游在邮轮旅游中得到更好的应用，使得邮轮在旅游扶贫中发挥更大作用，通过邮轮经济促进本地居民对美好生活需要的满足。邮轮旅游与长三角、长江流域旅游资源整合力度不够，缺少对境外人士有足够吸引力的旅游产品，需要进一步挖掘优势，大力发展邮轮入境游，进一步提升邮轮旅游发展对本地的效益。

（三）长三角区域邮轮联合营销有待加强

邮轮旅游市场的发展需要更多市场主体的参与，其中旅行社在邮轮文化传播中发挥着重要的作用，我国东部地区旅行社占到全国旅行社数量的 50%，中西部加总占有 41%，东北地区仅占 9%。需要更多邮轮公司在中西部更多地推广邮轮，吸引更多游客来长三角地区旅游并乘坐邮轮出游，推进邮轮市场区域结构更加平衡。建立定期的苏浙沪邮轮旅游市场开发例会制度，打造苏浙沪旅游市场一体化年联手亮相中国国际旅游交易会、国内旅游交易会等具有较高影响力的会展，联合在国外举行长三角邮轮旅游推介会。

三　长三角一体化邮轮旅游目的地发展举措分析

（一）整合长三角旅游资源，打造邮轮旅游特色产品

为了推动邮轮旅游目的地的建设，上海已面向国际邮轮游客实行 144 小时过境免签和邮轮团队 15 天入境免签的便利化政策。促进长三角旅行社与

邮轮公司的对接，推动建立长三角邮轮旅游服务联盟。促进长三角旅行社与酒店、邮轮公司的对接，推出面向江浙皖游客的“酒店＋邮轮”的旅游产品，实现资源联动。积极推动上海邮轮旅游与长江及长江次流域城市水上旅游精品线路的互动发展，推动发展“邮轮＋内河游轮”，探索开发连接长江中下游邮轮航线，积极发展江海联运旅游产品，打造长三角水上旅游品牌。

（二）挖掘区域特色资源，开发长三角多元旅游产品

以长三角不同区域节庆品牌为载体，通过长三角一体化扩大活动影响力，打造区域旅游消费的新名片。通过联动挖潜、空间融合，整合优质旅游资源，扩大上海邮轮旅游节影响力和知名度，通过举办系列活动，吸引江苏、浙江等上海周边游客参与。推动邮轮旅行社与长三角区域旅行社、景点、酒店合作，推出自驾游、休闲游等一批受到游客欢迎的旅游产品，扩大客源地的互联互通。邮轮母港作为链接邮轮旅游资源的重要基础，要不断完善邮轮母港交通体系。统筹规划长三角邮轮港口功能定位，共同打造具有相应影响力的世界级邮轮港口群。推动核心邮轮港口企业以市场化方式，以资本合作、资产融合等为主要纽带进行适度整合，使港口融合发展走向良性竞合。要充分发挥沿江沿海水域优良条件，推动邮轮、游艇、游船的联动发展，打造邮轮旅游集聚区升级版、邮轮游艇游船“三游”经济产业活力领航的发展面貌和良好的发展空间。

（三）吸收国际创新路径，创新长三角目的地开发模式

随着国内游客对邮轮游的认知进一步加深，更长的航线、更多样的目的地可以给游客带来截然不同的出游体验。从全球邮轮旅游目的地发展状况来看，发达国家地区相对比较成熟，如地中海和加勒比海地区起步较早，目前发展已经较为成熟。旅游需求和消费日趋多元化、个性化，传统的旅游目的地发展模式已经不能满足消费者的需求，旅游目的地在发展过程中需要寻求新的发展模式。世界上著名的邮轮旅游胜地主要分布在热带、亚热带区域，加勒比海沿岸的巴哈马群岛、地中海沿岸的马耳他岛、澳大利亚大堡礁、东

南亚的新加坡等，可以借鉴这些地区的旅游开发模式（见表4）。长三角拥有中西合璧、底蕴深厚的文化沉淀，加强邮轮旅游与文化融合，凸显长三角文化特色，深入挖掘长三角地区特色海洋旅游资源，将邮轮旅游深入融合到文创旅游产业链中。

表4　邮轮旅游目的地发展路径对比

地区	发展路径
北美地区	依托夏威夷独特的火山景观，充分利用当地的文化特色，重点发展度假旅游，重视旅游服务旅游促销，在旅游基础设施方面一直坚持基础设施先行策略，注重保护植被、海水、沙滩以及各种海洋生物
地中海地区	西地中海巴利阿里群岛，依托宜人气候、海岸资源、悠久的历史和丰富的文化，发展休闲度假旅游和文化旅游。发展多种旅游，有效平衡淡旺季
南美洲	南美洲自然条件优越，拥有世界上面积最大的原始森林，具有开展乡村生态旅游的良好条件，组织企业等合作投入，开发联合经营模式及高质量、高层次的乡村生态旅游产品
新西兰	新西兰亚热带海滩风光、阿尔卑斯火山地貌、独特的毛利文化和良好的基础设施条件打造出了“地球上最后一块净土”的旅游主题，塑造人文特色，将文化与旅游业结合起来，推动自然旅游资源和农牧业资源配套开发

四　对策建议

（一）加强长三角邮轮旅游市场的培育

做大邮轮本土旅游市场，提升邮轮本地经济贡献率。长三角地区具备丰富且独具特色的旅游资源，要加强资源整合和政策创新，吸引更多邮轮游客在本地旅游、住宿、消费，进一步带动本地旅游产业发展。进一步优化创新邮轮服务，进一步完善且机场、高铁车站“邮轮直通车”服务，完善“沪杭专线”，真正做到“从家门到舱门”，让广大来上海乘邮轮的游客切身感受到国际一流的服务体验。从全球著名邮轮母港来看，丰富的邮轮航线是邮轮市场健康稳定发展的重要条件。争取国家相关部委研究尽快恢复上海到韩国的邮轮航线，同时争取能够开放上海到台湾的邮轮航线，促进上海邮轮市场发展。

（二）加强长三角邮轮旅游市场规范化发展

建立良好的邮轮市场规范体系，强化邮轮旅游市场的培育是推动邮轮市场健康发展的重要抓手，也是邮轮经济发展的重要基础。邮轮市场存在“黄牛”扰乱市场秩序、低价分销、销售渠道不畅等问题。明确邮轮公司、旅行社、政府、游客的权利义务关系，推进邮轮文化培育、内地客源市场开发以及邮轮产品创新。通过搭建全国船票平台，实现全国邮轮船票销售的统一控票与管理，创新分销模式，进一步规范邮轮市场秩序，夯实邮轮旅游基础。

（三）推动邮轮旅游与长三角本地旅游联动发展

邮轮旅游的发展尚未全面融合全域旅游的发展理念，导致品质的提升仅仅是局部的，而不是全流程的。开发形成半日特色游、一日精华游、两天体验游以及深度文化游等不同时长的线路，大力开发邮轮港城区休闲旅游资源，实现邮轮旅游与本地优质旅游资源的联动。邮轮旅游目的地的发展要更多与当地居民的生活进行有效结合，使得全域旅游在邮轮旅游中得到更好的应用，使得邮轮旅游在旅游扶贫中发挥更大的作用和影响，通过邮轮促进本地居民对美好生活需要满足。

（四）强化长三角邮轮旅游目的地建设与推广

邮轮是国际邮轮旅游业的高端业态，顺应国内消费提质转型升级新趋势，成为消费新增长点。要加大对内地市场的宣传推广，运用全媒体的形式让更多的游客对邮轮旅游有更深度的认识，邮轮市场逐步提升市场渗透率和复购率。邮轮文化的传播不要局限于国内市场，还要更多地开发国外入境旅游市场，让国外游客充分认识到中国邮轮旅游的魅力和旅游目的地的魅力，更好地推动入境旅游的发展，提升入境旅游消费，让世界游客认识中国的魅力。邮轮节展是扩大长三角一体化邮轮旅游发展的重要推动力，举办节展活动有助于打响服务品牌，积极培育国内消费新亮点，要举办好亚太邮轮大会、上海邮轮旅游节、进博会邮轮服务贸易论坛、邮轮修造论坛等重要活动。

参考文献

[1] 汪泓主编《邮轮绿皮书：中国邮轮产业发展报告（2018）》，社会科学文献出版社，2018。

[2] 汪泓主编《邮轮绿皮书：中国邮轮产业发展报告（2017）》，社会科学文献出版社，2017。

[3] 孙晓东、武晓荣、冯学钢：《邮轮航线设置的基本特征与规划要素研究》，《旅游学刊》2015 年第 11 期。

[4] 孙晓东：《中国邮轮旅游业：新常态与新趋势》，《旅游学刊》2015 年第 1 期。

[5] 孙瑞红、叶欣梁、徐虹：《中国邮轮市场的价格形成机制与“低价困境”研究》，《旅游学刊》2016 年第 11 期。

[6] 杨建明：《邮轮旅游研究的回顾与前瞻——基于国外英文期刊论文的评述》，《世界地理研究》2015 年第 1 期。

[7] 孙晓东、侯雅婷：《邮轮旅游的负效应与责任性研究综述》，《地理科学进展》2017 年第 5 期。

[8] Giovanni Satta, Francesco Parola, Lara Penco, “Luca Persico Word of Mouth and Satisfaction in Cruise Port Destinations,” *Tourism Geographies*, 2015 (1).

[9] Castillo-Manzano J. I., Fageda X., Gonzalez-Laxe F., “An Analysis of the Determinants of Cruise Traffic: An Empirical Application to the Spanish Port System,” *Trasportation Resrarch Part E: Logistics and Transportation Review*, 2014 (66).

G.7

东北亚邮轮产业环境变化与韩国邮轮产业面临的挑战

——集聚釜山港北港发展战略

林福顺*

摘　要： 本文以韩国海洋水产部于2018年下半年通过韩国国际邮轮研究院进行的"釜山港海洋观光休闲发展战略研究课题"的主要内容为基础，观察根据东北亚邮轮环境变化的韩国邮轮产业的应对方案，特别提出关于韩国中心港口釜山港与釜山港北港再开发事业而构建的邮轮发展战略和今后的推进方案。在本研究课题中，首先以"萨德"事件前后的东北亚邮轮环境的分析和今后的变化动向为基础，提出东北亚多母港链条邮轮的概念。接着记述作为东北亚邮轮枢纽港的釜山港北港的发展战略和详细方案。最后以研究摘要和今后的基本方向及建议来结尾。最近东北亚邮轮环境变化的重要议题"多母港链条邮轮"是邮轮产业发展的机会，同时也有望起到打造釜山港邮轮母港的催化剂作用。东北亚邮轮港口城市之间通过联合扩大邮轮总量的重要契机，在今后的推进战略政策化和具体实施过程中，要有效应对内外环境变化，提高政策实现的可行性，保持东北亚邮轮经济稳定发展，真正实现多母港体系结构。

关键词： 多母港链条邮轮　釜山港北港再开发　邮轮城市地域合作

---

* 林福顺，韩国国际邮轮研究院院长、南京审计大学金审学院副教授。

从2006年开始爆发性增长的中国邮轮旅游市场一直是韩国邮轮市场增长的动力，同时对韩国主要停靠港港口城市的发展起到了牵引作用。虽然邮轮市场在过去十多年里取得了长足发展，但韩国邮轮市场90%以上都是依赖于中国邮轮游客的停靠港，2017年因“萨德”事件而全面取消从中国出发的邮轮进入韩国停靠港的计划，对韩国邮轮市场产生了相当大的影响。

韩国邮轮产业的发展现状是，随着来自中国的邮轮游客的剧增，韩国一直将焦点放在旅游产业上，但正如“萨德”事件发生之前济州的事例，基于邮轮游客的旅行社收益只能靠购物旅游创造，这种结构成为阻碍邮轮产业发展的主要障碍。因此，包括旅游业在内的邮轮产业新政策的必要性日益凸显。

因此，基于韩国海洋水产部于2018年下半年通过的韩国国际邮轮研究院“釜山港海洋观光休闲发展战略研究课题”，观察根据东北亚邮轮环境变化的韩国邮轮产业的应对方案，特别提出关于韩国中心港口釜山港与釜山港北港再开发事业而构建的邮轮发展战略和今后的推进方案。

首先，在本研究中，以“萨德”事件前后的东北亚邮轮环境的分析和今后的变化动向为基础，提出东北亚多母港链条邮轮的概念。其次，记述作为东北亚邮轮枢纽港的釜山港北港的发展战略和详细方案。最后，以研究摘要和今后发展的方向及建议来结尾。

一　东北亚邮轮环境变化与韩国邮轮产业的影响

（一）韩国邮轮产业的现况

与周边亚洲国家和地区相比，韩国的邮轮产业还处于起步阶段，相关政策主要集中于港口或基础设施等硬件建设，而对邮轮产业的认识、宣传不足，专业人才更是缺乏。特别是国内邮轮旅游人口增速较低，没有足够的客源市场，加上邮轮港地区对邮轮产业缺乏了解，市场多元化面临诸多困难。脆弱的国内市场和基于停靠港的基础设施产业结构，特别是外生变量（对外形势变化等）引起的停靠港的艘次变动，已成为邮轮港口地区发展的障碍，但现有的方法论依然从观光学的角度出发，侧重于研究停靠港的艘次方案，这也是由邮轮港所在的各港口具体情况造成的。

为了克服这种内在局限，以韩国邮轮港口城市的邮轮母港增长可能性为前提，在功能上分化各邮轮港湾〔例如母港节点港（釜山）和停靠港节点港（济州岛）〕的同时，以节点港和其余邮轮港口城市之间的联合为基础，个别邮轮港港口城市的特殊发展战略需要统筹推进。但是，对于特定邮轮港口城市的母港来说，最重要的因素是客源市场，韩国仅占各亚洲客源市场乘客规模的 0.9%（以 2016 年为准共 29093 名，邮轮乘客 19310 名除外），因此邮轮母港的发展潜力，并不会提升邮轮母港增长的可行性（见图 1）。

总的来说，需要建立与东北亚邮轮节点港口城市的合作体系。

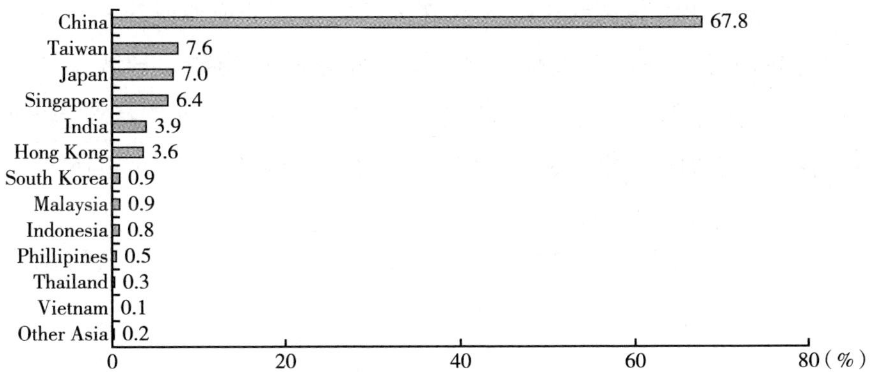

图 1　亚洲邮轮客源市场乘客规模

资料来源：CLIA，Asia Cruise Trends 2017。

（二）“萨德”事件前后东北亚邮轮环境变化

“萨德”事件对邮轮产业的整体影响首先从韩国邮轮港停靠业绩下降开始。数据显示，中国邮轮的主要停靠港是济州，2017 年邮轮停靠 98 艘次，其中中国出发实际停靠艘次为 88 艘次，乘客数为 189723 人次（见表 1）。

这意味着重回2012年入港业绩水平（80艘次，140496人次）。釜山港2017年特别是与2016年相比，十万GT以上大型邮轮的进港减少现象尤为突出，原因之一是从中国出发的邮轮取消入港。

表1　2013～2017年韩国济州岛邮轮停靠艘次

项目	2013年	2014年	2015年	2016年	2017年
入港次数(艘次)	184	242	285	507	98(10)
乘客数(人次)	386139	590400	622085	1209106	189723

中国邮轮取消入港到韩国邮轮港口城市，对韩国邮轮旅游市场产生了直接的负面影响，但同时也给整个中国邮轮市场带来了很大影响，这种现象因中国邮轮市场的动向变化而更为突出。

2017年取消停靠韩国邮轮港以后，中国的邮轮市场尽管依然呈现增长趋势，但是邮轮航线单调（因未入港韩国停靠地而造成的航线整齐划一）、乘客对邮轮商品的满意度下降、邮轮商品销售类型的变化导致抛售竞争（低价竞争）加剧等内在问题开始暴露。尤其是作为东北亚最大邮轮母港的上海，因母港增加的停靠港数量有限和邮轮公司运营混乱而面临困境，邮轮市场开始进入低增预期，并在内部引发了一系列变动。①

如上所述，虽然中国因“萨德”事件取消韩国停靠港导致韩国邮轮港业绩下降，但这也成为东北亚邮轮环境变化的催化剂，表现为东北亚邮轮航线韩国地理位置价值凸显、东北亚邮轮地区联合的必要性增加、中国邮轮政策的变动等。

另外，以2017年上半期为准，对韩国邮轮港口停靠业绩的分析显示，从2017年下半年开始，釜山港在韩国邮轮港口中停靠业绩排名第一（见图2）。

① 中国国内的国际邮轮公司因取消韩国邮轮港的停靠，将所有主要停靠港都改为日本，在公海上多停留几天，因此，从业界来看，旅程的单调和市场价格的走低也造成了相当大的损失。详见*Cruise Industry News*，2018 China Market Report，2018。

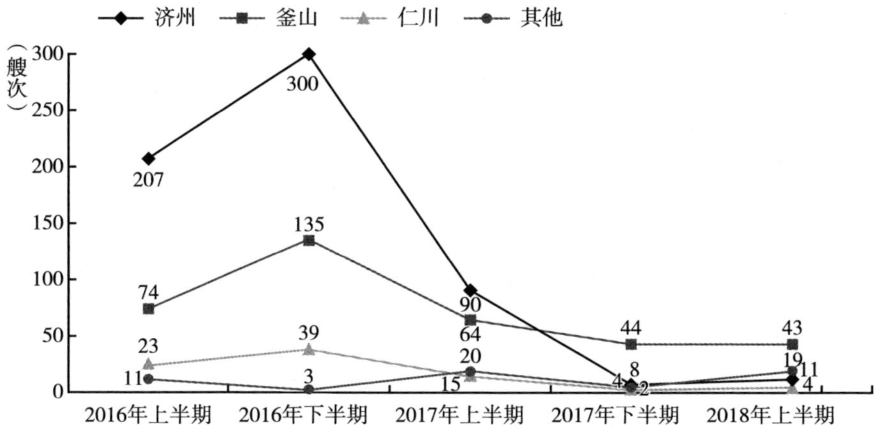

图 2　韩国邮轮港口停靠业绩

事实上，这样的结果也与韩国对排除外生变数（根据国际局势，从中国出发的邮轮的访问计划的变化）的邮轮母港条件的分析结果一致。以韩国 5 个邮轮港（釜山、丽水、仁川、束草、济州）为对象的母港选定要素的评价应该按照釜山、仁川、济州、丽水、束草的顺序。[①] 这意味着，韩国应该从与“萨德”事件前各邮轮港口的邮轮入港业绩无关的角度入手，对韩国邮轮港口间的功能分化进行研究和评价，展开“战略性重新部署”。

（三）变化的状况：多母港[②]链条邮轮（Multi-turnaround Cruise Homeport Chain Cruising）

“萨德”事件后，东北亚邮轮环境的变化和韩国在亚洲邮轮航线上的地位优势，使通过稳定地区邮轮航线实现邮轮市场多元化的可能性不断增

① 对邮轮港口母港发展可行性的分析是根据邮轮公司母港选定条件（乘客—确保能力，港口—交通中心性，邮轮接受能力）进行先行研究得出的评价标准—邮轮专家进行了 AHP 分析。

② 可以定义为“通过邮轮港口城市之间的地区联合，同时具备停靠港和母港功能的邮轮港”，这是基于单纯停靠港向母港发展的过渡期形态。

加。特别是，东北亚邮轮具有气候（季节性影响较小所以每年可运行300天以上）、地理接近性（韩中日航线周边地区的休假文化基本相似，可以运营4晚5天或6晚7天）、消费市场集中性（以中国为中心的母港市场是主流，但作为中国旅游的外国人第一大地区的韩国、日本市场相邻，形成了相互共享的市场）等突出的地缘环境优势，这直接关系到东北亚邮轮港口城市合作成功的可能性。

建立邮轮港口城市之间“多母港链条邮轮”合作平台，概念具体内容如表2所示。

表2　实现多母港链条邮轮合作平台

概念	内容	平台
CHAIN	调整东北亚邮轮市场的合作与协作	东北亚邮轮港口城市协议体 (CHAIN CRUSING ACTION PLAN)
CHAIN	超越以往“港口对港口”的观点，着眼于“生产对消费”的邮轮产业的整体视角	东北亚国际邮轮论坛 (North East CHAIN CRUISING)
CHAIN	应对链条邮轮概念发展的新理念传播的教育体系	邮轮专业人才培育体系 (CHAIN CRUISING ACADEMY)
CHAIN	连接邮轮服务供应商和利益相关者及最终消费者的基础	数据解决方案平台 (Online Platform)
CHAIN	追求新一代全球邮轮港口的互联互通平台	链条邮轮年度会议 (Annual CHAIN CRUISING MEETING)

注：C，Coordination；H，Holistic；A，Academy；I，Infrastructure；N，Networking。

东北亚多母港链式邮轮是采取循环模式［模式1：中国（上海）—韩国（釜山）—日本（福冈），模式2：台湾（基隆）—韩国（釜山）—日本（各港口）］，再结合垂直结合阶段（中国：以上海为中心的其他邮轮港；韩国：以釜山为中心的4个邮轮港）进行拓展的模型，这可能会形成今后东北亚邮轮整体的地区联合。

特别是位于各轴交叉点的釜山港将在东北亚（韩国、中国、日本）地域主要邮轮港口城市之间的联合中发挥中心作用，这将成为以釜山港邮轮多母港化为基础的港口高附加值化和邮轮产业发展的动力。

东北亚邮轮港口城市之间的合作将会提供丰富的旅游产品，进而推动母港增值与访问港客源市场发展，助力邮轮经济升级，实现资源价值的共创效果，提高航线的多元化和稳定性，促进邮轮经济深化发展。

二　釜山港北港邮轮发展战略

（一）制定发展战略的背景

从釜山港的立场来看，建立东北亚邮轮多母港既是危机也是机遇，釜山港要想发展为多母港链条邮轮的枢纽港，必须同时满足停靠港和母港的条件，以此为基础，应该出台能够认同与周边国家联合的重要性并扩大交流的方案。此外，多母港体系将保证邮轮产业的持续性，为区域港口城市的发展提供增长动力，因此，应优先建立并实施能够接受的港口区域再开发战略。在多母港链条邮轮下，邮轮港口应追求的港口地区发展重点是通过地区间的联合，培养名牌邮轮旅游商品和引导船舶公司扩大新航线的合作平台构建，为确保多母港体制航线的竞争力，制定中长期培育方案，制定多母港地区港口的地区再开发战略及推进路线图等。与邮轮产业相联系的釜山港港口地区发展的最终目标也是构建“邮轮产业的生态系统”，这可以通过“地区与港口的联动战略”具体化。在这方面，中国上海港正在逐步实现“邮轮码头—邮轮港口—邮轮城市”的良性发展循环，以邮轮港口作为区域经济发展的主线，多方整合和调整相关资源，形成邮轮产业的生态链。通过“釜山港海洋观光休闲发展战略研究课题”得出，目前由海洋水产部主导的“釜山港北港综合开发推进团”在政策上实行的釜山港北港的邮轮发展战略包括扩建邮轮基础设施、发展邮轮配套产业、实现与邮轮相连的城市新生、构建综合体系等，以下各战略将以核心事项为中心观察其内容。

（二）扩建邮轮基础设施

目前釜山港的邮轮码头被分为国际客运码头（国际客运航站楼）、国际邮轮码头（影岛邮轮航站楼）、其他码头（戡蛮码头）（见表 3）。如果大型邮轮（最大 20 万吨级）有继续投入航线的倾向，东北亚多母港链条邮轮的构建将成为现实，目前每年不足 100 艘次的釜山港的邮轮入港数至少会增加到 300 艘次以上，因此目前急需邮轮码头的资源整合和优化，同时扩建必要的邮轮基础设施。

表 3　釜山港北港邮轮码头现状

码头	码头长度	全面水深	靠岸能力	备注
国际客运码头	2040 米	9～12 米	170000 吨级 1 艘 50000 吨级 1 艘 20000 吨级 4 艘 500 吨级 8 艘	
国际邮轮码头	360 米	11 米	80000 吨级 1 艘	扩展工程(船席长度 440 米)→可接受 22 万吨级
其他码头	1400 米	15 米	集装箱码头	

为扩建各阶段基础设施而制定的战略和详细实施方案如表 4 所示。

表 4　釜山港扩建战略及实施方案

推进战略	详细实施方案
重新调整邮轮基础设施的功能	· 确立邮轮靠岸码头(国际客运码头及国际邮轮码头)间的功能作用分担,扩建运营方案 · 基于未来需求预测及功能分析的邮轮靠岸航站楼功能重新调整
邮轮港口设施规模扩大	· 国际客运码头基础设施扩容到母港水平 · 为了提高同时靠岸能力泊位扩建 · 改善航站楼乘坐桥的接近性 · 扩建港口服务设施 · 与城市中心型度假村(同时容纳母港乘坐乘客和停靠乘客)相连接的多母港邮轮专用航站楼的新建 · 全球邮轮公司的招商引资

续表

推进战略	详细实施方案
邮轮支援设施改善及扩建	· 国际客运航站楼的支援设施改善及扩建 · 改善乘客接近性,改善行李处理设施,对航站楼建筑进行功能性评估和重新安排(包括釜山港国际会展中心) · 北港再开发地区内邮轮相关设施的扩建 · 指定海洋文化地区的邮轮特区及相关设施入驻 · 建立并实施连接邮轮航站楼和市中心的步行街空间的活用方案(体验型购物街等)

（三）邮轮配套产业的培育

随着亚洲地区邮轮船供品的当地供应可行性和中资邮轮公司的增多，构筑海外合作网络的可能性会增大，如果积极利用已经具备船供品调配及供应体系的釜山港的产业力量，预期可实现与港口搭建船供物资平台即时创收和增值化。

特别是推进釜山港北港的经济自由区域/自贸区（第三阶段）指定计划，为通过指定以邮轮母港为基础的邮轮产业特区来培养和扩大邮轮城市提供了可能性。

为培育邮轮配套产业的邮轮船供品产业，釜山港北港的推进战略和具体实施方案如表 5 所示。

表 5　釜山港船供战略及实施方案

推进战略	详细实施方案
船供品供应平台的建立/运营	· 邮轮船供品的供应可行性分析 · 邮轮船供品供应平台项目模式出台 · 停靠港供应示范项目 · 采购供应平台扩展(以母港为基础)
构建邮轮船供品	· 北港再开发区内构筑邮轮船供品产业链服务区 · 邮轮船供品物资平台建立及运营方案的出台与实施 · 连接釜山新港配套服务区,延伸邮轮船供品产业链 · 拓展上海、天津等中国国内节点邮轮港的船供品单位合作 · 邮轮用品的制造、加工、物流(园区)

（四）邮轮与城市再生（Urban Regeneration）

目前，釜山港北港正努力实现世界级邮轮枢纽港的“邮轮码头—邮轮港湾—邮轮城市”的良性循环发展模式。

这是通过港口城市地区的高附加值化，展开直接或间接波及效果最大化的“都市中心的邮轮度假村”的建设计划，特别是认识到引进全球邮轮公司参与釜山港口地区发展是必需的前提条件，为吸引全球邮轮公司参与港口再开发而积极开展活动。

具体来说，釜山港北港再开发事业的招商引资是通过多种开发主体（全球度假村集团、全球邮轮公司、国内综合房地产开发公司等）的合作平台来反映综合投资方式的尝试，值得注意的是，正朝着能够综合接受度假村、酒店、商业设施等投资主体需求的方向发展。

目前被采纳为全球邮轮公司釜山港北港再开发招商引资的短期政策，其正在进行中的推进战略和具体实施方案可归纳如表 6 所示。

表 6　釜山港再开发短期战略及实施方案

短期战略	详细实施方案
连接邮轮港区和配套设施区的发展规划	· 釜山港北港建设计划评估及适用目标区选择 · 事业可行性评估与制定项目进行方案
招商引资方案	· 制定方案:了解潜在投资者的需求,建立 IR(Investment Relation)资料
投资说明会	· 选定参与邮轮公司:试探潜在意向、沟通与商谈等 · 投资会:通过邮轮专业单位来准备并代办、Farm Tour 等

（五）构建综合治理

“釜山港邮轮综合治理”旨在整合和调整邮轮部门的多种利益关系，构建机制扩大相关资源，期待釜山港作为东北亚邮轮枢纽港，能够起到保障邮轮产业发展和实际拓展效果（城市再生、相关产业发展等）的政策主体作用。

具体而言，推进过程为：①地方政府（釜山广域市）主导的邮轮综合治理的基本平台构成；②以有关单位为基础的协议体的出台及事前调整；③建立运营组织（委托邮轮专门研究机构运营）及常设机构（组织）；④逐步扩大邮轮综合治理应用范围。

今后，釜山港邮轮综合治理将负责促进邮轮产业和相关产业间的协作，包括长短期事业企划、目标提示、成果监测及评价、环流的全过程运营。通过利害关系者之间的定期协商会，调节沟通与各个产业主体的作用，同时定期实施邮轮产业相关信息、统计、研究、动向分析，发挥对产业活性化及对外宣传的作用。

三　结论

今后，在东北亚邮轮航线上，虽然韩国邮轮停靠港的选址优势将继续存在，但如果像现在这样，只是起到单纯停靠港的作用，那么邮轮产业增长的潜力将无法转化为邮轮产业竞争力和地区经济的活性，只能反映为结构带来的局限性。

因“萨德”事件而取消从中国出发的邮轮停靠韩国邮轮港口的现象，从短期来看，表现为停靠业绩的减少，但从长期来看，这是东北亚多母港邮轮体系构建的契机，尤其从韩国邮轮产业的角度来看，在排除外生变数影响的情况下，这成为探索邮轮产业自主发展的机会。

釜山港在韩国的邮轮港口中，母港增长可能性最高，但是从韩国较小的邮轮市场的规模来看，实际母港体系的构筑需要相当长的时间。从这个角度看，最近东北亚邮轮环境变化的重要议题“多母港链条邮轮”是邮轮产业发展的机会，同时也有望成为釜山港邮轮母港的催化剂。

从这一层面来看，最近韩国海洋水产部的研究课题执行及政策的采纳和实施，不仅是釜山港北港的邮轮发展，也是东北亚邮轮港口城市之间通过联合扩大邮轮总量的重要契机，在今后的推进战略政策化和具体实施过程中，如果能够对内外环境变化做出预判，提高政策的可行性，那么，将成为东北亚邮轮稳定和真正实现多母港体系的重要动力。

参考文献

임복순, 한국국제크루즈연구소 『부산항 해양관광레저 발전전략 연구- 크루즈산업과 항만지역발전』, 2018.

해양수산부, 『부산항(북항) 항만재개발 기본계획』, 2013. 9.

해양수산부, 『1차 크루즈산업 육성 기본계획』, 2016. 3.

해양수산부, 『제3차 전국 항만기본계획』, 2016.9.

해양수산부, 『제2차 항만 재개발 기본계획』, 2016.10. (2017. 3. 수정고시)

해양수산부, 『부산항(북항) 항만재개발 사업계획(변경)』, 2017.3.

해양수산부, 『2016년 크루즈산업 육성 시행계획』, 2016. 12.

해양수산부, 『제2차 항만재개발기본계획 수정 고시』, http://www.mof.go.kr/article/view.do?articleKey=15637&boardKey=9&menuKey=375&currentPageNo=12, 017.3.29. (검색일:2018.8.30.)

해양수산부, 『2018년 크루즈산업 육성 시행계획』, 2018. 3.

Ansell, Chris and Gash, Alison, "Collaborative Governance in Theory and Practice," *Journal of Public Administration Research and Theory*, 2007, 18.

CLIA, *Asia Cruise Trends* 2015.

CLIA, *Asia Cruise Trends* 2016.

CLIA, *Asia Cruise Trends* 2017.

CLIA, *Asia Cruise Trends* 2018.

CLIA, Cruise Industry News 2017 Cruise Industry, 2017.

CLIA, Cruise Industry News 2018 – 2019 Annual Report, 2018.

CLIA, 2018 China Market Report, 2018.

Delgado, Rodolfo, "The Cruise Industry: Destinations, Opportunities, Innovations, and Challenges," *Journal of Advanced Management Science* , 2017, 5 (5) .

Legislative Council of the Hong Kong Special Administrative Region, "Development of New Cruise Terminal at Kai Tak, Summary of Market Feedback and Administration's Resonse on Terminal Operation and Ancillary Facilities," 2006.

Legislative Council of the Hong Kong Special Administrative Region, "Supplementary

Information on FCR (2010－11) 7: 7GA－Cruise Terminal Building and Ancillary Facilities for the Kai Tak Cruise Terminal Development," for the FC Meeting on 30 April 2010, 2010, 2.

Lekakou, Maria B., Pallis, Athanasios A., and Vaggelas, George K., "Which Homeport in Europe: the Cruise Industry's Selectin Criteria. Tourismos," *Tourismos*, 2019, 4 (4).

Martínez López, Miguel Angel and Yip, Ngai Ming, "How to Improve Participatory Mechanisms in Urban Redevelopment Processes: The Case of Kowloon East (Hong Kong)," *Urban Research Group*, Department of Public Policy City University of Hong Kong, 2017.

OECD, "Cruise Shipping and Urban Development," *International Transport Forum*, 2015 (4).

SAAB, "CRUISE LINES Sustainability Accounting Standard," 2014.

Véronneaua, Simon, Roy, Jacques and Beaulieu Martin, "Cruise Ship Suppliers: A Field Study of the Supplier Relationship Characteristics in a Service Supply Chain," *Tourism Management Perspective*, 2015 (16).

G.8

Developments in Japan's Cruise Industry in 2018 -2019: Efforts to Increase Cruise Passengers Visiting Japan to 5 Million by 2020

Hiroshi Ishihara *

Abstract: In 2006, Costa Cruises (Italy) started a homeport cruises in Shanghai with Costa Allegra (30,000 tons). This was followed by a rapid expansion of the Chinese cruise market as bigger and newer casual cruise ships were successively introduced. Conducting homeport in Shanghai, these cruise ships belonged to multiple companies, such as major cruise companies from the West, China-funded companies and joint venture shipping enterprises formed between Chinese and Western cruise companies. As a result, cruise ships from China began to make port calls in Japan, particularly at western ports of the country. This led to a rapid increase in the number of cruise passengers to Japan in conjunction with the expansion of the Chinese cruise market. Now, with the Japanese government's inbound policy starting to bear fruit, there is a steady rise in passengers who visit

* Hiroshi Ishihara, Deputy Director General of Japan Cruise Research Institute in Waterfront Vitalization and Environment Research Foundation, japan. Former Director of Cruise Promotion Ports and Harbours Bureau: Ministry of Land, Infrastructure, Transport and Tourisms (MLIT) of Japan. e-mail: ishihara @ wave. or. jp

Japan on homeport cruises not only in Shanghai but also in Tianjin, Keelung and other ports. Taking advantage of the Japan tourism boom, Princess Cruise (USA) and Costa Cruises (Italy) have steadily increased calls by homeport cruises in Japan, and other companies too have started homeport in Japan. In March 2016, the Japanese government set the target of increasing the number of cruise passengers visiting Japan to five million people by 2020 and making Japan a cruise destination capable of accepting a wide range of ships, from casual to luxury, at any port in the country. To achieve this target, the Ministry of Land, Infrastructure, Transportation and Tourism (MLIT) has taken the lead to develop an environment capable of accepting cruise ships in terms of infrastructure and hold business meetings between cruises companies and ports. In this paper, the current status and future outlook of cruise ships from the perspective of Japan, the measures being taken to respond to the rapidly growing cruise demands and the direction in which Japan's cruise industry should move are reported on.

Keywords: Japan; Cruise Industry; Trends in Japanese Cruise; New Cruise Trends

1 Trends in Japanese cruise ships

In 2006, Costa Cruises (Italy) started homeport cruises in Shanghai with Costa Allegra (30,000 tons). This was followed by a rapid expansion of the

Chinese cruise market as bigger and newer casual cruise ships were successively introduced. Conducting homeport cruises in Shanghai, these cruise ships belonged to multiple companies, including major cruise companies from the West, such as the Royal Caribbean International (USA), China-funded companies, such as Chinese Taishan (China), and SkySea Cruise Lines (China), a joint venture shipping enterprise formed between a Chinese company and a Western cruise company.

1.1 Trends in number of port calls by shipping company

As shown Table 1 by Ports and Harbours Bureau of MLIT of Japan shows that cruise ships called on Japanese ports 2,928 times in 2018, which was about three times the number in 2010.

As far as cruise ships operated by Japanese shipping companies are concerned, the number stood at four until 2013. After 2013, a three-ship system came into place with Asuka II, Pacific Venus and Nippon Maru as shown in Table 2. These three ships conduct premium class cruises covering overseas cruises, including a trip around the world, as well as cruises that tour around Japan only. Roughly 500 port calls were expected with the three-ship system that began in 2013. However, a regular cruise that operated only in the Seto Inland Sea (* waters between Honshu and Shikoku) and did not venture into the ocean started from 2017. Named "guntû", this cruise hopped between the islands in the Seto Inland Sea and contributed significantly to the number of port calls, which rose to 1,015 for four ships.

On the other hand, cruises operated by foreign shipping companies called on Japanese ports about 300 times from 2010 to 2013. This number, however, increased threefold in five years to touch 1, 913 in 2018. Ships by four companies, Costa Cruises (Italy), Star Cruises (Hong Kong), Princess Cruises (USA) and Royal Caribbean International (USA), made 60% of the port calls in 2018.

Table 1 Number of Port Calls by Cruise Ships to Japanese Ports (2010 – 2018)

Year	2010	2011	2012	2013	2014	2015	2016	2017	2018
Total	929	808	1,105	1,001	1,204	1,454	2,017	2,764	2,928
Operated by Japanese shipping companies	591	631	629	628	551	489	574	751	1,015
Operated by foreign shipping companies	338	177	476	373	653	965	1,443	2,013	1,913

Data source: Ports and Harbours Bureau MLIT of Japan.

Table 2 Cruise Ships by Japanese Shipping Companies

	Asuka II	Pacific Venus	Nippon Maru	guntû
GRT	50,142	26,518	22,472	3,200
L × W × D	241 * 296 * 7.5	183 * 25 * 6.5	167 * 24 * 6.6	81 * 14 * 4.4
Passenger capacity (LB)	872	476	398	38
Crew	470	220	230	46
Construction/remodeling	1990/2006	1998	1990/2010	2017
Operator	NYK Cruises	Japan Cruise Line	Mitsui O. S. K Passenger Line	Setouchi Cruise

1.2 Number of Port Calls by Port

The number of port calls to Japan by cruise ships operated by foreign shipping companies decreased 5.0% year-on-year in 2018 to touch 1, 913.

Then we find that the number of port calls to Japan by homeport in Shanghai, Tianjin and other ports in Chinese mainland dropped to 961 (17.8% drop year-on-year) and those in Keelung and other ports in Taiwan decreased to 234 (15.5% drop year-on-year) too. These figures are shown in Table 3. On the other hand, the number of port calls by homeport in Japan increased to 537 (10.7% rise year-on-year) and by other cruises, such as world tours, also increased to 181 (187.3% rise year-on-year) as shown in Table 3.

We find that the top seven ports in terms of the number of port calls belong to

Kyushu and Okinawa regions. Last year, a declining trend was seen in Kyushu region, which is geographically close to Shanghai port, as the number of homeport cruises in Shanghai fell due to several relocation. Meanwhile, although there is a slight decrease in the number of homeport cruises in Keelung, the number of port calls to Naha and Hirara ports in Okinawa region has risen because of a change in the port of call for some ships on homeport cruises in Shanghai to the Okinawa region. On the other hand, the number of Japanese homeport cruises have been rising too, with Yokohama and Kobe ports, in which homeport cruises are operated, recording increases.

Table 3 Number of Port Calls by Cruise Ships Operated by Foreign Companies by homeport

Homeport	2018	2017
Shanghai/Tianjin, etc. (Chinese mainland)	961	1,169
Yokohama/Kobe, etc. (Japan)	537	485
Keelung, etc. (Taiwan)	234	277
Others (world cruise, etc.)	181	63
Total	1,913	2,013

Data source: Ports and Harbours Bureau MLIT of Japan.

Table 4 Number of Port Calls by Cruise Ships Operated by Foreign Companies (Top 10 ports in 2018)

Ranking	Port	2018	2017
1	Hakata (Kyushu region)	263	309
2	Naha (Okinawa region)	236	217
3	Nagasaki (Kyushu region)	215	262
4	Hirara (Okinawa region)	142	129
5	Ishigaki (Okinawa region)	105	129
5	Sasebo (Kyushu region)	105	82
7	Kagoshima (Kyushu region)	96	98
8	Yokohama (Kanto region)	70	57
9	Kobe (Kinki region)	66	43

1.3 Number of Cruise Passengers Visiting Japan

The number of foreign visitors entering Japan on cruise ships decreased 3% year-on-year in 2018, which is approximately 2.446 million people. As shown in Table 5, the number of such visitors in 2013 was 174,000 people and it has increased rapidly along with the total number of visitors to Japan.

Table 5 Number of Cruise Passengers Visiting Japan and Number of Foreign Visitors to Japan (2013 - 2018)

Year	2013	2014	2015	2016	2017	2018
Number of Cruise Passengers Visiting Japan (Unit: Thousand people)	174	416	1,116	1,992	2,529	2,446
Number of Foreign Visitors to Japan (Unit: Thousand people)	10,364	13,413	19,737	24,040	28,691	31,192
Cruise share (%)	1.7	3.1	5.7	8.3	8.8	7.8

Data source: Number of Cruise Passengers Visiting Japan: Ports and Harbours Bureau MLIT of Japan
Number of Foreign Visitors to Japan: Japan National Tourism Organization (JNTO)

2 New Cruise Trends (Characteristics of the past five years)

Until now, cruises in Japan were conducted by cruise ships (three ships at present) operated by Japanese shipping companies only. These ships were used all throughout the year. Apart from these, foreign ships on world cruises used to make port calls in Japan while crossing the Pacific Ocean (traveling between Oceania and Alaska). However, the number of such port calls was not very high. The following new trends can be seen in Japan in recent years, including a sudden increase in homeport cruises from Eastern Asia, mainly Shanghai.

2.1 Casual homeport cruises from northeast Asia (Main passengers: Chinese, Taiwanese)

Until now, people in Japan have been familiar with cruises operated by Japanese shipping companies. These are generally luxury cruises costing more than 500 US $ per night. As mentioned in Section 1, there is a rapid increase in homeport cruises mainly in Shanghai, Tianjin and Taiwan, most of which are casual cruises.

The prices vary from about 200 US $ per night to less than 100 US $ for the cheaper ones. Most cruises are short, with durations of about three to six nights. They call on one to three ports in Japan, mainly in Kyushu or Okinawa. Among other reasons, these cruises are popular because they are cheap and Chinese people find it difficult to take long holidays. The popular ports of Hakata and Naha find cruises arriving almost every day in the peak season (June to October) and port call requests from some cruises have to be rejected because of shortage of space at the quay.

2.2 Foreign shipping company homeport cruises from Japan (Main passengers: Japanese, Western)

As far as homeport cruises in Japan operated by foreign shipping companies are concerned, there were some companies that had been conducting charter cruises for some spots in the past. However, full-scale homeport cruises at Yokohama and Kobe were started in 2013 by Princess Cruises (USA) using Sun Princess (passenger capacity: 2,022 people). Later, the volume increased gradually as the duration of assigning ships was extended, which led to a rise in the number of homeport cruises from Japan as well. On the other hand, the number of Japanese passengers was not sufficient to fill the increased capacity in the homeport cruises in Japan. Therefore, fly & cruise services were also started mainly for western passengers. Some shipping companies even operated on a ratio of 60% Japanese passengers to 40% western passengers.

The number of Japanese people who took cruises (including those who went abroad and took a cruise (fly & cruise)) hovered around 200,000 people till 2013. However, the number has been increasing ever since, and exceeds 320,000 people at present (as of 2018).

In 2018, MSC Cruises (Switzerland) started a large-ship cruise from and to Yokohama with a passenger capacity of more than 3,000 people. Such cruises are contributing to the increase in large-ship and casual homeport cruises in Japan.

Table 6 Increase in Foreign Shipping Company homeport Cruises in Japan (Unique Examples)

2013	Launch of full-scale homeport cruise in Sun Princess Japan	GRT 77,000t Passenger capacity 2,022 people Nine round-trip cruises from Yokohama/Kobe
2014	Two-ship system using Sun Princess and Diamond Princess	Diamond Princess GRT 116,000t Passenger capacity 2,670 people Round trip from Yokohama/Kobe + one-way 41 cruises
2015	Diamond Princess	11 round-trip cruises from Yokohama/Kobe
2016	Diamond Princess	21 round-trip cruises from Yokohama/Kobe
	Costa Victoria	GRT 75,166t Passenger capacity 1,928 people 10 fixed point/regular cruises from Hakata/Sakaiminato/Maizuru/Kanazawa/Busan
2017	Diamond Princess	21 round-trip cruises from Yokohama/Kobe
	Costa NeoRomantica (April-January 2018)	GRT 56,769t Passenger capacity 1,572 people All year. 36 cruises originating from Hakata/Maizuru/Kanazawa (April-October), 16 cruises originating from Tokyo (October-March)
	SuperStar Virgo (July-November)	GRT 75,338t Passenger capacity 1,804 people Inter-port system at Osaka, Yokohama, Shimizu, Shanghai
2018	Diamond Princess	All year 38 cruises (April 2018 - March 2019)
	Costa NeoRomantica	All year 34 cruises (April 2018 - March 2019)
	MSC Splendida	GRT 137,000t Passenger capacity 3,274 people 6 round-trip cruises from Yokohama

2.3 Increase in Use of Large Cruise Ships

As a result of the increase in northeast Asia tour cruises by foreign shipping companies, there has been a rise in larger cruise ships making port calls in Japan. The figures are shown in Table 7. Five years ago, in 2013, port calls to Japan by cruise ships of GRT 100,000t or more amounted to 7%. But the situation changed drastically and the proportion rose to 42% in 2018. In May 2015, in particular, Quantum of the Seas (Royal Caribbean International (USA)), the largest in Asia at the time at GRT 160,000t, made its first port call to Japan and large cruise ships of the 160,000t level were subsequently introduced in northeast Asia after that.

This increase in the number of cruise ships combined with the introduction of large ships resulted in a need to build an environment in Japan for accepting large-sized cruise ships.

Table 7 Number of Port Calls by Foreign Shipping Company Cruise Ships to Japanese Ports by Ship Size

Year	2013	2014	2015	2016	2017	2018
Total	373	653	965	1,443	2,013	1,913
GRT 120,000 -	20	-	127	193	377	457
GRT 100,000 - 120,000	7	154	177	339	429	343
GRT 70,000 - 10,000	103	213	203	345	383	344
GRT - 70,000	243	286	456	566	824	769
Share of ships over GRT 100,000	7%	24%	31%	36%	40%	42%

Data source: Ports and Harbours Bureau MLIT of Japan.

3 Development of Cruises in Japan

3.1 Objective

In March 2016, the government of Japan announced its target to increase the number of foreign visitors to Japan to 40 million (5 million people visiting Japan by cruise ships) by 2020 and 60 million by 2030. The target travel consumption by such inbound tourists is 8 trillion yen in 2020 and 15 trillion yen in 2030. The government has set various targets for tourism. In the cruise industry, it aims to develop the northeast Asia region into a world-level cruise market like the Caribbean Sea and invigorate regions by leveraging port calls by cruise ships.

3.2 Urgent development of the environment for accepting cruise ships

Making reservations for port calls to Japan has become difficult due to the increase in the number and size of cruise ships. Therefore, the government and port authorities carried out urgent development activities, although the amounted invested was small, for accepting more and bigger cruise ships by setting up new mooring poles and fenders for large ships and building simple landing piers in case of shortage of space at the extended quays, among other efforts. Although most ports also handle cargo, the government's efforts have resulted in the development of about 40 ports where ships of GRT 100,000t or more can be docked at pier.

3.3 Ensuring safety and convenience of cruise passengers

To ensure that cruise passengers can embark and disembark the ships safely and comfortably, the government created a subsidy system and promoted large tents for shelter from rain and the installation of fences for demarcations between passenger and cargo areas. Although it is also possible to complete CIQ procedures inside the ships, they require a lot of time and effort. Therefore, measures such as constructing terminal buildings have been taken at ports where the number of port calls is high. Additionally, the government is also striving to improve passenger satisfaction by providing more thoughtful services, such as providing free Wi-Fi and information in multiple languages.

3.4 Creating international cruise bases through public-privatepartnership

The existing situation was fraught with many problems such as lack of facilities for accepting the rapidly rising number of cruise ships and receiving cruise passengers at cargo yards. Moreover, although cruise tours are mostly sold more than one year in advance, there were obstacles in giving shape to the tours because there was no system in place to make prior reservations at quays. Some cruise companies offered to build passenger terminals themselves if they could get preference for long term use of the quays. Then, the MLIT of Japan took advantage of the willingness to invest shown by private companies that wanted to get preferential treatment in using the quays and created a scheme under which cruise companies were allowed long-term preferential use in return for investing in building passenger terminals and buildings that support the quay, with the objective to promote the development of the necessary environment exclusive to accepting cruise ships. Long-term preferential use is limited to preference in reserving quays. The quays can also be used by rival companies, enabling effective use of port facilities.

Table 8 Status of Ports Serving as International Cruise Bases through Public-Private Partnership

	Yokohama port (Yokohama city)	Shimizu port (Shizuoka prefecture)	Sasebo port (Sasebo city)
Carnival Corporation & plc	○		○
Royal Caribbean Cruises			
Genting Hong Kong		○	
NYK Cruises	○		
MSC Cruises			
	Yatsushiro port (Kumamoto prefecture)	Motobu port (Okinawa prefecture)	Hirara port (Miyakojima city)

续表

	Yokohama port (Yokohama city)	Shimizu port (Shizuoka prefecture)	Sasebo port (Sasebo city)
Carnival Corporation & plc			○
Royal Caribbean Cruises	○		
Genting Hong Kong		○	
NYK Cruises			
MSC Cruises			
	Kagoshima port (Kagoshima prefecture)	**Shimonoseki port (Shimonoseki city)**	**Naha port (Naha Port Authority)**
Carnival Corporation & plc			
Royal Caribbean Cruises	○		○
Genting Hong Kong			
NYK Cruises			
MSC Cruises		○	○

3.5 Organizing Business Meetings

The Ports and Harbours Bureau of the MLIT of Japan has been organizing business meetings since 2014 to promote ports calls to Japan by foreign cruise ships. It invites three or four foreign cruise ship companies to Japan and holds matching events with port authorities from different parts of the country. To hold these meetings, it uses an organization named Japan Cruise Port Association (JCPA).

JCPA comprises the heads of 138 port authorities and local governments from various parts of the country. It was established in 2012 with the objective to contribute to regional development and economic vitalization through ports by enabling members to share information and exchange views necessary to promote and attract cruises at the national level and resolve issues common to all regions. In addition, JPCA also serves as a centralized provider of information on port facilities through its website (http://www.wave.or.jp/jcpa/).

3.6 Efforts to promote high-quality shore excursions

Although Japan's cruise market grew rapidly, it faced many significant problems in maintaining a sustainable market for northeast Asia cruises. The problem of declining passenger satisfaction to shore excursions was particularly big, mainly due to duty-free shops in the shore excursions requiring kickback charges from passengers on Shanghai homeport cruises.

Even cruise companies want better quality of tourism at ports of call to increase the satisfaction of cruise passengers and raise the number of repeaters. They expect more than just shopping at large commercial facilities at the port of call. With demand for experience-based tourism, including interactions with the locals, "Authentic" and "Exclusive" are becoming the keywords for shore excursions.

We are required to discover and refine tourism resources that leverage the special characteristics of the port of call and improve the quality of shore excursions. To further increase the number of cruise passengers and improve their satisfaction level in future, there is a pressing need to establish partnerships between cruise ship companies and the municipalities serving as port of call area. As part of such efforts, the Ports and Harbours Bureau of the MLIT of Japan joined hands with cruise ship companies to hold an exchange of views between cruise ship companies calling on Japanese ports and the areas that house such ports of call, with the objective to create high-quality of shore excursions. Such conferences have been held four times (Table 9) since April 2018 with three shipping companies taking part in the event.

Table 9 Conferences Held for Exchange of Views to Create High-Quality of Shore ExcursionsPrograms

First conference	April 12, 2018	Princess Cruises (USA)
Second conference	June 18, 2018	Princess Cruises (USA)
Third conference	June 22, 2018	Royal Caribbean Cruises Ltd. (USA)
Fourth conference	September 4, 2018	Costa Cruises (Italy)

4 Future Direction for Japan's Cruise Industry

As stated in section 2, there is a growing affinity toward cruises in Japan too due to an increase in passengers visiting Japan on cruise ships and large casual cruise ships calling on Japanese ports in the last five years. On the other hand, we are currently in an adjustment phase brought about by excessive supply due to rapid growth of the Chinese market. As receivers, some Japanese ports of call are also facing congestion problems in tourist spots due to overcapacity.

In future, we must work toward resolving various issues and strive to develop Japan's cruise industry by connecting the government, municipalities and other administrative bodies with shipping companies, travel companies and other related organizations as mentioned below.

4.1 Providing smooth and comfortable connection between cruise ships and tourist destinations

In future, we must take necessary safety measures and continuously improve the speed and convenience of disembark and embark to create an environment where all cruise passengers to Japan can enjoy stress-free and comfortable tourism.

To achieve this, we must change the CIQ procedures. In ports with no terminal facilities, the today's CIQ procedures are conducted on board, which stress passengers and ship due to slow in limited space. Therefore, the port is required to install proper CIQ facilities at pier and further simplified of the CIQ procedures by cutting-edge technologies and systems.

It will also be necessary to develop transportation (including parking spaces) from the terminal buildings to tourist destinations and as well as develop new spots because cruises have the special nature of bringing in a large number of visitors in a short span of time.

Moreover, most shore excursions are based on group tours, but this can be expected to be replaced by FIT (Foreign Independent Tour) in which people travel individually. In order to accommodate FIT, we must provide public transportations that tour the tourist spots and offer free Wi-Fi and multilingual services to remove the language barrier so that individuals can travel freely too.

4.2 Further refinement of shore excursions

As mentioned in section 3.6, homeport cruises from Shanghai and other Chinese ports face many significant problems in maintaining a sustainable market.

Until now, the demand was for tourism areas that can accommodate the large number of passengers unique to cruise ships. However, cruise passengers now want diverse tourism opportunities and "Locals", "Authentic" and "Exclusive" are becoming the keywords for shore excursions. Therefore, to discover and refine tourism resources that leverage the special characteristics of the port, we must deepen collaborations between shipping companies and local communities as well as design and create community-based tourism programs that leverage the ideas of the locals.

4.3 Homeport Cruises in Japan

Since full-scale homeport cruises in Japan began by foreign companies in 2013, various cruise products have been developed, there volume has increased, and cruises have become familiar to Japanese people as well. However, the image Japanese people have about cruises is strongly connected to luxury. Many people think of a cruise as a laid-back trip to be taken after retirement. Apart from this, they also associate it with seasickness and dress code, which creates a stiff image. However, diverse cruise products are available now, including casual cruises for less than 100 US $ per night. The ships, too, are large in size and do not sway much. They also have shown, casino, beauty salons and other attractions to keep passengers engaged. Taking a cruise is also difficult to imagine for

Japanese people because they have short holidays and cruises are considered to cater to long vacations. In future, taking holidays is expected to become easier. Therefore, shipping companies and travel companies must join hands to spread information so that cruise culture can take root in Japan.

Moreover, the number of homeport in Japan for foreign visitors using fly & cruise services is also increasing, although gradually. Such cruises allow foreign tourists to visit and enjoy various places in Japan in one cruise, unlike the golden route set for general inbound visitors.

To promote homeport cruises in Japan, we must deepen the connection between airports and shipping ports while enabling turn-around from various regions, such as Hokkaido, Kyushu and Okinawa, in addition to the present ports in Yokohama and Kobe.

Cruises by foreign companies are required to touch a foreign port at least once on every round-trip cruise from Japan due to cabotage rules. Therefore, they must make port calls at Busan in South Korea, Nakhodka in Russia, Keelung or other ports. Although various hurdles exist, we must also reconsider the cabotage rules in future.

Under the current inter port system, which allows arrivals and departures from multiple ports in one cruise, Busan port is included in cruises of Japan Sea. However, this product has not been sufficiently developed. In future, we must develop cruises for western tourists to enable them to tour Japan, South Korea and China and by stopping at Kyushu in Japan, Busan, Jeju and other ports in South Korea and Shanghai and other ports in China.

产业发展篇

Industry Development Chapters

G.9

“一带一路”倡议下我国邮轮旅游市场国际化对策研究

齐林恺*

摘　要： 邮轮产业作为朝阳产业，市场发展潜力巨大，特别是“一带一路”倡议的提出为邮轮旅游业带来了新的发展机遇。近年来，中国在全球邮轮经济格局中的地位逐步提升。邮轮旅游的发展水平也已经成为衡量一个国家或地区社会经济发展水平的重要标志。邮轮经济涉及众多要素，具有经济要素的集聚性、旅游产品的网络性、服务对象的全球性和文化交融的多元性等特点。在国际上，邮轮经济虽然一直蓬勃发展，但其是通过与周边国家合作来实现的，“一带一路”建设促进

* 齐林恺，博士，上海工程技术大学讲师，研究方向：邮轮经济。

了国际邮轮港口城市区域间的合作。基于这一背景，提出从邮轮港口城市合作的角度探索丰富邮轮航线产品、深度挖掘邮轮出入境客源市场、提升邮轮港口服务能级、提高邮轮经济贡献，从现状和问题及其成因出发进行探讨，寻求国际邮轮港口城市合作的途径和政策创新突破。

关键词： “一带一路”　邮轮旅游　市场国际化

中国政府2013年提出的“一带一路”倡议，以贸易和基础设施建设为主，包括新丝绸之路经济带和21世纪海上丝绸之路。它贯穿亚洲、欧洲和非洲，连接60多个国家和地区，覆盖人口约44亿。

进一步参与国际合作，推进与东盟、东北亚、中亚、南亚的经济合作的总体进程。在合作策略层面，与美、日、俄、印等建立协调合作的关系，共同致力于国际合作；在产业政策方面，顺应国际区域经济合作的发展趋势，加速产业政策的战略性调整。中国需要加强与周边国家和地区的区域经济合作，并以此为基础，逐渐建立中国的区域经济合作网，这也是中国自由贸易区战略的核心。

近年来，中国邮轮业呈现快速发展态势，邮轮产业无疑是海上丝绸之路的重要组成部分。中国政府对该产业十分重视。通过建设邮轮港口城市，发展拥有民族品牌的邮轮产业。发展邮轮产业与“中国制造2025”、建设海洋强国等战略有着密切的关系。此外，港口基建以及服务业还具有强大的带动地方经济发展的作为，有望成为邮轮母港地区新的经济增长点，能够为地区经济发展注入巨大活力。

一　邮轮旅游合作发展现状与趋势分析

（一）邮轮市场的现状

据调查，国际邮轮者有以下特征：一是用餐时间和餐厅的选择具有集中化特点。对大型餐厅需求量大。二是喜好自助餐，很少选择收费餐厅，这是与西方游客餐饮偏好的主要区别。在住宿方面，依据邮轮游客家庭经济情况，阳台房、海景房以及内舱房是主要的选择。在购物方面，更看重商品的品牌，但也关注性价比。他们有六成左右都会购买邮轮上的免税商品，主要为烟、酒、化妆品、包等物品。

我国邮轮产业只有十多年的发展历史，处于发展初期，目前发展重点在产业硬件建设方面，包括产业政策制定、码头规划建设等。在软件方面发展不足，如邮轮制造和管理、市场机制等。当前，我国邮轮产业将迎来一个快速的发展时期，市场规模将急剧扩大，并呈现细分化特征。

虽然邮轮市场快速增长，但中国邮轮业还普遍呈现“低渗透率、低客单价”的特点。因此，邮轮公司需要吸引更多的旅行社代理邮轮产品，建立更加广泛的分销渠道。国内外邮轮市场的差别在于，中国邮轮市场的开发程度较低，邮轮的分销体系不够密集和广泛，潜在的需求尚未得到完全的释放。因此，如何建立更广泛、更高效率的分销渠道体系，是邮轮公司在中国发展面临的主要问题。

（二）国际邮轮港口城市与国际区域经济合作的关系

1. 港口城市的经济发展

从发展趋势来看，港口经济的发展将由沿海的临港经济、城市经济向腹地经济演化。邮轮产业对区域经济具有1:8的拉动作用。国际沿海港口城市近年来高度关注邮轮产业，加快邮轮港口建设。

2. 港口城市的国际合作

在各港口城市发展邮轮经济的过程中，国际合作日趋增加。邮轮公司与港口共同开拓市场，实现共赢。在港口城市之间的邮轮经济博弈中，如何看待竞争与合作，恰当地进行利益分配，从而实现区域收益的最大化和最有效率的经济运行，成为各港口城市关注的焦点。

（三）我国邮轮旅游产业呈现快速发展态势

1. 邮轮港口基础建设日趋成熟

发展邮轮旅游必须具备两个硬性条件：一是专业的邮轮港口；二是功能完善的基础设施。目前，国内有不少沿海港口城市的邮轮母港都已投入运营，客运大楼、周边商业设施等基础配套设施不断完善。随着邮轮母港配套设施的完善，我国邮轮港口分布格局基本形成，大大增加了对国际邮轮以及游客的吸引力，邮轮航次和游客不断增加。

2. 邮轮旅游市场增长迅速

随着我国居民收入水平逐年提升，民众的旅游需求快速增长，带动了邮轮产业的发展，邮轮游客数量不断增加。随着邮轮旅游品牌形象的逐渐形成以及游客对邮轮旅游的不断认同，我国有望成为全球最重要的邮轮市场，发展潜力巨大。

3. 邮轮供给大幅增加

随着北美邮轮市场的饱和、欧洲市场增速放缓以及亚太市场的快速发展，世界邮轮巨头十分看好我国的邮轮旅游市场，不断增加对我国邮轮市场的投入，相继在我国设立分支机构，并逐步完善邮轮公司中文网站功能，提高邮轮投放品质。

二　邮轮旅游市场动向预测模型构建

由于 *GM*（1，1）预测模型具有较强的融合力，因此被广泛应用于受多因素影响但数据资料不足的指标的预测计量中，实用性很强。但该模型的不足是运用范围较为狭窄，只有预测对象具备以下几个特征才能适用：一是数据资料较少；二是数据的变化小；三是在较短时期内进行计量；四是原始数据序列按指数规律变化的系统。

建立 *GM*（1，1）模型主要有以下几个步骤。

（1）按照一定顺序对给定的数据进行排列，得到 *GM*（1，1）模型的建模序列：

$$x^{(0)} = \{x^{(0)}(1), x^{(0)}(2), \cdots, x^{(0)}(n)\} \tag{1}$$

（2）对原始数据进行一次累加，生成 $x^{(0)}$ 的 AGO 序列：

$$x^{(1)} = \{x^{1}(1), x^{(1)}(2), \cdots, x^{(1)}(n)\} \tag{2}$$

其中，

$$x^{(1)}(k) = \sum_{i=1}^{k} x^{(0)}(i), k = 1, 2, \cdots n \tag{3}$$

（3）生成 $x^{(1)}$ 的均值序列 $p^{(1)}$。

$$\text{其中}, p^{(1)}(k) = \frac{x^{(1)}(k) + x^{(1)}(k-1)}{2}, k = 1, 2, \cdots, n \tag{4}$$

（4）计算 GM（1，1）的参数 a，b，GM（1，1）模型的微分方程为：

$$\frac{\mathrm{d}x^{(1)}}{\mathrm{dt}} + ax^{(1)} = b, \tag{5}$$

其中，a 为发展系数，b 为内生控制灰数。

设 $\hat{a}$ 为待估参数向量：

$$\hat{a} = [a, b]^{T} \tag{6}$$

利用最小二乘法可求得 a 与 b 的值：

$$\hat{a} = (C^{T}C)^{-1}CY_{N} \tag{7}$$

其中，

$$C = \begin{bmatrix} -\frac{1}{2}(x^{(1)}(1) + x^{(1)}(2)) \\ -\frac{1}{2}(x^{(1)}(2) + x^{(1)}(3)) \\ \vdots \\ -\frac{1}{2}(x^{(1)}(n-1) + x^{(1)}(n)) \end{bmatrix} \tag{8}$$

$$Y_{N} = \{x^{(0)}(2), x^{(0)}(3), \cdots, x^{(0)}(n)\}^{T} \tag{9}$$

（5）得到预测模型：

求微分方程，可得预测模型（时间相应序列）为

$$\hat{x}^{(1)}(k+1) = [x^{(0)}(1) - \frac{b}{a}]e^{-ak} + \frac{b}{a};k = 1,2,\cdots,n \tag{10}$$

通过对 $\hat{x}^{(1)}$ 做一次累减还原，则

$$\hat{x}^{(0)}(k+1) = \hat{x}^{(1)}(k+1) - \hat{x}^{(1)}(k) \tag{11}$$

三　邮轮旅游国际合作战略和模式研究

（一）指导思想

邮轮旅游国际合作将秉持“创新、协调、绿色、开放、共享”的发展理念，积极推动旅游业的转型升级。一方面，以市场为主导进行资源配置；另一方面，发挥政府的调控职能。依据国家发展战略，立足上海，注重科技创新，以“全域发展、惠民利民”为发展主线，加强上海与国际城市的邮轮旅游互动融合，扩大上海邮轮旅游业的全球影响力，将上海建设成为具有全球影响力的世界著名旅游城市和综合性国际城市。

（二）合作目标

（1）建设“一带一路”邮轮旅游重要节点城市。与沿线各国加强旅游交往，积极探索邮轮港合作，立足上海，辐射全球，努力建成世界邮轮旅游重要集散地。

（2）建设亚太地区邮轮旅游核心城市。加强区域内旅游市场主体之间的交流合作，积极探讨区域旅游合作新机制，致力于亚太邮轮旅游精品航线打造，形成品牌效应。

（3）建设国际旅游目的地城市。充分把握上海自身独特的旅游资源，尤其是文化内涵，这是一个城市的标志和魅力所在。打造特色鲜明的城市旅游形象，充分展示上海作为国际著名大都市的魅力。做好邮轮产业配套服务

设施和服务建设，坚持人性化服务理念，为游客提供高质量的邮轮旅游服务，增强自身的国际吸引力，促进邮轮产业发展。

（三）合作模块

1. 我国邮轮旅游产业链的核心

（1）加强与国际邮轮公司的合作

目前，与国际邮轮公司相比，我国的邮轮公司整体实力较弱，主要有以下几个特点：①公司规模小，实力弱；②游轮数量少、吨位小，多为小型邮轮；③市场范围狭窄，多为区域性经营；④业务种类少；⑤运营管理经验缺乏。鉴于此，积极与国际邮轮公司进行战略合作才是较好的途径。在当前阶段，多采用租借邮轮的方式进行经营，同时学习国外的先进运作管理经验，在学习中逐步发展壮大，然后再打造属于自己的邮轮产业。

（2）构建丰富的产品体系

在邮轮产业发展初期，“高端、豪华”是产业的代名词。随着世界邮轮旅游产业格局的变化，向“大众”转型成为当下的一个重要趋势。各邮轮公司都将关注点投向大众市场，加大开发投入。面对这样的环境，国内的邮轮公司应做好市场细分工作，利用自身本土优势，抓住我国市场潜力巨大的特点，采用对客源分级定位的方式，实现国内邮轮旅游产品层次的全覆盖。在产品设计上，力求结合国内特色旅游资源以及服务品质，打造多层次产品体系，囊括“豪华型”“大中型”产品，满足各层次游客的需求。

（3）邮轮旅游相关产业的融合

邮轮旅游产品综合性很强，不仅包括普通旅游的各项要素，还有着自身独特的要素。这就需要邮轮公司注重与相关产业的深度合作，开发出更多有特色的服务，包括餐饮、购物以及娱乐表演等内容，满足邮轮游客的需求，带给游客美好的体验，同时也增加了邮轮公司的盈利点，合作商也能获得良好的收益。促进国内邮轮经济的发展，有利于邮轮公司的成长壮大。

2. 我国邮轮旅游产业链的构成要素

（1）邮轮代理公司（旅行社）

在邮轮旅游产业链中，邮轮代理公司是不可或缺的角色，是邮轮公司和有旅游需求的游客的中介，对游客的需求十分了解，具有较强的市场开拓优势。目前，国内主要由旅行社扮演该角色，专业的邮轮代理公司极少。我国邮轮代理公司会乘着邮轮旅游业蓬勃发展的东风而得到快速发展。

（2）邮轮旅游吸引力

邮轮旅游是一项休闲产品，因此，“休闲”应当是邮轮产品设计的核心。在当前的旅游市场上，休闲观光产品十分火热，并且这个趋势还将持续，邮轮公司要做好产品的市场定位。邮轮旅游应重视岸上观光旅游产品的设计，将其视为产业链的重要组成部分。邮轮公司要做好市场调查，准确把握邮轮游客的旅游需求，灵活设计各种类型的旅游产品，丰富产品类型，满足不同旅游偏好游客的需求。而岸上景点也应加强和邮轮公司的合作，完善相关配套服务设施，将自身的吸引点推向游客，促进自身与邮轮公司的共同发展。

（3）邮轮旅游基础配套设施

邮轮旅游对硬件设施的要求较高，除了邮轮码头之外，还要有便利的交通网。鉴于资金和管理经验的不足，当下国内邮轮旅游产业可以采用租借邮轮的方式经营。在港口码头方面，国内不少港口城市都在加紧规划建设中。另外，城市交通也得到了很大完善，港口区的相关配套设施日益完备，邮轮旅游产业的发展环境得到进一步的优化，为邮轮产业发展奠定了坚实的基础。

3. 我国邮轮旅游产业链发展的内在动力

（1）邮轮旅游消费观念的培育

由于我国是发展中国家，居民消费水平无法和欧美发达国家相提并论。邮轮旅游对于我国消费者而言还较为陌生，大多将其视为一种“奢侈”行为。这就凸显出市场培育的重要性，要加大宣传力度，利用各类媒体宣传邮轮旅游知识，转变民众的消费观，开拓更多的客源市场。

（2）邮轮文化的普及

就我国而言，邮轮文化是一个舶来品，其源于欧洲皇家传统文化，属于国际礼仪文化，能够促进国际交往。这就对邮轮旅游的从业者提出了国际礼仪方面的要求，只有掌握这方面的基本知识，才能为游客提供良好的服务。邮轮游客同样要掌握基本的国际礼仪知识，这样才能充分感受到邮轮文化的精髓，并融入自身的民族文化，形成带有民族特色的国际邮轮文化。这样的邮轮旅游市场才是一个真正成熟的市场，邮轮旅游产业才能实现可持续发展。

4. 我国邮轮旅游产业链发展的外在动力

邮轮旅游产业具有极强的系统性，产业链条中的各环节都有着紧密的联系。因此，政府应发挥协调和引导作用，站在产业全局的高度，消除产业链条上的“独环”，打通环节之间的通道，实现环环相扣，确保整个产业链的顺畅运行，降低产业运营成本，提升产业运行效率。在政府的牵头组织下，对邮轮母港的基础配套设施进行升级和优化。在邮轮公司的组建方面，政府也能够发挥出巨大的作用。一方面，给予政策上的扶持，组织相关人员学习国际先进的邮轮管理经验；另一方面，积极推进邮轮公司与旅游业的合作，主要包括国内各知名旅游景点以及优质旅行社等。协调海事等部门，改进通关政策、调整港口收费标准等，通过政策支持，为邮轮旅游产业发展提供外部动力。

四　提升邮轮旅游国际合作的对策及保障体系

（一）对策建议

1. 制定相关政策推进邮轮旅游快速发展

首先，完善旅游签证制度，对“一带一路”沿线国家推行优惠政策支持开展邮轮航线试点；鼓励中资方便旗邮轮从事以上海为母港的两岸四地邮轮航线业务，并为其提供相关政策支持；有条件地开放无目的地航线，加快入境邮轮旅游发展；出台文件，明确邮轮游客离港登船流程；按照国际标准改进现有口岸管理政策，采用国际邮轮通行证制度；以简便为指导思想，对现有通关制度进行改进，并在全国范围内推行，提升游客通关效率。其次，利用政策吸引国际邮轮停靠，加大这方面的研讨力度，如减免邮轮吨税等。最后，鼓励各邮轮旅游发展实验区，充分发挥自身的政策优势，抓住机遇，快速发展。

2. 推动邮轮船供业务发展

加强“上海邮轮旅游发展实验区”与“上海自由贸易港”的联动发展，扩大邮轮船供保税试点范围，增强上海邮轮船供业务价格优势；改革国内海关、检验检疫等部门操作流程，使得通关便利化、手续简单化，从而降低货物通关成本；出台相关法律法规，完善对上海国际邮轮港口供应市场的监管制度；建立功能完善、贸易便利的邮轮船供物流中心，吸引邮轮公司把区域采购中心转移到中国，加强邮轮船供国际合作。

3. 积极培育精品旅游线路

近年来，我国赴“一带一路”沿线国家旅游的人次逐年增加。目的地主要集中东南亚地区。该地区旅游资源丰富，并且与中国大多相邻。国内的邮轮母港建设也乘此东风在快速推进，积极与“一路”沿线港口展开邮轮旅游合作，尤其是东南亚的一些邮轮港，更是受到国内邮轮公司的青睐，将其作为特色邮轮旅游航线进行开发；并以精品线路为核心，构建层次丰富的邮轮旅游产品，极大地改变了国内邮轮旅游产品扎堆日韩航线的状况，带给游客更多选择，避免了产品同质化经营，确保国内邮轮产业的可持续发展。

4. 创新邮轮旅游的宣传推广活动

“一带一路”倡议促进了沿线各国旅游业的蓬勃发展。“旅游年”也成为我国与相关国家之间的一个标志性活动。邮轮产业可以借助这个平台，举办营销推广活动，提升我国邮轮产业的知名度，吸引潜在的游客以及国际邮轮展开合作。邮轮的客源大多来自大城市，尤其是经济发达的沿海城市，邮轮旅游市场需求旺盛。因此，邮轮公司要特别重视在这些城市展开营销，挖掘、开发更多的游客。

5. 建立邮轮人才综合培训体系

人才是企业、行业发展的最重要资源。由于邮轮产业在我国刚起步，专业高端人才十分匮乏，涉及邮轮运营和邮轮管理两方面的人才，对我国的邮轮产业发展形成了极大的阻碍。因此，要加快人才培养。应从以下几方面着手：一是完善邮轮人才培训体制；二是建立联合培训模式，由相关管理部门牵头组织，海事、旅游院校和邮轮公司等相关单位展开教育合作，通过理论和实践结合的形式进行课程学习；三是制定培训标准；四是政府制定优惠政策，加强邮轮人才引进工作，为我国邮轮旅游产业发展提供人才保障。

（二）保障体系

1. 宏观层面

（1）积极进行战略规划

政府要充分认识邮轮经济的重要性，将邮轮产业列为重点扶持产业，并纳入城市发展的战略规划当中，培育城市经济新的增长极。

（2）制定边检简化政策

口岸服务水平决定着通关效率，进而影响到邮轮游客的服务体验。一方面要提高服务标准，按照国际惯例制定通关流程和措施，提高口岸联检单位的服务水平；另一方面要积极探索实施灵活多样的通关措施，尽量为邮轮游客提供通关便利。如机场实行的 72 小时过境免签政策就具有较高的借鉴价值，实施邮轮通关边检快速通道等措施。通过这些政策，吸引更多的观光游客，增加邮轮游客在岸消费量，获得最大程度的邮轮旅游经济效益。

（3）制定保税及购物退税等相关税收优惠政策

考察当下国际邮轮产业发展状况，可以看出，各国政府都将实施便捷通关、落地签证、免税购物等措施作为促进邮轮经济发展的重要途径。政府应尽快研究推出更加便捷的邮轮边检制度与免税制度，实现与国际接轨，带给游客更多的旅游便利，助推邮轮经济发展。

2. 中观层面

（1）加强与国内外邮轮业界的联系

首先，以协会为依托，把握业界动态，积极参与邮轮行业举办的各种活动。其次，加强业内交流沟通，寻求更多合作机会。通过联盟伙伴关系的建立，共同在客源市场上发力。

（2）加大腹地市场培育开发的力度

首先，让广大居民了解邮轮旅游，从而成为潜在客户。其次，开发客源市场。通过调研的方式掌握本地和腹地居民邮轮旅游需求情况，从而开发出有针对性的邮轮旅游产品。最后，建立区域邮轮旅游发展合作机制，通过旅游信息共享、基础设施合作建设等方式，构建苏浙沪无障碍旅游区，使之成为高水准的区域邮轮旅游目的地。

（3）提升邮轮旅游服务质量

首先，制定邮轮旅游服务质量标准。对邮轮旅游各环节、各项服务标准加以明确。在标准水平上，要向国际著名旅游城市标准看齐。其次，做好邮轮旅游服务质量的认证和评定工作。应达到标准统一、等级分明的要求，确保服务的高水准。最后，重视游客满意度，完善游客投诉与理赔受理机制。建立多种投诉渠道，并及时处理投诉问题，给邮轮游客以满意的答复。还可以建立定期调查制度，通过多种方式了解游客对邮轮旅游产品的体验，认真倾听相应的反馈和改进建议，不断改善自身服务。

3. 微观层面

（1）组建邮轮旅游运营实体

邮轮产业包含多个要素，其中，邮轮公司是最重要的基本要素，决定着邮轮产业的发展状况。因此，邮轮公司的组建就显得尤为重要。只有具备超强实力的本土邮轮企业，才能促进我国邮轮港口的建设，改变目前只能作为国际邮轮航线的中转站的局面，成为邮轮产业活动基地。对于我国来说，仅仅加大邮轮码头硬件设施建设力度还远远不够，应将组建邮轮公司作为邮轮产业发展的重中之重。

（2）打造邮轮公司核心竞争力

从目前邮轮旅游业的发展趋势看，产品差异化将是邮轮公司主要的经营思路。因此，细分市场对于邮轮公司而言非常重要。邮轮港应把握这个经营理念，培育自身的优势。要鼓励邮轮企业积极创新，走品牌建设之路，形成自己的核心竞争力。对于优质的邮轮企业，要给予重点支持。鼓励它们进行并购重组，以集团模式运营；对本地的邮轮旅游资源进行整合，并积极寻求境外合作，构建邮轮旅游产业集群，实现规模效应。

（3）培育邮轮经济产业链

上海港是我国著名的造船基地之一，拥有发达的造船业。在邮轮产业发展中，应充分发挥该优势，积极开展邮轮的维护和修理业务，以此获得相关技术，实现向邮轮产业上游转移的目标。这不仅仅能够获得更高的产业附加值，还能为实现邮轮国产积累技术经验，最终实现邮轮“中国制造”。

（4）加大邮轮港口基础建设投资力度

港口的交通状况对于港口的发展有着重大的影响。上海应以吴淞口国际港为中心，加大交通体系的建设力度，提升港口交通的便利性，增强港口快速集散邮轮游客的能力，使得邮轮游客从码头能够快捷地到达当地以及周边的主要旅游景点，增加他们在当地的消费量，吸引更多邮轮选择上海港作为停靠港。

（5）建立邮轮专业人才的培训机制

目前国内邮轮专业人才较为匮乏，对我国邮轮产业的发展形成了很大的阻碍。邮轮产业链长，中间环节多，需要多种类型的专业人才，包括运营管理人才、市场营销人才、船舶修造人才等，还包括餐饮、酒店管理人才，单单依靠我国高等院校单一专业人才培养模式无法满足邮轮产业的需要。上海市应针对邮轮人才专业跨度大的特点，牵头组织相关高等院校与国外邮轮公司合作，建立邮轮人才培训基地，充分发挥相应优势。政府可以提供财政等方面的支持，助力人才的培养，构建起邮轮专业人才培养的长效机制。

参考文献

[1] Guodong Yan, " The Economics Contribution of Cruise in Shanghai ," *Cruise Industry Review*, 2018 (3) .

[2] Hong Jiang, "The Research of Cruise Tourism Satellite Account: Establishment and Empirical Analysis ," *Cruise Industry Review*, 2018 (4) .

[3] Ling Qiu, "The Development Strategy of Tourism Talents in Shanghai ," *Cruise Industry Review*, 2018 (4) .

[4] 严辉华:《"一带一路"背景下广州发展邮轮旅游的思考》,《广州城市职业学院学报》2018 年第 1 期。

[5] 陈金海、侯剑:《对我国邮轮市场邮轮旅游需求人数的预测》,《现代企业》2018 年第 1 期。

[6] 张颖超:《"一带一路"视野下的三亚邮轮旅游发展对策研究》,《时代金融》2017 年第 12 期。

[7] 贾艳慧、沈艳兵、冯晓东:《基于"一带一路"视角下的我国邮轮旅游产业发展问题研究》,《城市》2017 年第 8 期。

[8] 梅俊青、叶欣梁:《国际视角下我国邮轮旅游业存在的问题及对策》,《水运管理》2018 年第 1 期。

[9] 刘馨蔚:《中国加速邮轮产业国际化发展》,《中国对外贸易》2016 年第 11 期。

[10] 肖鹏、王爱梅、刘金培:《企业国际化与竞争优势:动态能力的中介效应》,《科技进步与对策》2019 年第 11 期。

[11] 王磊、黄彬、顾心月:《"一带一路"背景下江苏企业国际化的模式、问题与对策》,《企业改革与管理》2019 年第 5 期。

[12] 汪泓主编《邮轮绿皮书:中国邮轮产业发展报告(2018)》,社会科学文献出版社,2018。

G.10

邮轮产业绩效综合评价与提升路径研究

邱 羚　董秋霞*

摘　要：　邮轮产业作为一种具有高度关联性、高辐射性、高附加值的海洋经济产业，逐渐成为区域经济转型升级的重要驱动力，随着中国邮轮市场规模的扩大，邮轮经济效应逐渐凸显，对我国区域经济的贡献大幅提升。要增强邮轮产业竞争优势，必须对邮轮产业的发展及其绩效进行客观评价。本文基于产业经济学、价值链理论、邮轮经济理论、竞争优势理论，借鉴现有关于邮轮产业竞争力综合评价体系和方法，应用TOPSIS法构建邮轮产业绩效综合评价指标体系和评价模型，并选取上海、厦门、三亚、大连、天津、青岛六大邮轮港口城市作为研究对象，对其邮轮产业发展绩效进行实证分析，从而得到影响港口城市邮轮产业绩效的具体原因和短板因素，据此提出邮轮产业绩效提升的路径，以期为邮轮产业发展相关决策部门提供参考依据。

关键词：　邮轮产业　绩效　提升路径

近年来，全球邮轮旅游市场稳健增长，尤其是中国邮轮市场规模增长迅速。2017年我国在邮轮市场以238万人次的客源量继续位居全球第二，成

* 邱羚，博士，上海工程技术大学教授，上海国际邮轮经济研究中心理事长，研究方向为邮轮经济；董秋霞，博士，上海工程技术大学讲师，研究方向为邮轮经济。

为全球最具活力和发展潜力的新兴市场。

邮轮经济涉及众多要素，具有服务对象的全球性、旅游产品的网络性、经济要素的集聚性和文化交融的多元性等特点。要增强邮轮产业竞争优势，必须对邮轮产业的发展及其绩效有一个客观的评价体系。邮轮产业发展绩效的综合评价为不同邮轮港口城市寻找彼此间差距提供了理论依据，从而能有针对性地进行邮轮产业结构优化，设计合理的邮轮产业绩效提升路径，通过协同合作实现我国邮轮产业的全面发展。

一　研究现状

（一）国外相关研究现状

国外学者对于邮轮经济的研究主要集中在邮轮产业区域影响、邮轮产业发展和邮轮旅游者三个方面。有学者研究加勒比海地区邮轮经济对国家经济发展的促进作用①。Hobson 分析了美国邮轮旅游业自 20 世纪 80 年代飞速发展的原因、产业特征和问题。②

国外学者对邮轮旅游者的研究主要包括邮轮旅游者社会人口统计学特征、③ 邮轮旅游者行为特征、邮轮游客的市场细分三个方面。一些学者将邮轮旅游动机归结为自我尊重和社会认知，逃避和放松，学习、发现和刺激。④ 邮

① Papathanassis A., Beckmann I., "Assessing the Poverty of Cruise Theory Hypothesis," *Annals of Tourism Research1*, 2011.

② Brida J. G., Zapata S., "Cruise Tourism: Economic, Sociocultural and Environmental Impacts," *International Journal of Leisure and Tourism Marketing*, 2010 (3).

③ Smith A. J., Scherrer P., Dowling R., "Impacts on Aboriginal Spirituality and Culture from Tourism in the Coastal Waterways of the Kimberley Region, North West Australia," *Journal of Ecotourism*, 2009 (2).

④ Hung K., Petrick J. F., "Testing the Effects of Congruity, Travel Constraints, and Self - efficacy on Travel Intentions: An Alternative Decision Making Model," *Tourism Management*, 2012 (4).

轮旅游者通常有较高的满意度和忠诚度。① 学者依据邮轮服务对象、游客忠诚度和旅游偏好等不同的分类标准对邮轮市场进行细分研究。②

（二）国内相关研究现状

国内学者主要围绕邮轮产业的发展现状、发展路径、机遇与挑战、问题与对策、国际经验借鉴等问题展开研究。叶欣梁等通过对上海邮轮旅游市场及旅游者消费需求的分析，阐述了上海邮轮旅游市场开发的目标定位与战略选择。③ 王诺系统研究了邮轮产业发展历程和邮轮产业链，对中国邮轮产业的现状和问题进行了研究。④ 聂莉、董观志建立了基于熵权 - TOPSIS 法的城市邮轮旅游竞争力评价模型，该评价体系涵盖资源赋存、市场规模、经济水平、环境保护、区位条件、发展潜力等六大要素。⑤ 汪泓对 2015 ~ 2016 年中国邮轮发展的国内外环境、发展现状、面临问题、发展趋势和战略规划进行了全面而深入的分析。⑥

二　邮轮产业绩效综合评价的内涵界定

（一）邮轮产业绩效综合评价概念界定

邮轮产业绩效是指从事邮轮经济活动的主体，在通过实施邮轮产业价值链上的一系列价值活动取得的收益或效果，是用来衡量邮轮产业发展状况的方法。

---

① Peisley T.，"The Cruise Business in Asia Pacific，" *Travel and Tourism Analyst*，1999（2）.

② Guodong Yan，"The Economics Contribution of Cruise in Shanghai，" *Cruise Industry Review*，2018.

③ 叶欣梁、孙瑞红：《基于顾客需求的上海邮轮旅游市场开发研究》，《华东经济管理》2007 年第 21 期。

④ 王诺：《邮轮经济——邮轮管理、邮轮码头、邮轮产业》，化学工业出版社，2008。

⑤ 聂莉、董观志：《基于熵权—TOPSIS 法的港口城市邮轮旅游竞争力分析》，《旅游论坛》2010 年第 6 期。

⑥ 汪泓主编《邮轮绿皮书：中国邮轮产业发展报告（2017）》，社会科学文献出版社，2017。

（二）影响邮轮产业绩效的因素分析

1. 邮轮研发制造能力

邮轮研发生产制造处于邮轮产业链的上游，关系到邮轮产业企业内部的价值生成，直接通过生产活动来创造价值。

2. 市场发展潜力

市场发展潜力反映邮轮港口城市的吸引力和接待能力，市场发展潜力决定了邮轮产业的持续发展动力及产业未来价值。

3. 企业运营能力

企业运营能力是邮轮产业链中游的绩效水平的体现。其中的营销和服务活动具有很高的附加值。

4. 港口支持条件

港口支持条件决定了城市接待邮轮的等级和数量，反映的是邮轮产业链下游的绩效水平。港口相关配套设施建设能够生成巨大的价值。

5. 经济支持条件

经济文化支持条件决定了邮轮产业配套的软件和硬件发展水平。

三　邮轮产业绩效综合评价指标体系构建

本文通过理论研究、实地调研和专家访谈等方式，遵循代表性、全面性、可操作性、稳定性与动态性相结合的原则，构建邮轮产业绩效综合评价指标体系（见表1）。

表1　邮轮产业绩效综合评价指标体系

	要素	一级指标	二级指标	权重	排名
邮轮产业绩效综合评价	上游	A1 邮轮研发制造能力	B1 规模以上造船企业数量	0.0300	11
			B2 邮轮制造从业人员数量	0.0161	25
			B3 船舶研发机构数量	0.0194	18
			B4 企业的平均租用面积	0.0045	30
			B5 拥有造船专利数量	0.0720	4

续表

	要素	一级指标	二级指标	权重	排名
邮轮产业绩效综合评价	中游	A2 市场发展潜力	B6 A 级旅游景区数量	0.0621	5
			B7 星级酒店数量	0.0176	22
			B8 接待邮轮数量	0.0339	9
			B9 接待邮轮乘客数量	0.0484	7
			B10 邮轮船供收入	0.0194	17
			B11 外汇旅游收入	0.0300	10
			B12 邮轮旅游从业人员平均薪资	0.0173	24
		A3 企业运营能力	B13 母港邮轮数量	0.0288	12
			B14 邮轮公司运营母港邮轮数量	0.0863	3
			B15 母港邮轮平均吨位数	0.0186	20
			B16 邮轮公司总数	0.0449	8
			B17 邮轮服务和经营从业人数	0.0207	16
			B18 旅行社数量	0.0180	21
			B19 旅行社营业收入	0.0865	2
	下游	A4 港口支持条件	B20 航道水深	0.0110	29
			B21 码头泊位数	0.0251	13
			B22 邮轮维修保养基地数	0.0188	19
			B23 交通运输状况	0.0139	27
			B24 政策支持力度	0.1145	1
		A5 经济支持条件	B25 人均 GDP	0.0221	15
			B26 邮轮游客人均消费	0.0156	26
			B27 人均可支配收入	0.0504	6
			B28 高校学生数量	0.0118	28
			B29 金融保险支持力度	0.0248	14
			B30 实际利用外资情况	0.0174	23

四　邮轮产业绩效综合评价模型构建

本文选取上海、厦门、三亚、大连、天津、青岛六大邮轮港口城市作为研究对象，对其 2017 年邮轮产业发展绩效进行评价。通过这六大港口城市的统计局网站、统计年鉴、旅游局网站、船舶工业年鉴及其他方式搜集样本数据。

（一）熵值法确定指标权重

设有 m 个评价对象，n 个评价指标，x_{ij}为第 i 个对象的第 j 个评价指标值。

首先，运用极差变化法对各指标进行标准化处理，得到标准化矩阵 $P=(P_{ij})_{m\times n}$，其中，$p_{ij}=\frac{x_{ij}-\min_{i}\{x_{ij}\}}{\max_{i}\{x_{ij}\}-\min_{i}\{x_{ij}\}}$。

其次，计算出各指标的权重，$w_j=\frac{1-H_j}{n-\sum_{j=1}^{n}H_j}$。

其中，熵 $H_j=-k\sum_{i=1}^{m}r_{ij}\ln r_{ij}$，表示所有 m 个方案对属性 j 的贡献总量；$r_{ij}=\frac{p_{ij}}{\sum_{i=1}^{m}p_{ij}}$，表示第 i 个方案在 j 指标上的贡献度；$k=\frac{1}{\ln m}$，并假定，当 $r_{ij}=0$ 时，$\ln r_{ij}=0$。

通过熵值法计算得到权重（见表 1），在邮轮产业绩效影响排名前十的因素中，有 2 项属于企业运营能力，4 项属于市场发展潜力，2 项属于经济支持条件，1 项属于邮轮研发制造能力，1 项属于经济支持条件。

如表 2 所示，从一级指标来看，对邮轮产业绩效影响排在前三名的分别是港口支持条件（0.3254）、企业运营能力（0.3038）和市场发展潜力（0.2287）。

表 2　根据熵值法得到的邮轮产业各模块指标的权重

因素（影响度）	上游（14.20%）	中游（53.25%）		下游（46.75%）	
一级指标	邮轮研发制造能力	市场发展潜力	企业运营能力	港口支持条件	经济支持条件
权重	0.1420	0.2287	0.3038	0.3254	0.1421

（二）应用 TOPSIS 法构建邮轮产业绩效综合评价模型

首先，构造规范化加权矩阵，$Y=(y_{ij})_{m\times n}$，其中 $y_{ij}=\frac{x_{ij}}{\sqrt{\sum_{i=1}^{6}x_{ij}^{2}}}$，

则加权的决策矩阵 $Z=W\cdot Y=(z_{ij})_{6\times 30}$，

其中，$z_{ij}=w_j y_{ij}$，$W=\begin{bmatrix} w_1 & & & \\ & w_2 & & \\ & & \ddots & \\ & & & w_n \end{bmatrix}_{nn}$，$i=1,\cdots,6$，$j=1,\cdots,30$。

其次，确定正理想解和负理想解。

本文的理想解：$x'=(x_1'\cdot x_2'\cdot\cdots\cdot x_{17}')$，$x_j'=\max\limits_i z_{ij}$。

负理想解：$x''=(x_1''\cdot x_2''\cdot\cdots\cdot x_{17}'')$，$x_j''=\min\limits_i z_{ij}$。

再次，计算各方案分别与理想解和负理想解的欧式距离：

$$S_i'=\|z_i-x'\|=\sqrt{\sum_{j=1}^{30}(z_{ij}-x_j')^2}$$

$$S_i''=\|z_i-x''\|=\sqrt{\sum_{j=1}^{30}(z_{ij}-x_j'')^2}$$

最后，计算各方案与理想解的相对贴近度：

$$C_i=\frac{S_i''}{S_i'+S_i''},\ i=1,\cdots,6,\ 0\leqslant C_i\leqslant 1$$

C_i 越接近于 1，说明此方案离理想解越近，则港口城市邮轮产业绩效越好。因此六大邮轮港口城市邮轮产业绩效综合评价排名依次为上海、天津、厦门、青岛、大连、三亚（见表 3）。

（三）基于多目标线性加权法的邮轮产业各模块绩效综合评价

通过标准化矩阵 Y 和各指标权重可得到上游、中游、下游三个领域效用函数的综合效用值。

以上游邮轮研发制造能力为例：$u_i = \sum_{j=1}^{5} w_i y_{ij}'$，$i=1, \cdots, 6, j=1, \cdots, 5$。

由此，可得到各个邮轮港口城市邮轮产业发展的综合效用值和各个模块的综合评价值（见表3）。

针对上述评价内容，本文对影响各个港口城市邮轮绩效的具体原因展开分析。

A1：邮轮研发制造能力模块分析。上海的邮轮研发制造能力最强，其次是厦门、天津、大连、青岛、三亚。综合来看，上海拥有836项造船专利，位居第一。除此之外，上海船舶研发机构数量、邮轮制造从业人员数量都居六大港口城市之首。

表3　六大港口城市邮轮产业绩效综合评价结果

港口城市	TOPSIS法		上游		中游				下游			
	贴近度 C_i	排名	邮轮研发制造能力	排名	市场发展潜力	排名	企业运营能力	排名	港口支持条件	排名	经济支持条件	排名
上海	0.824	1	0.1657	1	0.1084	1	0.0868	1	0.1874	1	0.0622	1
天津	0.607	2	0.0993	3	0.0245	4	0.0872	2	0.1267	2	0.0612	2
厦门	0.703	3	0.1141	2	0.0779	2	0.0769	3	0.0694	4	0.0605	3
青岛	0.665	4	0.0726	5	0.0443	3	0.0405	5	0.0863	3	0.0540	4
大连	0.605	5	0.0742	4	0.0175	6	0.0603	4	0.0322	5	0.0481	5
三亚	0.603	6	0.0646	6	0.0244	5	0.0234	6	0.0304	6	0.0467	6

A2：市场发展潜力模块分析。由表3可看出，上海邮轮市场发展潜力排名第一。其次是厦门、青岛、天津、三亚和大连。上海在A级旅游景区数量、接待邮轮乘客数量和接待邮轮数量三个方面具有明显的优势。

A3：企业运营能力模块分析。企业运营能力对于邮轮产业绩效的影响位居第二。由数据分析和计算可知，上海、天津和厦门三地的旅行社收入较高。可见，基于邮轮旅游需求的邮轮公司规模扩大是实现邮轮产业绩效提升的必要保障。

A4：港口支持条件模块绩效分析。港口支持条件主要反映的是邮轮港口的基础设施和邮轮产业政策支持等软硬件条件。上海作为我国第一个邮轮母港，在邮轮港口基础设施建设方面较为领先，国家和地方给予的政策扶持力度最大。

A5：经济支持条件模块分析。上海、天津和厦门三地经济发展靠前，对于邮轮产业发展给予的金融支持力度大，同时，对外开放程度和国际化水平较高，容易吸引外资流入。

五　邮轮产业绩效提升路径研究与对策建议

（一）建设具有全球竞争力的邮轮母港

对标国际一流邮轮港口，全面提升服务管理水平，建立健全适合邮轮靠泊通行和邮轮旅客通关出行的管理体系，持续优化相关配套基础设施和应急保障机制。

加强邮轮港口服务标准建设。完善现代邮轮服务产业体系，对标一流提升邮轮综合服务水平，提升邮轮综合服务能级，大力发展近海邮轮旅游综合服务，大力发展入境游市场。

（二）全面提升邮轮旅游品质

围绕创造高品质生活、满足多样化需求，不断丰富创新邮轮旅游产品，切实规范邮轮旅游市场，吸引更多入境游客，打造具有全球影响力的邮轮旅游目的地。

丰富邮轮旅游产品供给，创新邮轮旅游产品销售模式，切实规范邮轮旅游市场，推进国际邮轮产业政策联动，打造著名邮轮旅游目的地，提升邮轮旅游的国际影响力。

（三）构筑全产业链的邮轮经济发展高地

发挥邮轮港口和相关产业资源优势，积极拓展邮轮经济产业链，支持邮轮运营管理、制造维修、物资供应、中介服务等相关产业发展，培育支持本土邮轮企业发展，推动邮轮购物消费升级。

重点突破邮轮设计建造关键瓶颈，积极促进产业集聚协同创新：支持邮轮设计建造产业重点发展，积极促进产业要素创新集聚，推动构建世界领先的邮轮设计建造产业集群。

（四）强化政策支撑和保障

促进邮轮配套产业人才集聚，提升金融支持邮轮产业发展效率。集聚培育邮轮配套专业人才，创新邮轮配套产业金融支持模式，争取专项邮轮建造财政政策支持。

优化营商环境，积极完善邮轮配套产业政策体系，为本土邮轮发展提供良好环境；积极引进和组建邮轮公司，加强专项扶持政策。

参考文献

[1] Papathanassis A., Beckmann I., "Assessing the Poverty of Cruise Theory Hypothesis," *Annals of Tourism Research1*, 2011 (1).

[2] Brida J. G., Zapata S., "Cruise Tourism: Economic, Sociocultural and Environmental Impacts," *International Journal of Leisure and Tourism Marketing*, 2010 (3).

[3] Smith A. J., Scherrer P., Dowling R., "Impacts on Aboriginal Spirituality and Culture from Tourism in the Coastal Waterways of the Kimberley Region, North West Australia," *Journal of Ecotourism*, 2009 (2).

[4] Hung K., Petrick J. F., "Testing the Effects of Congruity, Travel Constraints, and Self - efficacy on Travel Intentions: An Alternative Decision Making Model," *Tourism Management*, 2012 (4).

[5] Peisley T., "The Cruise Business in Asia Pacific," *Travel and Tourism Analyst*, 1999 (2).

[6] Guodong Yan, "The Economics Contribution of Cruise in Shanghai," *Cruise Industry Review*, 2018 (4).

[7] 叶欣梁、孙瑞红：《基于顾客需求的上海邮轮旅游市场开发研究》，《华东经济管理》2007 年第 21 期。

[8] 王诺：《邮轮经济——邮轮管理、邮轮码头、邮轮产业》，化学工业出版社，2008。

[9] 聂莉、董观志：《基于熵权—TOPSIS 法的港口城市邮轮旅游竞争力分析》，《旅游论坛》2010 年第 6 期。

[10] 孙晓东：《邮轮产业与邮轮经济》，上海交通大学出版社，2014。

[11] 汪泓主编《邮轮绿皮书：中国邮轮产业发展报告（2017）》，社会科学文献出版社，2017。

[12] 唐国治：《发展邮轮经济必须完善税收政策》，《港口经济论坛》2011 年第 11 期。

[13] 汪泓主编《邮轮绿皮书：中国邮轮产业发展报告（2014）》，社会科学文献出版社，2014。

[14] 汪泓主编《邮轮绿皮书：中国邮轮产业发展报告（2015）》，社会科学文献出版社，2015。

G.11
我国母港邮轮产品及航线多元发展的对策研究

孙 领*

摘 要： 随着我国邮轮产业的迅速发展，邮轮船舶和游客数量都飞速增长，但是在2018年出现了近十年的首次下跌，预示着我国邮轮产业发展遇到了问题。因此为了保持我国邮轮产业稳定增长，提升邮轮旅游市场整体品质，本文从我国母港邮轮产品的特点及政策瓶颈出发，借鉴国际成熟邮轮市场的发展经验，提出邮轮航线主题多元化、邮轮港口圈差异化、船上服务差异化的发展对策，并由此提出了上海邮轮产品的发展方案，如航线"T"字形战略、无目的地航线战略、老少游舒适型航线战略、多点挂靠旅游购物战略，既有利于带动长江经济带的发展，又可以拉升内地旅客在邮轮母港的消费能力，提高港口所在城市的经济效益，这对我国邮轮市场的持续、健康、快速发展具有重要意义。

关键词： 邮轮母港 邮轮产品 航线多元发展

邮轮产业起源于欧洲，随着全球化进程的加速，邮轮行业日趋壮大，新一轮的发展市场由欧洲转向亚洲。近年来我国邮轮产业飞速发展，2015年邮轮出入境人次首次超越德国，跃升为世界第二大邮轮客源国。2018年交

* 孙领，博士，上海海事大学交通运输学院讲师，研究方向：邮轮旅游、航运港口、物流供应链。

通运输部等十部门颁布了《关于促进我国邮轮经济发展的若干意见》，并提出到2035年，我国邮轮市场成为全球最具活力市场之一，邮轮游客年运输量达到1400万人次的邮轮运力规模，完善沿海邮轮市场、邮轮港口布局、设施、集疏运衔接等发展目标。

经过2006~2016年的十年黄金发展期之后，2017年中国邮轮经济增速明显放缓，多艘邮轮公司陆续撤离中国，转向欧洲、澳洲等邮轮市场。2018年国际邮轮游客数平均增长了7%，然而中国邮轮船舶和游客数却出现了负增长，这意味着中国的邮轮产业发展遇到了问题，因此很有必要对我国邮轮母港的邮轮产品特点和政策进行分析，提出我国及上海邮轮产品的突破方向、应对措施和建议，逐步提高邮轮市场覆盖率，带动全国经济发展。

一　研究现状

（一）国外研究现状

邮轮旅游始于18世纪末，是由欧洲贵族开创的集娱乐、探索于一体的优雅闲适的高端休闲方式，并在20世纪中期达到顶峰。邮轮旅游的独特性与趣味性，也带动了相关地区旅游业的发展。

邮轮产品指的是邮轮公司各类邮轮航线的组合，目的地不能视为邮轮产品。[①] 西方邮轮市场已经趋于成熟，目前邮轮产品以6~8天为主。[②] 此外，喜爱岸上旅游的游客也占很大比例。因此邮轮公司不断扩大服务范围，提供更多的岸上和邮轮目的地体验活动项目，以更好的服务吸引游客。[③]

Jones发现游客在选择邮轮航线时最注重的因素是航行过程中的舒适体

① Rodrigue J. P., Notteboom T., "The Geography of Cruises: Itineraries, not Destinations," *Applied Geography*, 2013, 38 (1).

② Johnson, David, "Providing Ecotourism Excursions for Cruise Passengers," *Journal of Sustainable Tourism*, 2006, 14 (1).

③ Duman T., Mattila A. S., "The Role of Affective Factors on Perceived Cruise Vacation Value," *Tourism Management*, 2005, 26 (3).

验和住宿环境。① 此外，对邮轮公司的偏爱、价格等多项因素也对邮轮游客的出行决定有一定的影响。②

尽管现代邮轮产业发展的时间很短，但由于其稳定增长，已成为促进邮轮挂靠港所在城市经济发展的重要因素之一，③ 国外学者也展开了对邮轮港口及航线的研究，包括邮轮母港的选择、④ 邮轮挂靠港的选择、⑤ 邮轮目的港的选择、⑥ 邮轮港口合作伙伴的选择，⑦ 从邮轮游客、港口运营商以及区域经济发展的角度，分析各邮轮公司在选择邮轮航线港口时的影响因素，进而提出合理的发展战略。

关于新航线的规划，Greenwood 和 Barron 列举了邮轮公司开辟新航线时会遇到的问题，⑧ 主要包括挂靠港的多样性和吸引力、自然属性、挂靠港与母港之间的距离以及成本因素等。随后学者开始分析市场上成熟的邮轮路线的开发过程，并引入优化方法来进行新航线规划。⑨

---

① Jones R. V. , "Motivations to Cruise: An Itinerary and Cruise Experience Study," *Journal of Hospitality & Tourism Management*, 2011, 18 (1).

② Hung K. , Petrick J. F. , "Why do You Cruise? Exploring the Motivations for Taking Cruise Holidays, and The Construction of a Cruising Motivation Scale," *Tourism Management*, 2011, 32 (2).

③ Hur Y. , Adler H. , "An Exploratory Study of the Propensity for South Koreans to take Cruises: Investigating Koreans' Perceptions of Cruise Ship Travel," *International Journal of Tourism Research*, 2013, 15 (2).

④ Bagis O. , Dooms M. , "Turkey's Potential on Becoming a Cruise Hub for the East Mediterranean Region: The Case of Istanbul," *Research in Transportation Business & Management*, 2014, 13.

⑤ Castillo-Manzano José I. , Fageda X. , Gonzalez-Laxe F. , "An Analysis of the Determinants of Cruise Traffic: An Empirical Application to the Spanish Port System," *Transportation Research Part E: Logistics and Transportation Review*, 2014, 66.

⑥ Wang Y. , Jung K. A. , Yeo G. T. , Chou C. C. , "Selecting a Cruise Port of Call Location Using the Fuzzy-AHP Method: A Case Study in East Asia," *Tourism Management*, 2014, 42.

⑦ Qi L. K. , Wang Q. F. "The Construction of Indicator System for Cruise Port Partner Selection," *Cruise Industry Review*, 2018.

⑧ Barron P. , Greenwood A. B. , "Issues Determining the Development of Cruise Itineraries: A Focus on the Luxury Market," *Tourism in Marine Environments*, 2006, 3 (2).

⑨ Lester S. E. , White C. , Mayall K. , Walter R. L. , "Environmental and Economic Implications of Alternative Cruise Ship Pathways in Bermuda," *Ocean & Coastal Management*, 2016, 132; Vairo T. , Quagliati M. , Del Giudice T. , "From Land-to Water-use-planning: A Consequence Based Case-study Related to Cruise Ship Risk," *Safety Science*, 2016.

（二）国内研究现状

中国邮轮行业起步较晚，对于邮轮的研究单一，远不如西方邮轮行业的理论研究那么全面。目前在邮轮产品方面的研究大多集中在邮轮产业的经济效益、邮轮港口的建设及邮轮航线的规划方面。

邮轮产业是一个具有较强集聚效应的产业，邮轮港口相关的服务业从口岸腹地不断向全国范围蔓延。① 在发展过程中体现出鲜明的经济特征，如产业聚集性、规模效应、寡头垄断的市场结构及区域发展的不平衡性等。② 目前邮轮业正朝着船舶大型化、航线主题化、航程近程化、公司联营化的方向发展，对于该发展趋势，孙晓东、武晓荣、冯学钢认为，③ 邮轮产业的客源市场是建立在邮轮港口和航线布局的基础之上的，只有优良的邮轮港口搭配合理的航线布局，邮轮产业的客源市场才有保障。

在邮轮港口建设和邮轮航线的规划方面，王冠兰以空间角度研究了嘉年华公司的港口及航线分布。④ 刘小培研究了我国八个重点港口城市的邮轮母港建设的可行性。⑤ 孙晓东、侯雅婷建立了邮轮母港的游客满意度指标体系。⑥ 杨忠振、朱晓聪提出了适合我国中产阶级的近海型邮轮旅游产品。⑦ 徐朱玲借鉴国外先进邮轮经验，分析游客需求，对上海邮轮母港航线优化提出了建议。⑧

综上，邮轮产品方面的研究大多集中于邮轮航线规划、港口、目的地选

① 胡建伟、陈建淮：《上海邮轮产业集群动力机制研究》，《旅游学刊》2004 年第 1 期。

② 张言庆、马波、范英杰：《邮轮旅游产业经济特征发展趋势及对中国的启示》，《北京第二外国语学院学报》2010 年第 7 期。

③ 孙晓东、武晓荣、冯学钢：《邮轮航线设置的基本特征与规划要素研究》，《旅游学刊》2015 年第 11 期。

④ 王冠兰：《嘉年华邮轮公司市场布局与经营效益研究》，华东师范大学硕士学位论文，2009。

⑤ 刘小培：《我国沿海邮轮母港选址问题研究》，大连海事大学硕士学位论文，2010。

⑥ 孙晓东、侯雅婷：《邮轮母港游客满意度测评与提升研究——基于上海的实证分析》，《地理科学》2017 年第 5 期。

⑦ 杨忠振、朱晓聪：《基于中产阶级需求的近海型邮轮航线设计》，《中国航海》2014 年第 4 期。

⑧ 徐朱玲：《上海邮轮母港航线优化研究》，上海工程技术大学硕士学位论文，2015。

择，而邮轮产品和航线多元化方面的研究在我国目前的母港邮轮产品发展研究中略微涉及，缺乏系统性、深入性和专业性。

二　我国母港邮轮产品的现状

（一）我国母港邮轮产品的特点

我国母港邮轮产品的主要特点是航线种类单一、航程时间短、船上服务差异化低。随着市场规模的扩大，航线种类单一会加剧价格恶性竞争；航程时间短，中长航程种类和数量缺乏，游客难以找到自己心仪的旅游产品；而航线服务差异化低，使我国邮轮旅客以体验游为主，降低了旅客的“复乘”，导致相应客户群流失，邮轮经济效益也因此受到影响。

（二）我国邮轮相关政策瓶颈

1. 邮轮政治行政政策

在口岸通关服务方面，目前内地对外口岸“空港、海港”之间设施衔接不力，通关联动性不足，当前很多“飞机 + 邮轮”的外籍游客将新加坡、中国香港等口岸作为中转点，导致大量外籍客源流失。对国内旅客而言，越来越多的国家对中国开始实行邮轮免签等政策，但由于参差不齐，对中国游客的邮轮旅游形成了较大的阻碍。

2. 邮轮经济财政政策

各地政府要制定相关配套政策，建立邮轮经济圈的合作补偿机制，邮轮公司、旅游景点方、港口方等作为参与人，主要是通过签订协议来展开合作。同时，为了促进邮轮航线的多元化发展，应建立航次补贴机制以及新航线开辟补贴机制。

3. 邮轮高端人才培养政策

建立邮轮科研人才激励机制，促进邮轮设计、建造、经营管理等人才队伍的培养，培育邮轮产品设计规划人才。

三　我国母港邮轮产品的突破重点和发展对策

国外邮轮公司所开发的邮轮产品主题已经呈现多元化的趋势，将邮轮与节日、事件、热点、人物以及其他旅游活动结合在一起，增加体验性、参与性，带给游客难忘的体验。例如，推出的"'冰'临阿拉斯加"、全因爱以及联手《大侦探皮卡丘》推出的"萌到犯规"等主题活动。

根据国外成熟邮轮市场的启示，我国的突破重点是航线多元化，以下是对邮轮产品和航线多元化给出的建议。

1. 邮轮航线主题多元化发展

开设亲子游航线、海上丝绸之路航线、环球极地航线、养老航线以及社交联谊航线，尤其是海上丝绸之路航线可以中长线为主，目标游客定位为中高端消费群体。

2. 邮轮港口圈差异化发展

依托地理位置优势，分别在长三角邮轮圈、环渤海邮轮圈、珠三角邮轮圈实现航线差异化发展。

长江三角洲是中国邮轮客户的重要来源。上海吴淞口国际邮轮码头位于长江、黄浦江入海口，地理位置优越，适合开设对接长江中下游的邮轮航线。图 1 为世纪天子游轮从上海到南京的航线。

环渤海邮轮圈位于我国沿海地区的最北部，为避免日韩航线同质化，可以选择向北拓展极地航线。

珠江三角洲离东南亚地区比较近，东南亚地区是海上丝绸之路的必经之地，可选择珠三角开拓海上丝绸之路航线。

3. 船上服务差异化发展。

建立符合中国游客特色的船上购物街，可利用 VR 技术，丰富娱乐设备。借鉴七星级帆船酒店开展管家式服务，提供更专业、更高端、更个性化服务，提升顾客的满足感。同时，可针对老人和儿童或需要提供医疗服务的人群，建立完善的配套医疗服务体系。

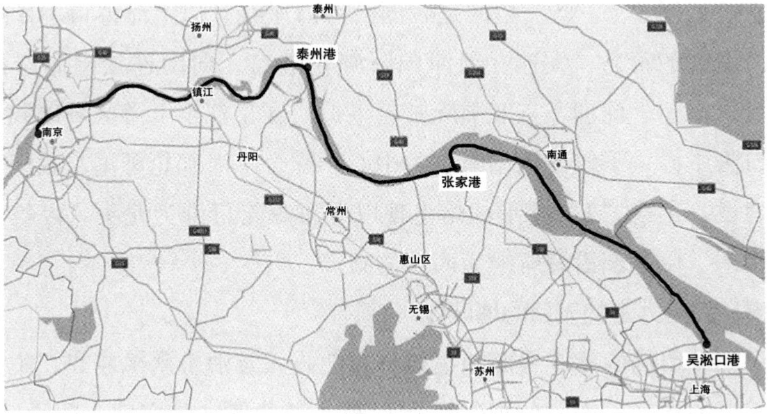

图 1　长江中下游航线

四　上海邮轮产品和航线多元发展的方案及影响

上海邮轮母港近年来发展势头强劲，但目前航线主要集中在日韩、东南亚及海峡两岸之间的短程航线，类型相对单一。因此建议上海邮轮母港提供更多的异质化航线，表 1 给出了各类航线的特点。

表 1　航线异质化方案的特点

航线种类	航程时间	航线卖点	异质内容
多挂靠港	长	航线多元，风景名胜	服务质量
一般	中	特色	美食、活动、表演
无挂靠港	短	主题性邮轮	亲子、明星、文化

我们从以下几个方面给出具体的方案建议。

（一）上海邮轮产品及航线多元化发展方案

1. 国内航线“T”字形战略（长江为干，沿海为翼）

“T”字形的“一横”指的是长江，从长江上游的重庆、三峡一直到下游的南京、武汉。“一竖”指的是我国沿海海岸线，以上海港口为中枢向北连接北海岸线的青岛、大连、天津国际邮轮港口，向南连接南海岸线的舟山、厦门、广州、深圳、三亚国际邮轮港口。在长江中上游区域以武汉、重庆等港口为中心，下游区域以南京为中心，配合上海邮轮母港与我国东部沿海港口建设，最终“T”字形战略呈现以上海邮轮母港为龙头、以长江内河航线为骨干、以东部沿海航线为两翼的布局。

2. 精品服务为主的无目的地航线

上海邮轮市场的旅客客源地主要分布在收入及消费水平较高、旅游意愿较强的江浙沪地区。无目的地航线行程短、消费低，是家庭、同学、同事、朋友聚会的选择，在开辟新航线时应充分考虑中国文化，利用节日、社会风俗、时事热点等主题开展符合国内市场需求的1～3天的“公海游”线路。

3. 基于城市老龄化的老少游舒适航线

考虑到老少游邮轮市场的巨大潜力，上海邮轮公司应该立足于保障安全、创造舒适的旅游环境，积极开辟为此类型游客群体量身定做的邮轮旅游产品，充分考虑老年人与儿童的特殊需求，简化出游时材料的提交流程，开通专为老少群体服务的绿色通道。

4. 国外多点挂靠旅游购物航线

针对外籍游客更多地选择多点挂靠航线，邮轮可以实行离岸退税政策。在港区内设立口岸免税商店，并适当增加市内免税商店数目，给游客消费购物提供优惠和便利，扩大国内产品出口，促进港区经济发展，提升邮轮产品吸引力。

（二）邮轮产品和航线多元化对上海的影响

随着上海吴淞港邮轮产品影响力的增加，其对长江三角洲及其他地区的邮轮市场的带动作用会进一步体现出来。同时，提供异质化航线吸引内陆游客来沪消费，不仅能增强各自区域的优势，而且能避免各城市间的不良竞争。在发展上海邮轮市场的基础上逐步开辟东北亚市场，更多地以其为始发港或挂靠港，增加环球航线，为全球搭建完善的邮轮航线网络，提升综合服务水平以达到国际标准，最终带动长江经济带及东北亚市场的发展，推动上海建成全球城市。

参考文献

[1] Rodrigue J. P. , Notteboom T. , "The Geography of Cruises: Itineraries, not Destinations," *Applied Geography*, 2013, 38 (1) .

[2] Johnson, David, "Providing Ecotourism Excursions for Cruise Passengers," *Journal of Sustainable Tourism*, 2006, 14 (1) .

[3] Duman T. , Mattila A. S. , "The Role of Affective Factors on Perceived Cruise Vacation Value," *Tourism Management*, 2005, 26 (3) .

[4] Jones R. V. , "Motivations to Cruise: An Itinerary and Cruise Experience Study," *Journal of Hospitality & Tourism Management*, 2011, 18 (1) .

[5] Hung K. , Petrick J. F. , "Why do You Cruise? Exploring the Motivations for Taking Cruise Holidays, and The Construction of a Cruising Motivation Scale," *Tourism Management*, 2011, 32 (2) .

[6] Hur Y. , Adler H. , "An Exploratory Study of the Propensity for South Koreans to take Cruises: Investigating Koreans' Perceptions of Cruise Ship Travel," *International Journal of Tourism Research*, 2013, 15 (2) .

[7] Bagis O. , Dooms M. , "Turkey's Potential on Becoming a Cruise Hub for the East Mediterranean Region: The Case of Istanbul," *Research in Transportation Business & Management*, 2014, 13.

[8] Castillo-Manzano José I. , Fageda X. , Gonzalez-Laxe F. , "An Analysis of the Determinants of Cruise Traffic: An Empirical Application to the Spanish Port System," *Transportation Research Part E: Logistics and Transportation Review*, 2014, 66.

[9] Wang Y. , Jung K. A. , Yeo G. T. , Chou C. C. , "Selecting a Cruise Port of Call Location Using the Fuzzy-AHP Method: A Case Study in East Asia," *Tourism Management*, 2014, 42.

[10] Qi L. K. , Wang Q. F. "The Construction of Indicator System for Cruise Port Partner Selection," *Cruise Industry Review*, 2018 .

[11] Barron P. , Greenwood A. B. , "Issues Determining the Development of Cruise Itineraries: A Focus on the Luxury Market," *Tourism in Marine Environments*, 2006, 3 (2) .

[12] Lester S. E., White C., Mayall K., Walter R. L., "Environmental and Economic Implications of Alternative Cruise Ship Pathways in Bermuda," *Ocean & Coastal Management*, 2016, 132.

[13] Vairo T., Quagliati M., Del Giudice T., "From Land-to Water-use-planning: A Consequence Based Case-study Related to Cruise Ship Risk," *Safety Science*, 2016.

[14] 胡建伟、陈建淮：《上海邮轮产业集群动力机制研究》，《旅游学刊》2004 年第 1 期。

[15] 张言庆、马波、范英杰：《邮轮旅游产业经济特征发展趋势及对中国的启示》，《北京第二外国语学院学报》2010 年第 7 期。

[16] 孙晓东、武晓荣、冯学钢：《邮轮航线设置的基本特征与规划要素研究》，《旅游学刊》2015 年第 11 期。

[17] 王冠兰：《嘉年华邮轮公司市场布局与经营效益研究》，华东师范大学硕士学位论文，2009。

[18] 刘小培：《我国沿海邮轮母港选址问题研究》，大连海事大学硕士学位论文，2010。

[19] 孙晓东、侯雅婷：《邮轮母港游客满意度测评与提升研究——基于上海的实证分析》，《地理科学》2017 年第 5 期。

[20] 杨忠振、朱晓聪：《基于中产阶级需求的近海型邮轮航线设计》，《中国航海》2014 年第 4 期。

[21] 徐朱玲：《上海邮轮母港航线优化研究》，上海工程技术大学硕士学位论文，2015。

G.12

上海邮轮修造产业配套园区发展路径研究

雷曙光　梅俊青*

摘　要： 随着上海邮轮市场达到一定规模，相关产业要素需求逐步显现，上海邮轮市场具备了向邮轮经济转型的基础。首艘大型邮轮设计建造进入正式实施阶段，邮轮配套产业集群初步建立，邮轮政策环境持续优化，已经初步形成邮轮经济集聚发展的态势，标志着上海进入由邮轮旅游向邮轮经济全产业链发展时期。上海在邮轮修造及配套产业领域都面临着其他省市和周边地区的竞争，必须抢抓邮轮经济转型升级的重要机遇，巩固领先优势，建立完善的邮轮建造生态体系，加快引进邮轮修造、邮轮运营、邮轮服务等产业集群发展，形成上海邮轮经济核心配套产业集群，推动邮轮经济相关政策法规集成创新，使得邮轮经济真正成为推动上海地方经济发展的强大引擎，这也是推动上海邮轮经济高质量发展的重要基础。本文将立足于上海国产邮轮建造正式启动的发展机遇，深入分析邮轮建造配套产业园区发展的功能定位，在体制机制、发展模式等方面提出相应的对策建议，更好地推动上海邮轮修造产业配套园区发展。

关键词： 邮轮制造　邮轮维修　产业配套　发展路径

---

* 雷曙光，上海市宝山工业园区管委会主任，研究方向：邮轮经济；梅俊青，硕士，上海吴淞口开发有限公司，研究方向：邮轮经济。

近年来，全球船舶制造业逐渐萧条，邮轮市场却需求旺盛，建造市场供不应求。邮轮被誉为造船业皇冠上的明珠，其设计、建造、配套难度系数均极高。邮轮配套供应链管理层次多、种类复杂、协同难度大。目前，欧洲凭借先进的设计理念和造船技术成为全球邮轮制造业的绝对垄断者，其三大邮轮船厂配套本土化率高，供应商超过3000家，核心供应商超过300家。2019年是国产大型邮轮建造正式启动之年，也是上海推动邮轮经济全产业链发展的关键时期。邮轮建造位于邮轮产业链的上游，是国家制造业水平的显著代表，也是推进船舶制造企业参与全球竞争的重要方面，是打响“上海制造”品牌的重要内容，也是“中国制造2025”战略的重要组成部分，“突破豪华邮轮设计建造技术”在“中国制造2025”中被明确提出。上海为推动国产大型邮轮设计建造，发起组建中国邮轮产业六方联盟，与中船集团合作设立我国首个豪华邮轮配套产业园，建立我国首个豪华邮轮产业发展基金，推动中船集团邮轮设计建造及运营统筹发展的平台公司中船邮轮科技公司落户，集聚国内外邮轮设计建造平台，积极向国家相关部委争取邮轮建造方面的政策创新，着力打造邮轮建造配套产业体系，推动邮轮建造战略实施。

一　上海邮轮市场发展形势

（一）邮轮港口接待能级全球领先

上海邮轮港口在硬件设施建设及设计理念方面处于国际领先水平，为国内外邮轮港口的建设提供了良好的标准，为实现国际邮轮港口建设“中国标准”提供了良好的管理基础和技术支撑。2019年5月21日，吴淞口国际邮轮码头后续工程通过项目整体竣工验收，后续工程整体达到了港口正式开放的基本条件，码头岸线总长度达到1600米，共布置2个22.5万吨级和2个15万吨级共计4个大型邮轮泊位，平台面积由6.7万平方米增加到14.7万平方米，航站楼面积由2.5万平方米增加到8万平方米，达到“四船同靠”、年接靠国际邮轮800~1000艘次的运营能力，年总接待能力将从现在的60.8万人次提升至357.8万人次，游客体验大幅改善。建设全球首个邮轮港海事交管中心，全面提升邮轮运营安全水平。

（二）邮轮市场规模位居全球前列

上海是中国邮轮经济发展最有力的推动力和引领者，已经形成“两主一备”的邮轮码头格局。2018年，上海共接待母港邮轮403艘次，接待母港出入境游客量达到267.87万人次（见表1）。其中吴淞口国际邮轮港自2011年正式开港以来，截至2019年7月31日，接靠母港邮轮达到22艘，共接待邮轮2139艘次，其中母港邮轮2067艘次，访问港72艘次，2016～2018年靠泊艘次分别占中国邮轮市场总艘次的49.32%、41.91%、39.27%，稳居亚洲第一、全球第四，邮轮港口能级位居全球领先水平。2019年吴淞口国际邮轮港母港邮轮达到8艘，共223艘次；另有8艘邮轮运营访问港航线，共14艘次，邮轮接待量依然处于全国绝对领先地位。

表1　2008～2018年上海邮轮市场发展现状

年份	接待母港邮轮（艘次）	接待访问港邮轮（艘次）	母港游客量（万人次）	增长率（%）	访问港游客量（万人次）
2008	23	40	4.82	—	5.9
2009	33	47	8.43	74.8	8.13
2010	61	48	17.02	101.9	9.65
2011	75	30	14.54	-14.5	6.89
2012	80	41	26.4	81.5	9.34
2013	167	31	69.77	164.2	5.87
2014	243	29	115.35	65.3	6.45
2015	320	24	159.79	38.5	4.72
2016	481	28	285.9	78.9	8.56
2017	481	31	291.2	1.8	6.58
2018	403	29	267.87	-8.0	6.69

资料来源：中交邮轮游艇协会（CCYIA）。

（三）集聚全球领先新型大型邮轮

2012～2016年，上海吴淞口国际邮轮港靠泊邮轮平均吨位在10万吨，2017年为11.3万吨，2018年为12.5万吨，2019年为14.7万吨（见图1）。额定载客量2012～2016年平均为2500人，2017年为2783人，2018年为3118人，2019年为3794人。而船龄越来越短，2012～2016年靠泊邮轮平均船龄约为13年，2017年为10.91年，2018年为9.71年，2019年为4.43年。

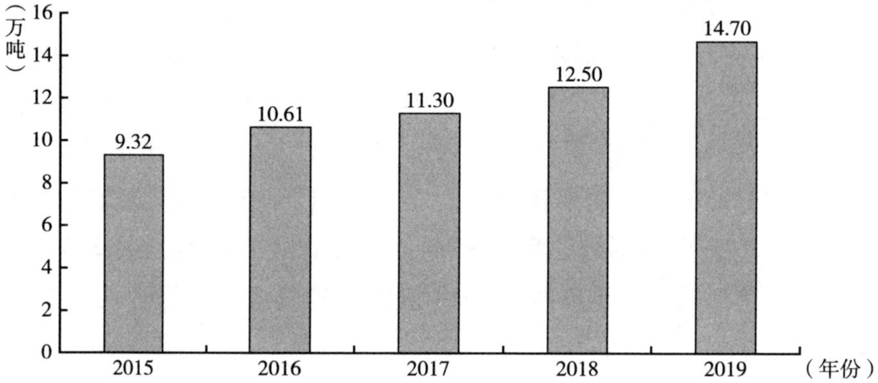

图1　吴淞口邮轮港近五年靠泊邮轮平均总吨

国际邮轮公司根据中国市场运营特点和游客需求，将更多、更大、更新的邮轮投入中国运营，进一步提升中国在全球邮轮版图发展中的战略地位。2020年和2021年将有地中海邮轮“荣耀号”（总吨位17.15万吨）、歌诗达邮轮“佛罗伦萨号”（总吨位13.55万吨）、云顶“环球级”邮轮（总吨位20.4万吨）、皇家加勒比“绿洲V号”（23万吨级）等陆续投入上海运营。

二　上海邮轮修造产业发展形势

（一）邮轮修造产业发展空间巨大

全球造船巨头意大利芬坎蒂尼集团2018年邮轮订单新增14艘，2019

年第一季度再新增邮轮订单 11 艘，现手持邮轮订单合同 52 艘，客座量达到 10.47 万个。另一造船巨头德国迈尔船厂现持有 22 艘邮轮订单。按每艘邮轮 6 亿美元测算，两家造船公司手持邮轮订单总额达到 444 亿美元，约 3000 亿元人民币。另外，法国大西洋船厂手持订单为 10 艘，客座量达到 4.24 万个，可以看到，邮轮建造配套产业发展空间巨大。德国 Merften 集团手持邮轮订单数量为 6 艘，客座量达到 1.14 万个，均为星梦邮轮订单。上海外高桥造船厂手持订单 2 艘，客座量为 1 万个。到 2027 年，全球邮轮建造厂新增订单预计达到 114 艘，总客座量达到 24.76 万个，其中嘉年华集团订单占有 35%，皇家加勒比游轮集团占比达到 18%，地中海邮轮占比达到 16%，丽星邮轮占比达到 5%，迪士尼邮轮占比达到 3%，其他邮轮品牌占比达到 12%。

（二）国产大型邮轮建造加速推进

推进邮轮建造和运营的本土化，是中国邮轮经济实现高质量发展、增强国际竞争力的必然趋势。上海依托邮轮母港优势、区位优势、先发优势、政策优势，推动邮轮中国制造，加强邮轮经济领域的国际合作，加快邮轮经济全产业链发展。上海深化与中国最大造船企业中船集团、全球最大邮轮建造企业意大利芬坎蒂尼集团、大型央企招商局集团等展开战略合作，中船集团与嘉年华集团、芬坎蒂尼集团签订总价近 50 亿美元的 2 +4 艘大型邮轮制造合同，标志着国产大型邮轮设计建造正式启动。中船集团已将邮轮制造和邮轮运营总部落户上海，中船集艾旗下的邮轮模块化整体舱室研发中心、邮轮配套产品测试认证及研发中心、邮轮内装技术人才培训中心等相关重要配套企业也将落户宝山。2019 年 5 月 22 日，世天邮轮与招商局工业集团签署 1 +1 +2 艘 37000 总吨邮轮新造船合同。2016 年 10 月，中船国际邮轮产业园正式成立，为打造豪华邮轮和完善邮轮产业链提供制造、运营、配套等服务。

（三）邮轮翻修产业发展推进加快

国际邮轮船只升级翻新更加频繁，助推邮轮维修业发展。根据国际船级社的要求和邮轮公司对市场需求的认知，邮轮一般每隔五年进入船厂进行特检，每隔2~3年进行一次内部翻修。在世界邮轮市场，每年需要进行坞修的邮轮达到50艘左右，并且更有100艘左右的邮轮需要做内部局部或整体翻新。上海华润大东是国内最早进入邮轮修理和改造领域的船厂，曾经翻修过海航邮轮“海娜号”、歌诗达邮轮“大西洋号”、歌诗达邮轮“新浪漫号”“赛琳娜号”等8艘邮轮。经过多个国际邮轮翻修，华润大东在邮轮翻修领域积累了较为丰富的经验。上海中船集艾邮轮科技公司在2019年世界邮轮大会上与UEI邮轮投资有限公司正式签署“塞班之星”邮轮全船翻修总包合同，这是首次由中国本土企业承接并在国内实施的邮轮全船翻修总包工程。

（四）邮轮修造产业政策支持力度加大

作为全球造船业大国，我国开启豪华邮轮的设计建造。近年来，国家及地方政府对邮轮建造的支持力度逐渐加大，工信部、交通运输部、发改委等均提出大力支持国产邮轮的建造，为国产邮轮建造提供良好的环境。并且，中国邮轮建造具备高起点优势、强大资源优势，与日本三菱重工完全自主建造邮轮不同，我国国产邮轮建造是“集中力量办大事”，集中国内外多方优势资源。《关于促进我国邮轮经济发展的若干意见》明确提出，积极推进制造强国战略，突破豪华邮轮设计建造技术，参与国际邮轮制造业体系分工和配套，促进装备制造业迈向全球价值链中高端。上海市政府出台的《关于促进本市邮轮经济深化发展的若干意见》明确提出，要加强对邮轮设计制造核心技术的攻关，不断提升邮轮制造国产化能力，力争2023年首艘国产大型邮轮交付使用。

三　推动邮轮修造产业配套园发展对策建议

（一）明确配套产业园功能定位

我国大力支持推动本土豪华邮轮建造，需要加快培育上海国产邮轮设计建造配套产业链，为国产邮轮建造提供良好的配套支持。推动完善邮轮企业发展载体和平台，进一步明确港口周边地块、中船国际邮轮产业园、临港新业坊等园区在邮轮配套产业链上的定位，充分发挥各自优势，推动邮轮各园区品牌化、特色化发展，实施针对性招商，推动邮轮经济尽快实现集群发展，打造规模优势。推进中船国际邮轮产业园、外高桥造船基地等建设邮轮修造产业基地及配套园区建设，整合区内招商资源，引进邮轮设计建造等核心配套企业及功能性平台集聚园区，构建邮轮修造领域领先优势，努力打造为国家邮轮核心技术研究和产业化服务基地，为国产大型邮轮建造探索建立中国本土供应配套体系。依托邮轮龙头企业对产业要素整合能力，进一步加快企业集聚态势。加快推动中船邮轮科技、芬坎蒂尼等国内外邮轮建造龙头企业密切合作，根据产业发展规律和实际需求，引入更多国内外邮轮配套企业，打造邮轮产业生态体系。

（二）集聚邮轮建造功能性平台

发挥上海在推进国产邮轮建造的政策和资金优势，推进豪华邮轮的本土建造，掌握自主知识产权。对接“上海制造”品牌打造，加大对邮轮建造基地建设投入力度，培育建造集群优势，提升整体合力，构建世界领先的邮轮制造产业集群，打造邮轮制造新高地。通过“筑巢引凤”的方式推动邮轮建造业发展，集聚邮轮建造相关人才，搭建或集聚各类平台，与国内外船舶建造企业合作建立邮轮建造研发中心或邮轮设计研究院，吸引更多国内外邮轮产业配套企业，推动各种邮轮设计建造平台的兴建和集聚，建成国内领先的邮轮设计建造服务平台。

（三）推动长三角邮轮建造联动发展

推动长三角邮轮产业资源统筹协调发展，利用上海在邮轮设计建造方面的资源与平台优势和江浙皖产业资源优势，做好上海国际邮轮产业园和邮轮产业基金的落地实施。充分发挥长三角一体化的机遇，发挥长三角各地区在船舶设计制造及配套方面的技术和资源优势，推动产学研用平台共建，推动开展邮轮制造重大研发项目联合技术攻关，打造长三角国际级的邮轮设计建造产业集群，建设邮轮制造协同创新示范基地。围绕高端邮轮配件制造、船舶及相关配件研发等主题，打造长三角邮轮配套产业集群以及在全国乃至世界范围内具有较大影响力的邮轮产学研用中心。

参考文献

［1］郝诗雨、赵媛：《中国邮轮旅游网络关注度的时空格局及影响因素研究》，《首都师范大学学报》（自然科学版）2019 年第 2 期。

［2］孙瑞红、汪雪婷、王亚男、罗玉杰、杨刚、叶欣梁：《“绿洲级”豪华邮轮技术应用特点与启示》，《船舶工程》2018 年第 8 期。

［3］孙川：《大型邮轮建造船厂的设备设施适应性改造项目范围策划》，《船舶工程》2018 年第 S1 期。

［4］谢大明：《中国邮轮自主建造的切入点选择》，《中国船检》2018 年第 2 期。

［5］蔡雅男、闫国东、梅俊青、刘双双：《我国国产邮轮建造相关政策研究》，《中国水运（下半月）》2018 年第 1 期。

［6］李慧：《中国豪华邮轮的配套困境》，《船舶工程》2017 年第 12 期。

［7］孙妍：《基于产业链投入产出表的邮轮经济产业关联度测算》，《统计与决策》2017 年第 19 期。

［8］王洁、黄华：《国外邮轮旅游环境影响研究进展及其启示》，《世界地理研究》2017 年第 5 期。

［9］孙晓东、倪荣鑫：《邮轮游客船上满意度测评的指标体系与实证研究》，《统计与信息论坛》2017 年第 10 期。

［10］罗小林、甘水来：《大型豪华邮轮结构设计的难点及对策分析》，《船舶工程》2017 年第 8 期。

［11］李华、杨宇琨：《基于关键参数分析的全球邮轮船型特征研究》，《海洋开发与管理》2017 年第 2 期。

［12］谭晓楠、张言庆、高洪云：《全球邮轮船型特征及发展趋势分析》，《世界海运》2016 年第 2 期。

G.13

中国国际邮轮旅游消费者感知研究

——基于网络文本数据分析

黄燕玲*

摘　要： 邮轮旅游作为我国新兴的专项旅游活动，伴随着“一带一路”相关政策的推进，呈现快速发展的趋势，但是近两年我国邮轮旅游的发展增速减缓，中国邮轮旅游面临产业转型。本文以中国邮轮旅游消费者为研究对象，以携程网和同程旅游网站的点评数据为样本，进行旅游者产品感知研讨。在国内外文献分析基础上，通过“八爪鱼”数据爬虫软件获取网络文本27126条评论基础数据，运用Python的jieba分词功能对文本高频词进行分析，同时运用Python的SnowNLP库对评论文本做情感判断；使用ROST CM6语义分析剖析不同航线的游客感知差异。研究发现，游客对邮轮旅游的感知主要包括邮轮环境、邮轮设施、邮轮服务、邮轮活动、整体体验五个方面；时间跨度与空间跨度影响游客对邮轮产品感知，远洋航线游客与日本航线和东南亚航线游客之间存在感知差异；游客对邮轮产品的总体满意度情况良好，日本航线和远洋航线的游客情感值较东南亚航线更高。最后，根据分析结果提出了提升中国邮轮消费者感知的建议。

关键词： 邮轮旅游　消费者感知　网络文本数据　航线　Python语言

* 黄燕玲，博士，教授，桂林理工大学教授、硕士生导师，旅游学院副院长，研究方向：旅游心理、酒店管理、休闲农业。

邮轮旅游始于20世纪60年代，近年来已经成为现代旅游业发展中最活跃的产业之一。2006年国际邮轮公司进入中国市场，此后十余年邮轮旅游逐渐成为中国旅游新业态，近年来获得了政府的大力支持。“21世纪海上丝绸之路”为我国邮轮远程航线的选择提供了更为广阔的空间。2017年交通运输部、发展改革委、文化和旅游部等连续发布的《关于促进交通运输与旅游融合发展的若干意见》《关于促进我国邮轮经济发展的若干意见》都明确指出支持发展邮轮游艇等水上旅游产品、拓展国内国际邮轮航线、打造邮轮港口至城市一体化旅游线路，并预计到2035年我国邮轮市场将成为全球最具活力市场之一。

随着经济的高速发展，中国已经成为全球第二大邮轮市场。CCYIA数据显示，2006～2018年，中国邮轮港口接待邮轮总量达到6783艘次，接待出入境游客量达到2302.29万人次。2018年中国邮轮港口接待出入境游客量较2006年增长约12倍。2009～2016年，中国港口游客接待量的增长率呈现出波动上升趋势，但是2017～2018年中国港口游客接待量增长率下降趋势明显（见图1）。2018年中国邮轮港口接待邮轮976艘次，同比下降17.3%，接待出入境游客量为488.67万人次，同比下降1.38%。其中，接待母港邮轮898艘次，同比下降15.4%；接待母港出入境游客量471.42万人次，同

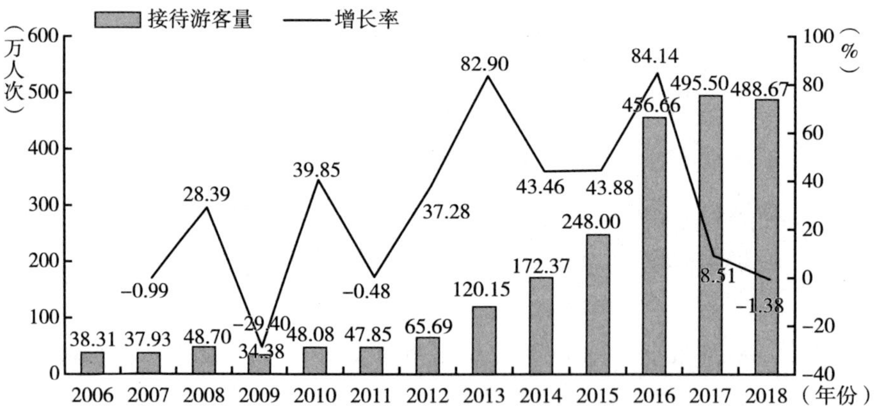

图1　2006～2018年中国港口游客接待量及增长率变化趋势

比下降0.58%。邮轮旅游发展出现“拐点”，产品面临转型升级。在这一关键时期，探讨邮轮旅游消费者的感知将有助于邮轮公司、港口调整供给结构，满足消费者个性化和多元化需求，对邮轮旅游产业发展有着重要的现实意义。

一　文献回顾

（一）概念界定

《中华人民共和国海商法》对邮轮旅游做出如下描述，“邮轮旅游，是指以船舶为主要旅游目的地和交通工具，为旅客提供海上游览、住宿、交通、餐饮、娱乐、岸上观光等服务的旅游活动”。张言庆等认为，邮轮旅游是一种以大型豪华游船为载体，以海上巡游为主要形式，以船上活动和岸上游览为主要内容的高端旅游活动。[①] 邮轮旅游区别与其他传统的旅游方式，最大的特征是邮轮本身作为旅游目的地，是一种现代化的高端复合型旅游产品。

游客感知是人们通过感官对旅游对象、旅游环境条件等信息所获得的心理认知过程，是旅游者将外部的旅游信息转换为自身内部思维的过程。李霞等指出，邮轮游客感知的主要内容包括管理、环境、服务等等。[②] 游客感知是对邮轮旅游产品供给情况最直接的评判，其感知程度会直接影响游客行为，对邮轮旅游可持续发展意义重大。据此，本研究认为邮轮旅游消费者感知指旅游者在邮轮及岸上完成一次完整的邮轮旅游活动时所能感知到的总体利益与其在购买该邮轮旅游的产品或服务时所付出的总成本进行权衡后而对供应商提供的邮轮旅游产品或服务体验效用做出的总体评价。

---

① 张言庆、寇敏、马波：《境外邮轮旅游市场研究综述》，《旅游学刊》2012年第2期。

② 李霞、曲洪建：《邮轮旅游网络关注度的时空特征和影响因素——基于百度指数的研究》，《统计与信息论坛》2016年第4期。

（二）国内外文献研究概况

运用 CiteSpace 科学文献软件分析邮轮旅游与游客感知相关文献信息知识单位。以中国知网的核心期刊、CSSCI 及 WOS 核心库为数据源检索文献。国内对于邮轮旅游研究的相关文献较少，因此设置检索时间区段为不限，中文检索采用“邮轮”并含“旅游”作为主题词，外文主题词为“cruise tourism”，共检索出中文文献 113 篇、英文文献 318 篇。以游客感知作为研究主题，文献检索的时间区间为2000 年1 月1 日至2019 年5 月31 日，中文检索以主题“游客”并“感知”进行检索，共获取 635 篇相关文献；外文采用“tourist perception”为主题词检索，得到国外文献数量为 1993 篇。

1. 邮轮旅游研究历时性演化分析

从图 2 邮轮旅游论文的时间分布来看，国外在 WOS 核心数据库所能检索到的文献最早发表年份为 1992 年，但一直到 1999 年该类文献总量只有 5 篇，其余均为 2000 年及以后发表的文献，2008 年以后文献数量增长极为迅速，这与国外邮轮旅游市场持续扩大、游客对高端复合型旅游产品的需求激增引发学界关注有关。而国内邮轮旅游研究相对滞后，尚处于起步阶段。但是随着人们收入水平的不断提高，国家近几年对邮轮旅游的政策大力支持，辅以互联网时代的信息广泛传播和新兴游客市场，越来越多的人开始对邮轮旅游形成认知，相关研究亟待跟进。

2. 邮轮旅游主要研究内容与方法

从图 3 可以看出，随着时间的演进，邮轮旅游研究范围趋向精细化、纵深。为保证分析的客观性，国内排除与主题检索相近的词“邮轮”、“邮轮旅游”、“邮船”和“旅游”等高频词，国外文献排除“cruise tourism”、“tourism”、“cruise”和“cruise ship”等高频词，对出现频次在 2 以上（国内）和 9 次以上（国外）的关键词进行分类，数据显示国内主要研究内容集中为邮轮产业的发展、邮轮母港的建设、邮轮旅游游客满意度、邮轮旅游产品的营销策划。而国外主要研究内容包括邮轮影响、邮轮旅游者、邮轮产业发展与管理、邮轮公司与港口四个方面。整体来看，国内外对邮轮旅游的

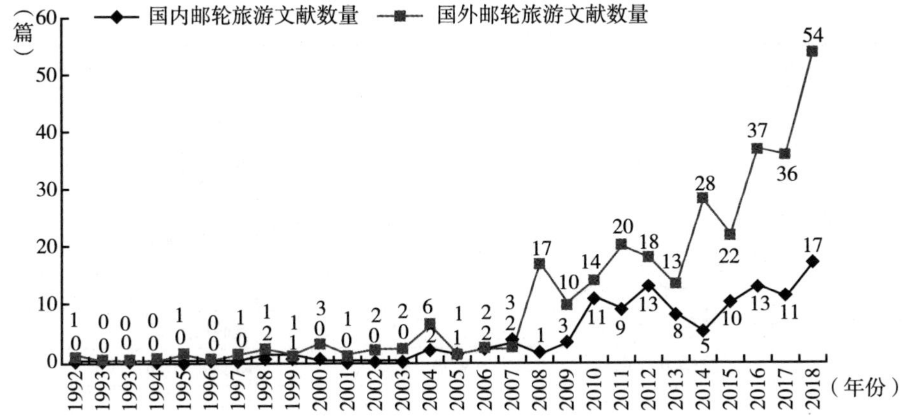

图 2　1992～2018 年邮轮旅游相关文献数量

研究有重合也有不同之处，国外对邮轮旅游者的研究较多，而在这方面国内研究较为缺乏。

图 3　国内外邮轮旅游文献高频词可视化图

邮轮旅游文献主要运用的研究方法见表 1。

表 1　国内外邮轮旅游研究方法简况

研究方法	研究方法类别	关键点及软件	代表性文献与研究者
定性分析	观察法		Weaver 等
	文献分析法		王洁等
	问卷调查法		Liu-Lastres 等
	内容分析法	ROST CM6，Leximancer（文本分析软件）	孙晓东等、Buzova 等

续表

研究方法	研究方法类别	关键点及软件	代表性文献与研究者
定量分析	因子分析法	SPSS	陈梅等
	回归分析法	SPSS	李霞等、De la Via
	假设检验法	—	Petrick 等
	聚类分析法	SPSS，Latent GOLD(统计分析软件)	Del Chiappa 等
	单因素方差分析		Morrison
	熵权 - TOPSIS 法	—	聂莉等
定量数学模型	结构方程模型	AMOS	陈梅等、Han
	重力模型	—	Gouveia
	灰色云聚类模型	SPSS，MATLAB	Ma，M. Z.
	MADM(Multiple Attribute Decision Making)模型	MATLAB，DEMATEL	Liu 等

3. 游客感知历时性演化分析

由图 4 可以看出，国内外对游客感知方面的研究呈现稳步上升的趋势，国内关于游客感知方面的研究呈现波动上升趋势，根据国内外不同的发展情况可以将整个时间序列划分为三个阶段：平稳期（2000～2005 年）；发展期（2006～2011 年），国内外游客感知方面的研究都处于增长阶段；转折期（2012～2018 年），在这一阶段国内外游客感知方面的研究发生了截然不同的变化。国内增长趋势有所下滑，且增长的绝对量也很小；相反，国外在这一时期呈现出快速增长趋势。该阶段国外期刊文献的绝对增量高达 215 篇，年平均发文量高达 179.75 篇，特别是 2017 年，增长率高达 38.16%。

4. 游客感知主要研究内容

通过对比国内外时序演进图谱（见图 5），可以发现在同一阶段关注的侧重点既有不同的地方，也有相同之处。2000～2005 年，国外研究成果主要集中于游客感知 model（研究方法模型）的构建，impact（游客感知的影响）、experience（游客体验）、satisfaction（游客满意度）、quality（服务质量）等先后受到国外学者的关注。2006～2011 年游客感知研究更关注 risk

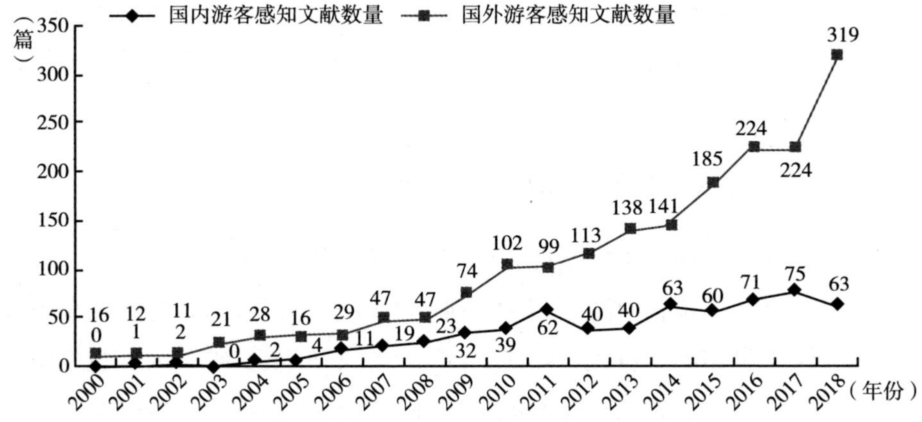

图4　2000～2018 年游客感知相关文献数量

perception（风险感知）、community（社区旅游）、loyalty（游客忠诚度）、destination image（旅游地形象构建）。2012 年至今，该领域的研究集中 destination loyalty（目的地忠诚度）、quality of life（生活质量）等。

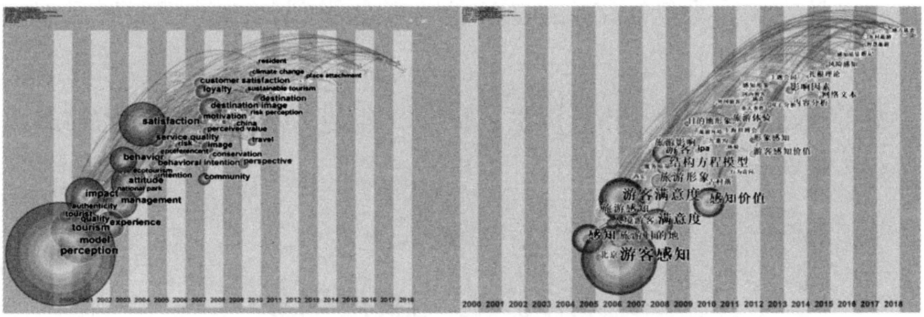

图5　国内外游客感知文献高频词时序演进图谱

国内自 2004 年以北京市入境游客感知研究为代表，旅游感知引发学者日益关注。2006～2011 年国内游客感知研究内容与国外 2000～2005 年的研究内容趋于一致，游客满意度、旅游形象、研究方法（结构方程模型、IPA）、特定景区或景点的游客感知（古村落、九寨沟）是研究重点。2012 年至今，随着国家“十三五”规划的出台，围绕“大数据”“互联网＋旅游”等新时代旅游发展的快速推进，“网络文本”“网络游记”“内容分析”“智慧旅游”等研究热点应运而生。文旅融合、乡村振兴的大背景也使“非物质文化遗产”“地方依恋”“乡村旅游”在游客感知领域内兴起。

（三）邮轮旅游与游客感知研究述评

综上所述，国外对邮轮旅游和游客感知的研究较为成熟，国内对邮轮旅游的研究刚刚起步，对游客感知的研究亟待加强，但国内外的主要研究内容和方法不尽相同。首先，在研究内容上，国外主要研究内容包括邮轮影响、邮轮旅游者、邮轮产业发展与管理、邮轮公司与港口四个方面，而国内则集中于邮轮产业的发展、邮轮母港的建设、邮轮旅游游客满意度、邮轮旅游产品的营销策划。其次，在研究方法上，国外多用定量研究方法以及数学模型进行分析，问卷调查法、文献分析法、观察法等社会学、旅游学所涉及的方法也被广泛运用到邮轮旅游研究中。而国内邮轮旅游研究方法相对单一，模型建立和定量方法研究较为匮乏。在数据收集上，随着网络技术的发展，大量网络文本资料为开展相关研究提供了便利，弥补了传统问卷调查法存在的缺陷。

鉴于我国邮轮旅游业正处于发展转折的关键时期，对邮轮旅游体验感知的研究不仅有利于学理上的探讨，也有助于产业发展。

二　研究方法与数据来源

（一）网络文本数据来源与处理

我国在线旅游网站发展迅速，消费者越来越依赖于在线旅游市场。通过对比各大在线旅游网站关于邮轮旅游产品的评论信息量，确定选取携程网、同程旅游网作为数据采集的来源。在邮轮旅游板块，携程网和同程旅游网向中国游客提供了全面的邮轮产品信息，全面涉及在中国运营的全部邮轮品牌和邮轮航线产品，具有较好的代表性。

通过“八爪鱼”数据爬虫软件抓取游客评价，剔除国内航线游客评价，抓取2018年1月至2019年5月游客在携程网及同程旅游网上发表的关于邮轮产品的所有评价信息，整理发现评价信息来自9家邮轮公司及其旗下45只船舶，涉及东南亚、日本、南美洲、北欧等14条航线（见表2）。由于互联网空间具有高度的开放性，为了能最大限度地获得最真实的评论，排除无效评论的干扰，对本研究所选取的评论文本进行预处理，包括：①去除重复评论，包括同一用户发布的相似评论。②剔除无效评论，包括英文字母、表情符等。③更正错误语句，例如将“座了幾次郵輪，第一次座輝煌號，吃的一般，糕點扁甜”改为“坐了几次邮轮，第一次坐辉煌号，吃的一般，糕点偏甜”，最终获得有效评论27126条。为了更加细致地了解邮轮消费者的感知，选取不同航线游客的游后评价做进一步分析。此外，为细分邮轮产品的感知差异分析，以上海、天津为起点，将航线评价细分为近程航线（日本、韩国）、中远程航线（东南亚）、远程航线（其他国家和地区）三类做进一步探讨（见表3）。

表2　邮轮品牌及船舶基本信息

邮轮公司	船舶
皇家海勒比游轮	海洋航行者号、海洋赞礼号、海洋量子号、海洋灿烂号、海洋绿洲号、海洋交响号、海洋和悦号、海洋魅丽号、海洋旋律号
歌诗达邮轮	赛琳娜号、幸运号、大西洋号、新浪漫号、唯美号、辉宏号、炫目号、地中海号
地中海邮轮	地中海辉煌号、地中海华丽号、地中海海平线、地中海荣耀号、地中海音乐号、地中海海岸线号、地中海和谐号、地中海传奇号
公主邮轮	盛世公主号、珊瑚公主号、帝王公主号、皇家公主号、黄金公主号、红宝石公主号、星辰公主号、翡翠公主号、皇冠公主号
诺唯真游轮	喜悦号、畅意号、畅悦号、爱彼号、美国之傲号
星梦邮轮	世界梦号、云顶梦号、探索梦号
丽星邮轮	双子星号
渤海邮轮	中华泰山号
奥博邮轮	亚特兰蒂号

表 3　评论量汇总信息

单位：条

项目	整体航线	日本近程航线	东南亚中远程航线	其他远程航线
携程旅行网	17203	15180	1761	262
同程旅游	9923	—	—	—
总计	27126	15180	1761	262

（二）数据分析与研究流程

如图 6 所示，对选取的邮轮产品在线评论进行爬虫设计和抓取。根据研究需要并且结合网络文本数据，主要运用了 Python 中的 jieba 库以及 SnowNLP 库

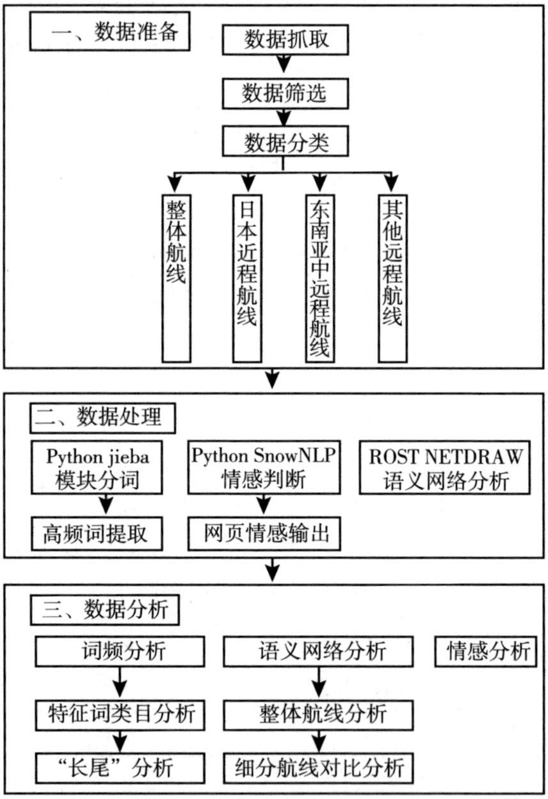

图 6　邮轮旅游消费者感知分析流程

进行了网络数据的高频词处理和情感判断从而实现评论文本的词频分析与情感分析。Python 作为当下最流行的编程语言具有多方面的优势。通过其内置类和函数库以及第三方函数库的搭配使用可以实现文本的收集、整理及其他特定功能。除了进行中文文本的分词、词语过滤、高频词统计等，还可以识别语言情感。同时，结合 ROST CM6 软件的 NETDRAW 实现语义网络共现，深入挖掘各高频词之间的关联，对比各航线游客感知差异情况。

三　数据分析

（一）词频分析

1. 邮轮旅游消费者关注点分析

将有效评论转换为 . txt 文本，通过 Python 中的 jieba 库进行分词，运行有效代码实现高频词提取，剔除无意义高频词如“非常”“还会”“就是”等，按照出现的频数由高到低，各选取词频前五十位的词进行分析，如表 4 所示。

从前五十位高频特征词对比来看，游客关于三条细分航线的感知基本一致，说明游客对不同邮轮航线的感知差异不明显。从整体航线中排名前十位的高频特征词来看，排名第二位的“服务”表明邮轮旅游消费者在整个旅途中印象最深刻的是邮轮旅游过程中接受的服务。排名第四位的“船上”一方面说明游客在邮轮旅行中大部分时间是在船上度过的，另一方面也反映了游客对邮轮本身的高度关注。第五位、第九位和第十位分别是“餐厅”“房间”“餐饮”，说明国内游客在邮轮出行中餐饮及客舱设计也是其关注重点。

2. 邮轮旅游消费者感知维度识别

结合邮轮旅游的特点与前人研究成果，采用内容分析法对中国邮轮旅游消费者感知维度进行识别，整体航线中前 100 位高频特征词划分为五大维度（邮轮环境、邮轮设施、邮轮服务、邮轮活动、整体体验）12 个次类目（见表 5）。

表 4 邮轮旅游评论高频词统计

序号	整体航线	日本近程航线	东南亚中远程航线	其他远程航线	序号	整体航线	日本近程航线	东南亚中远程航线	其他远程航线
1	邮轮	邮轮	邮轮	邮轮	26	同程	表演	人员	感觉
2	服务	服务	服务	服务	27	娱乐	安排	一个	项目
3	不错	不错	不错	船上	28	阳台	阳台	娱乐	安排
4	船上	餐厅	船上	餐厅	29	服务员	行程	选择	第一次
5	餐厅	船上	可以	可以	30	总体	套房	丰富	很多
6	游轮	餐饮	餐厅	不错	31	量子号	项目	行程	适合
7	满意	房间	比较	没有	32	喜悦号	量子号	每天	娱乐
8	时间	满意	没有	餐饮	33	热情	总体	表演	自助
9	房间	游轮	时间	游轮	34	第一次	热情	特别	提供
10	餐饮	活动	餐饮	行程	35	导游	排队	免费	阳台
11	活动	感觉	满意	活动	36	排队	喜欢	但是	下船
12	岸上	免费	房间	比较	37	喜欢	中国	阳台	免费
13	行程	孩子	设施	房间	38	出行	第一次	这次	但是
14	孩子	设施	活动	设施	39	上船	自助餐厅	还有	因为
15	老人	时间	安排	时间	40	项目	住宿	喜欢	旅游
16	设施	老人	游轮	每天	41	下次	出行	一般	其他
17	免费	特别	感觉	一个	42	中国	干净	开心	体验
18	选择	体验	适合	中文	43	套房	携程	节目	岸上
19	安排	丰富	第一次	公主	44	一般	人员	小时	住宿
20	旅行	适合	下船	丰富	45	自助餐厅	演出	服务员	表演
21	开心	旅行	老人	满意	46	干净	上船	自助餐	人员
22	适合	开心	体验	中国	47	日本	下次	旅游	游客
23	丰富	娱乐	很多	选择	48	下船	领队	岸上	感觉
24	旅游	岸上	旅行	特别	49	购物	自助餐	总体	项目
25	表演	服务员	孩子	旅行	50	人员	公主	玩的	安排

表 5 中国邮轮旅游消费者感知维度识别

主类目	次类目	高频词
邮轮环境（13%）	地域环境（2%）	中国、日本
	社会环境（5%）	孩子、老人、父母、游客、朋友
	自然环境（6%）	船上、晚上、海上、台风、环境、干净
邮轮设施（16%）	餐饮（9%）	餐厅、餐饮、自助餐厅、自助餐、吃饭、味道、食物、口味、美食
	住宿（7%）	房间、阳台、套房、住宿、客房、打扫、舒适

续表

主类目	次类目	高频词
邮轮服务（18%）	服务（13%）	服务、周到、服务员、工作人员、人员、耐心、态度、客服、同程、携程、热情、领队、导游
	管理（5%）	设施、免费、收费、价格、提供
邮轮活动（27%）	船上活动（6%）	表演、项目、演出、节目、泳池、剧院
	岸上活动（5%）	购物、观光、免税店、岸上、码头
	行程安排（16%）	时间、活动、上船、玩乐、旅行、娱乐、排队、景点、旅程、行程、选择、安排、下船、小时、上岸、游玩
整体体验（26%）	整体形象（5%）	邮轮、游轮、量子号、喜悦号、公主
	体验评价（21%）	不错、满意、开心、适合、丰富、总体、第一次、喜欢、下次、一般、很棒、精彩、值得、建议、推荐、整体、感谢、体验、性价比、晕船、休闲

（1）邮轮环境

邮轮环境可以分为地域环境、社会环境、自然环境。游客对社会环境和自然环境的感知程度几乎持平。描述邮轮社会环境的高频词有“老人”“孩子”“父母”“游客”“朋友”。在国内，旅游者更倾向于与家人和朋友一起享受邮轮旅游，因此老人、小孩等是环境感知词中的重要组成部分。

（2）邮轮设施

游客对邮轮设施的关注集中在餐饮与住宿两个方面。由于游客除短时间的岸上活动以外，食宿都在邮轮上，对其格外关注。大多数游客对邮轮上的餐饮满意度较高，但也有部分游客认为餐饮方面存在用餐时过于拥挤、饮食不符合中国人口味等缺点。与传统旅游相比，邮轮旅行除了邮轮服务费，基本都是一价全包的，导致基础性的餐饮服务难以吸引游客。在邮轮住宿方面，游客反映最多的是房间的房型、面积、清洁度等，高频词包括“阳台”“套房”“打扫”等，最受游客喜爱的是套房和阳台房。

（3）邮轮服务

邮轮服务感知包括服务与管理两个方面。“周到”“热情”“耐心”等词表明游客对邮轮工作人员态度的肯定。除了邮轮上的“服务员”“工作人员”以外，“同程”“携程”也出现在高频词表中，说明游客对线上OTA的感知度也较高。“领队”“导游”反映了游客出行方式的选择，相比于陆地旅游，游客对导游、领队的关注度会更高，如果其服务更加细致周到，邮轮旅游消费者的满意度也会大幅提升。管理类高频词集中于邮轮提供的“设施”和“价格”。

（4）邮轮活动

邮轮活动可以分为船上活动、岸上活动以及行程安排三部分。船上活动以“演出”为主，包括魔术表演、话剧演出等。岸上活动游客提及最多的是“购物”和“观光”。行程安排在邮轮活动感知中的占比最大，结合前五十位高频特征词发现，“上船”“下船”“小时”“排队”是游客高频词表中靠前的。游客的上、下船速度以及在港口的停留时间与邮轮港口的通关、安检效率密切相关。通过追溯网络原评论可以发现游客对上、下船效率的评价褒贬不一，对下船速度的满意度高于上船。

（5）整体体验

整体体验包括整体形象与体验评价两部分。游客对邮轮的体验评价在次类目中占比最高。除“一般”一词以外，“不错”“满意”“喜欢”说明游客对邮轮旅行的满意度较高。“第一次”说明大多数游客是第一次进行邮轮旅游，而“下次”表现出了游客的重游意愿，表明体验过邮轮旅游的游客对邮轮具有一定的忠诚度。

3. 基于高频词的利基市场长尾分析

利基市场（Niche Market）指那些高度专门化的需求市场，强调通过对市场的细分，企业集中力量于特定目标市场或细分市场，或重点经营一个产品和服务，创造出产品和服务优势。长尾（Long Tail Keyword）理论认为只要存储和流通的渠道足够大，需求不旺或销量不佳的产品的市场总份额就可以和那些数量不多的热卖品所占据的市场份额相匹敌甚至更大。由于成本和效率的因素，在过去人们只能注意到重要的事物，即长尾曲线的“头部”，而关注“尾部”需要耗费更多的精力和成本，因而被大多数人所忽略。而在网络时代，人们有可能用很低的成本关注“尾部”而带来意想不到的效益。

因此在邮轮网络文本的数据分析时，不仅要关注前列的高频词，也不能低估影响游客感知体验的利基“尾部”。从前 150 个总体高频词中选取 100 个有效高频词，分别以其序号和频率作为变量进行曲线拟合。指数的拟合优度为 0.937，幂函数的拟合优度为 0.945，拟合模型假设与幂函数更接近。根据表 6 参数估计值中的常数值和 b1 值，可将高频特征词的幂函数方程确立为：$Y=21930.03X-0.686$。

表 6　高频特征词模型汇总和参数估计值

方程	模型汇总					参数估计值	
	R^2	F	df_1	df_2	Sig.	常数	b1
幂	0.945	3718.802	1	97	0.000	21930.03	-0.686
指数	0.937	836.207	1	97	0.000	5169.703	-0.021

从图 7 可以看出，排名靠前的高频词仅占一小部分，排名中后的高频词则呈现出明显的长尾分布。幂函数曲线中，位于“头部”的特征词主要是邮轮的食宿、服务与活动方面的评价，此部分是游客感知的重点内容，也是诸多学者研究的热点部分。集中“尾部”的特征词包括旅游满意度和游客在选择邮轮出行时会考虑的因素，是研究中很容易被忽视的部分。处于尾部的高频词包括“客服”“码头”“台风”“性价比”“之前”“泳池”等。通过追溯原评价发现游客所指的“客服”包括 OTA 客服和邮轮客服两类，提及最多的是客服的服务态度与水平。与其他旅游产品相比，邮轮旅游产品具有更高的脆弱性，自然灾害、重大安全事故、外交关系等都有可能带来邮轮产品销售的巨大波动。“台风”一词反映了游客对邮轮船舶和邮轮港口安全性的关注，在发展邮轮旅游时，加强监控与保障措施，消除游客安全疑虑也是一个的重要环节。“码头”和“泳池”分别作为岸上旅游活动和船上旅游服务的代表性名词也处于“长尾”

区域，是提升不同邮轮及航线辨识度、打造特色差异的突破点。“之前”“性价比”说明游客在邮轮旅行时会将不同的邮轮产品进行对比，从而影响旅游满意度。因此，在提升邮轮旅游认知度上，要不断完善邮轮的设施、服务与活动安排，同时也要关注游客满意度与出行考虑因素。消除安全认知误区，关注认识边缘区域，才能更全面、更细致地了解游客的感知情况和选择行为。

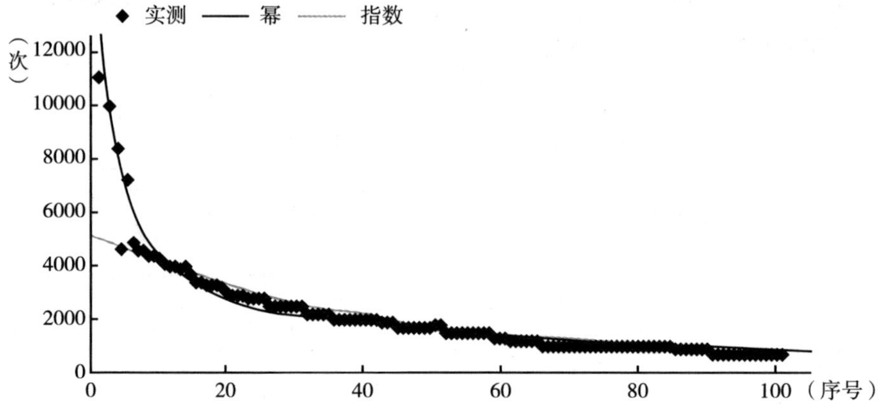

图 7　邮轮旅游消费者感知的长尾分布

（二）语义网络分析

1. 整体航线语义网络分析

高频词是通过提取文本中词的属性来反映事物的主要领域，但无法反映词在意义上的联系和文本的深层次结构关系。语义网络图能够为文本的分析提供整体而直观的要素关系，为进一步研究邮轮消费者感知的框架理论提供思路。首先将 . txt 文档进行分词与无意义词过滤，然后导入 ROST CM6 软件，按照层级结构，生成邮轮总体语义网络分析图（见图 8）。图中线条表示两个高频词之间存在关联，越多的线条与高频词连接表明该高频词与越多的其他高频词产生关联。

从邮轮总体语义网络分析图可以看出邮轮旅游网络结构呈发散状，

呈现出“核心—过渡—外围”的结构特征。“邮轮”、“船上”和“服务”构成了共现关系的核心节点，涉及邮轮旅游的各个方面。过渡层出现“餐厅”“房间”“设施”“岸上”“老人”“孩子”等。因为邮轮旅行具有节奏缓慢、服务完善、设施齐全的特点，所以出现了“邮轮—适合—老人”。结合原评论内容和“岸上—时间”“岸上—观光”来看，岸上活动的单一以及时间的紧凑是有待改进的地方。外围的词包括“干净”“态度”“阳台”等，是对过渡层的补充，邮轮旅游中游客感知各要素之间交互影响。

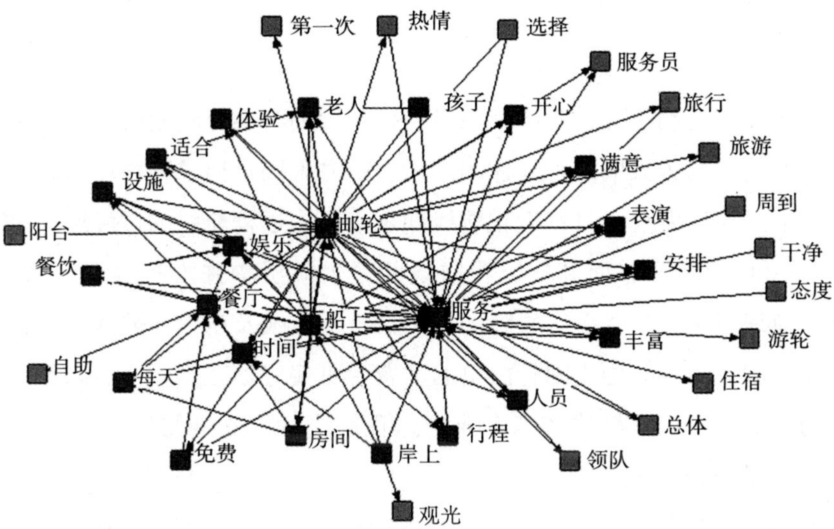

图 8　整体航线语义网络分析

2. 细分航线语义网络对比分析

邮轮旅游消费与服务具有全球性的特征，但邮轮游客在航线的选择上仍具有区域倾向性特征。在游客对不同航线的邮轮旅游产品的评价当中，语义网络同样也可以展示出层级关系。不同航线之间的语义网络既有共通之处，也有不同的地方，通过分析不同航线语义网络图的层级词找出每条航线游客感知的差异所在（见表 7）。

表 7　不同航线语义网络图层级词汇

圈层	日本近程航线	东南亚中远程航线	其他远程航线
核心层	邮轮、船上、服务	邮轮、船上、服务	邮轮、船上、服务
过渡层	餐厅、娱乐、设施、房间、餐饮、时间、服务员、适合、开心、住宿、热情、人员、每天、免费、丰富、满意、老人、孩子	房间、时间、餐厅、餐饮、设施、娱乐、每天、免费、选择、住宿、丰富、人员、行程、适合、满意、安排、阳台、下船、老人、孩子、表演	每天、下船、时间、丰富、娱乐、设施、行程、餐饮、船上、餐厅、安排、住宿、自助、房间、游轮、中国、公主、中文
外围	干净、自助餐、阳台、行程、安排、旅行、选择、体验、总体、客房、游轮、态度、周到、项目、自助、第一次、表演	自助、态度、游轮、周到、玩乐、热情、旅行、服务员、下次、旅游、干净、自助餐、总体、开心、体验、第一次、小时	热情、周到、旅行、项目、体验、满意、人员、岸上、适合、地方、收费、乘坐、阳台、值得、自助餐、选择、免费、旅游、方便、英语

首先，旅游动机与行为特征明显，推动国内游客邮轮旅游的因素主要包括增进亲情、与家人朋友一起休闲娱乐，西方人则是追求释放压力、放松身心等。通过对比发现，日本近程航线和东南亚中远程航线的过渡层都出现了“老人”和“孩子”，而其他远程航线的三个圈层中并没有出现这两个词。在三类航线当中，最受游客青睐的仍然是日本航线及东南亚航线，远程航线上的中国游客最少。国内邮轮旅游的消费者更偏好家庭出行，所以在以中国游客为主的日本近程航线和东南亚中远程航线的语义网络中对“老人”和“小孩”的感知更深。

其次，距离效应产生阻碍作用，日本近程航线和东南亚中远程航线的外围均出现了“第一次”“表演”，其他远程航线中却没有出现，没有邮轮旅游经验的游客更倾向于选择近程和中远程航线，选择远程航线的中国游客多是体验过邮轮旅游的重游者。随着旅游体验的增加，消费者才会尝试中长航线的旅游产品。日本近程航线和东南亚中远程航线将会是潜在的邮轮消费者的首选航线。

再次，中远程航线消费者对于行程安排更为敏感。东南亚中远程航线的外围出现“小时”一词，通过原语义网络分析图发现“小时”与过渡层的“安排”联系紧密，游客对行程安排的感知度高于其他两条航线。值得注意的是国内游客并不认为邮轮是积极的社交场所，各种社交活动对其不具备牵引作用。因此，在针对中国人设计的日本近程航线和东南亚中远程航线中邮轮提供的船上娱乐活动可以安排更多的观赏性表演。

最后，远程航线邮轮的中国化产品亟待改进。其他远程航线的过渡层出现了“中国”“中文”“公主”，外围出现了“英语”“方便”。通过追溯原评论发现该航线的游客普遍反映存在语言沟通和生活习惯不适应的问题。远程航线邮轮上的设施与服务多是针对欧美游客设置的，所以国内游客很不适应，这也在一定程度上削弱了该航线邮轮对国内游客的吸引力。“公主”一词说明在远程航线中游客对公主邮轮的感知度最高。

总之，细分航线语义网络对比分析表明，游客对日本近程航线和东南亚中远程航线之间的感知差异度较小，远程航线的感知与其他两条航线的差异较大。日本近程航线和东南亚中远程航线的游客大多数是第一次邮轮出行，更偏好家庭出游，对邮轮上的表演更为关注；其他远程航线的中国游客则对邮轮上提供的服务感知最深，对该航线的船上社交活动也没有深刻感知。

（三）基于 SnowNLP 的在线评论文本情感判断

SnowNLP 包是 Python 中用来处理文本内容的，可以用来分词、标注、文本情感分析等，NLP（Natural Language Processing）指自然语言处理。在线评论属于短文本，往往带有强烈的个人情感，通过情感训练的代码可以实现文本情感判断。其主要将文本分为两类——积极和消极，返回值为情绪的概率，接近 1 为积极，接近 0 为消极。将准备好的在线评论文本数据引入文本情感分析模型中进行判断分析。最后，对文本情感分析结果进行统计分类，挖掘邮轮在线评论中的情感表达（见图 9）。

通过读取每条评论的情感值，生成相应的 0 ~ 1 的分值，当值大于 0.5 时表示评论的情感极性偏向积极，当值小于 0.5 时，表示情感极性偏向消极，取值越偏向两边，情绪越偏激。从图 8 可以看出，邮轮在线评论文本的重要特征明显，情感表述直接，积极和消极的取值都很高，但积极评论的数量远远多于消极评论。情感分析结果表明，绝大部分的游客对目前线上推出的邮轮旅游产品是比较满意的，呈现积极的情感特征，中性的评论数量相对

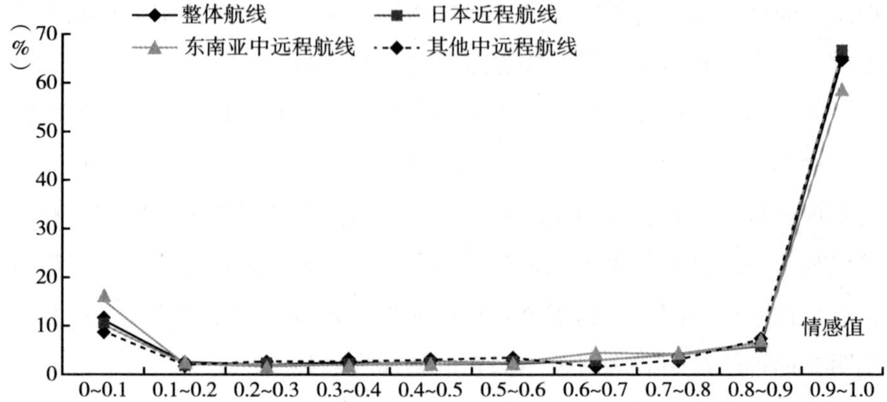

图9　不同航线游客情感值分布

较少，评论呈现两极化。情感分值在0～0.1的评论有3004条，占总评论数的11.1%，表明游客的不满意情况仍然存在，并且所占比例要高于中性情绪。

总体来说，游客对邮轮产品的满意度情况良好，但其消极情感亟待改善。若将情感值0.5以下的视为消极、0.5及以上认为是积极情感的话，总体情感值积极与消极的取值比例分别是79.86%、20.14%，日本近程航线分别为81.55%、18.45%，东南亚中远程航线分别为76.32%、23.68%，其他远程航线分别为80.92%、19.08%。三类细分航线游客的情感值区间分布与总体航线一致，呈现出“两头高，中间低”的分化状态。具体来看，0～0.1的区间内，东南亚中远程航线的游客占比最高，而0.9～1的区间内该航线游客占比最低，这表明在三类航线中游客对东南亚中远程航线的满意度最低。日本近程航线的游客满意度最高，与东南亚中远程航线的游客满意度均高于总体航线的满意度。结合原评论文本与细分航线网络对比分析结果，发现选择东南亚中远程航线的游客对行程安排的感知度高于其他两条航线，优化行程安排有利于提高该航线的旅游满意度。

四　结论与建议

本文以邮轮消费者为研究对象，基于携程网和同程旅游网的文本数据，运用 Python 软件和 ROST CM6 软件分析中国邮轮消费者的感知情况。通过词频分析，发现游客对邮轮旅游的感知主要包括邮轮环境、邮轮设施、邮轮服务、邮轮活动、整体体验五个主类目。另外，邮轮旅游消费者感知曲线呈现出幂函数分布的特征，结合高频词发现游客的核心关注点是邮轮服务与邮轮活动，旅游满意度和游客在选择邮轮出行时的考虑因素是研究中可能会忽略的部分。语义网络图显示，邮轮旅游网络呈现出“核心—过渡—外围”的结构特征，游客对细分航线的邮轮产品存在感知差异，以其他远程航线差异最为明显。在情感分析方面，总体来说游客对邮轮产品的满意度情况良好，但是，少量的消极情感也不容忽视。相比而言，日本近程航线和其他远程航线的游客情感值较东南亚中远程航线更高。因此，为提升中国邮轮消费者感知主要提出以下几点建议。

（1）提升邮轮服务质量，塑造良好认知形象。中国邮轮旅游起步较晚，游客对邮轮认知度低。乘坐邮轮的人群中，邮轮旅游的“回头客”是未来发展的主要客源之一。大部分在线购买的游客表示是“第一次”乘坐邮轮，但是愿意“下次”再购买邮轮旅游产品。因此，针对首次乘坐和多次乘坐邮轮的游客提供差异化服务，以提升游客对邮轮旅游的忠诚度。对于首次乘坐邮轮的消费者主要提供引领性服务，塑造邮轮旅游浪漫舒适、性价比高的认知形象。而对多次乘坐的游客，按照其以往的消费习惯提供个性化服务有助于提升满意度。邮轮旅游者偏好以家庭为单位的集体出游，针对不同年龄段的游客提供差异化服务也是改善游客感知的重点。

（2）丰富邮轮旅游产品，完善硬件设施建设。游客对邮轮的餐饮、住宿表现出较高的关注度，邮轮活动也是邮轮旅游中的一个重要环节。结合中国邮轮消费者的饮食习惯，适当增加中式餐厅和免费的自助餐厅。住宿方面，增加游客偏爱的套房和阳台房，房间设计要考虑到小孩和老人的需求。船上活动要在丰富表演内容以外，完善其他硬件设施，突出邮轮的娱乐性功能。结合本文研究结果发现，在在线邮轮消费者的评价中提及的岸上活动以观光购物为主，缺乏文化性与体验性。邮轮旅游产品除了自身提供的旅游服务以外还包括停靠港提供的岸上旅游产品。因此要加强港口城市岸上旅游产品的开发，改善岸上旅游活动形式单一的现状。同时，开展岸上旅游活动时要注重结合地方特色，并考虑到邮轮本身与岸上产品的互补性及时间性特征，开发针对细分人群、细分航线的旅游产品来满足游客更深层次的需求。行程安排上邮轮港口应采取措施缩短游客上、下船时间，提升游客通关、安检和登记效率，增加游客满意度。

（3）优化细分航线服务，提升游客满意度。因此，针对游客在细分航线感知上的差异性采取不同的优化措施。结合日本近程航线和东南亚中远程航线游客的偏好需求，该航线的邮轮公司要着重开发适合老人和小孩的休闲度假产品以满足游客家庭出游的需求，设置更多的歌舞表演、魔术等节目，对东南亚中远程航线的游客则要优化行程安排。而对于远程航线游客来说，感知最深的是邮轮服务，因为该航线上的中国人较少，所以忽略了中国人的生活习惯而削弱了该航线的吸引力。因此该航线的邮轮公司可以相应地增加中文服务以吸引中国游客，例如，船上可以将导视系统都配上中文指示，适当增加中文的服务人员配比，减少游客语言障碍等。

参考文献

[1] Sun X., Jiao Y., Tian P., "Marketing Research and Revenue Optimization for the Cruise Industry: A Concise Review," *International Journal of Hospitality Management*, 2011, 30 (3).

[2] 陈宇赫、殷明：《"一带一路"倡议下中国邮轮产业的发展探讨》，《对外经贸实务》2018年第12期。

[3] 孙思琪：《〈海商法〉修改增加规定邮轮旅游之研究》，《中国海商法研究》2018年第3期。

[4] 张言庆、寇敏、马波：《境外邮轮旅游市场研究综述》，《旅游学刊》2012年第2期。

[5] 李霞、曲洪建：《邮轮旅游网络关注度的时空特征和影响因素——基于百度指数的研究》，《统计与信息论坛》2016年第4期。

[6] 李杰、陈超美：《Cite Space：科技文本挖掘及可视化》，首都经济贸易大学出版社，2016。

[7] Allen W. H. , "Increased Dangers to Caribbe an Marineeco Systems-cruise Shipanchors and intensified Tourism threaten Reefs," *Bioscience*, 1992 (5).

[8] Weaver A. , "The Mcdonaldization Thesis and Cruise Tourism," *Annals of Tourism Research*, 2005, 32 (2).

[9] 王洁、黄华:《国外邮轮旅游环境影响研究进展及其启示》,《世界地理研究》2017 年第 5 期。

[10] Liu-Lastres B. , Schroeder A. , Pennington - Gray L. , "Cruise Line Customers' Responses to Risk and Crisis Communication Messages: An Application of the Risk Perception Attitude Framework," *Journal of Travel Research*, 2019, 58 (5).

[11] 孙晓东、倪荣鑫:《中国邮轮游客的产品认知、情感表达与品牌形象感知——基于在线点评的内容分析》,《地理研究》2018 年第 6 期。

[12] Buzova D. , Sanz - Blas S. , Cervera - Taulet A. , " 'Tour Me Onshore': Understanding Cruise Tourists' Evaluation of Shore Excursions through Text Mining," *Journal of Tourismand Cultural Change*, 2019, 17 (3).

[13] 陈梅、刘晶晶、崔枫、厉新建、潘澜:《邮轮旅游者未来价值评估与潜类分析模型——以大陆、香港和台湾为例》,《人文地理》2017 年第 2 期。

[14] De la Via L. , Ford J. , "Logistic Regression Analysis of Cruise Vacation Market Potential: Demographic and Trip Attribute Perception Factors," *Journal of Travel Research*, 2001, 39 (4).

[15] Hung K. , Petrick J. F. , "Testing the Effects of Congruity, Travel Constraints, and Self-efficacy on Travel Intentions: An Alternative Decision-making Model," *Tourism Management*, 2012, 33 (4).

[16] Del Chiappa G. , Lorenzo-Romero C. , Gallarza M. , " Host Community Perceptions of Cruise Tourism in a Homeport: A Cluster Analysis," *Journal of Destination Marketing& Management*, 2018 (7).

[17] Morrison A. M. , Yang C. H. , O'Leary J. T. , Nadkarni N. , "Comparative Profiles of Travellers on Cruises and Land-based Resort Vacations," *Journal of Tourism Studies*, 1996, 7 (2).

[18] 聂莉、董观志:《基于熵权—TOPSIS 法的港口城市邮轮旅游竞争力分析》,《旅游论坛》2010 年第 6 期。

[19] Han H. , Olya H. , Kim J. , et al. , "Model of Sustainable Behavior: Assessing Cognitive, Emotional and Normative Influence in the Cruise Context," *Business Strategy and the Environment*, 2018, 27 (7).

[20] Gouveia S. , Rebelo J. , Lourenco - Gomes L. , et al. , "International Demand for the Douro (Portugal) River Cruises: A Gravity Model Approach," *Tourism Economics*, 2017, 23 (8).

[21] Ma M. Z. , Fan H. M. , Zhang E. Y. , "Cruise Homeport Location Selection Evaluation Based on Grey-cloud Clustering Model," *Current Issuesin Tourism*, 2018, 21 (3) .

[22] Liu C. H. , "Schemes for Enhancing Taiwanese Cruise PAK Relationships Using the Hybrid MADM Model," *Tourism Management*, 2018 (69) .

[23] 孙晓东、侯雅婷:《邮轮母港游客满意度测评与提升研究——基于上海的实证分析》,《地理科学》2017 年第 5 期。

[24] Rida J. G. , Bukstein D. , Tealde E. , "Exploring Cruise Ship Passenger Spending Patterns in two Uruguayan Ports of Call," *Current Issues in Tourism*, 2015, 18 (7) .

[25] Sanz-Blas S. , Buzova D. , Schlesinger W . , "The Sustainability of Cruise Tourism Onshore: The Impact of Crowding on Visitors' Satisfaction," *Sustainability*, 2019 (6) .

[26] 克里斯·安德森、乔江涛:《长尾理论》,《商》2012 年第 16 期。

[27] 张洪昌、舒伯阳:《基于网络文本分析的民族村寨国际旅游形象感知研究——以黔东南州为例》,《西北民族大学学报》(哲学社会科学版) 2019 年第 3 期。

[28] 张文亭、骆培聪:《基于网络文本的目的地旅游形象游客感知与官方传播对比研究——以福建永定土楼为例》,《福建师范大学学报》(自然科学版) 2017 年第 1 期。

[29] 王佩、李景妃、刘焕庆:《我国邮轮港口岸上旅游产品开发研究》,《经营管理者》2015 年第 7 期。

政策建议篇

Policy Recommendations

G.14

中国邮轮产业扶持政策体系评价研究

王友农　高艳辉　梅俊青*

摘　要： 近年来，随着中国邮轮旅游市场需求不断扩大，对邮轮产业发展的认知持续加深，从中央到地方纷纷出台针对邮轮经济发展的扶持政策，从邮轮市场培育、邮轮母港建设、邮轮产业链延伸、邮轮服务链拓展，以及相应的邮轮配套政策创新等方面给予大力支持，使得邮轮经济发展的营商环境有明显改观，制约邮轮经济高质量发展的瓶颈在很大程度上得以突破，邮轮产业创新发展空间明显扩大。中国邮轮产业扶持政策体系涵盖邮轮资金补贴型、邮轮政策创新型、邮轮产业发

* 王友农，博士，上海吴淞口国际邮轮港发展有限公司董事长，研究方向：邮轮经济；高艳辉，上海吴淞口国际邮轮港发展有限公司副总经理、董事会秘书，上海国际邮轮旅游服务中心有限公司执行董事、总经理，研究方向：邮轮经济；梅俊青，硕士，上海吴淞口开发有限公司，研究方向：邮轮经济。

展型等多种类型，其中以财政资金补贴促进邮轮产业发展占比较大。当前，中国邮轮经济进入了一个新的发展阶段，邮轮经济政策进入红利释放期，需要更深度研究邮轮产业发展的政策瓶颈和创新路径。本文将对国内邮轮产业扶持政策体系进行研究，对其所起到的作用和影响进行评价分析，进而提出相应的对策建议，以期更好地推动邮轮产业的发展。

关键词： 邮轮旅游　邮轮产业　扶持政策　效应评价

近年来，全球邮轮市场规模、邮轮船队规模持续增长，具有良好的发展前景和市场潜力，亚太成为全球增速最快、发展潜力巨大的新兴邮轮市场，在全球邮轮市场格局中的地位日益增强。中国邮轮市场保持高速发展的态势，经过十多年的发展，已经成为全球仅次于美国的第二大邮轮客源国市场，具备较强的发展活力和潜力。尤其是作为中国邮轮经济发展的中心——上海，在母港邮轮接待量上位居亚洲第一、世界第四。从2006年中国母港邮轮市场开始，截至2018年全年，中国邮轮港口接待邮轮总量达到6783艘次，接待出入境游客量达到2302.29万人次。其中接待母港邮轮4618艘次，母港邮轮出入境游客量达到1954.24万人次。由于邮轮是新兴产业，邮轮产业政策是推动邮轮经济高质量发展的重要支撑，需要建立适应国际邮轮经济发展特点的政策体系。在中国邮轮经济发展不断深化、推进邮轮经济全产业链发展的过程中，中央和地方纷纷出台邮轮经济扶持政策，破除邮轮经济发展的政策瓶颈，营造更高水平、更优品质的营商环境，加强与国内外邮轮产业优势资源对接，推动邮轮产业招商引资，打造邮轮经济产业集群，加快建设具有国际竞争力的邮轮经济新高地。

一　中国邮轮产业扶持政策体系

（一）国家层面扶持政策

国家层面的邮轮经济发展政策与地方政策的突出特点主要体现在邮轮经

济发展导向和涉及国家层面的政策创新，这是中国邮轮产业发展最为坚实的保障基础。2018 年 9 月，《关于促进我国邮轮经济发展的若干意见》出台，这是国家层面首次以多个中央部门名义发布的邮轮经济专项政策，体现了国家层面对邮轮经济发展的重视，明确了邮轮产业发展目标，涉及推进邮轮自主设计建造、本土邮轮品牌发展、邮轮产品创新、邮轮港口建设、邮轮安全管理、邮轮船供、相关配套产业发展以及邮轮人才支撑等方面的工作（见表 1）。

表 1　近年来国家层面出台的邮轮经济扶持政策

序号	发布时间	发布部门	政策名称	重点方向
1	2008 年 6 月	国家发展改革委	《国家发展改革委关于促进我国邮轮业发展的指导意见》	①以邮轮挂靠为切入点开展相关业务 ②强化政策引导、服务和扶持 ③适度改善码头基础设施 ④加强邮轮市场培育 ⑤完善邮轮相关法律法规
2	2014 年 3 月	交通运输部	《关于促进我国邮轮运输业持续健康发展的指导意见》	①推动邮轮市场培育 ②扩大邮轮客源市场 ③推动中资邮轮企业发展
3	2014 年 12 月	国务院	《关于促进旅游业改革发展的若干意见》	①支持邮轮游艇等旅游装备制造国产化 ②积极发展邮轮游艇旅游
4	2015 年 8 月	国务院办公厅	《关于进一步促进旅游投资和消费的若干意见》	①推动邮轮研发设计及配套体系建设 ②优化邮轮港口布局，到 2020 年在全国范围内建成 10 个邮轮始发港
5	2018 年 9 月	交通运输部等中央部门	《关于促进我国邮轮经济发展的若干意见》	①强化邮轮市场培育 ②推动邮轮自主设计建造 ③建设本土邮轮船队 ④提升港口服务能级 ⑤优化邮轮港口服务 ⑥推动邮轮船供业发展 ⑦强化邮轮人才支撑
6	2019 年 4 月	交通运输部	《关于推进海南三亚等邮轮港口海上游航线试点的意见》	①推动五星红旗邮轮发展 ②先期在海南三亚、海口邮轮港开展中资方便旗邮轮无目的地航线试点

（二）地方层面扶持政策

我国沿海沿江城市的发展需要更多的新亮点，邮轮经济作为新兴海洋旅游经济业态，成为沿海沿江城市经济转型升级的新抓手。上海、天津、广州、福建等地纷纷出台支持邮轮经济发展的政策意见，从资金补贴、政策支持、产业发展导向等方面进行推动，为地方邮轮经济发展提供了新的发展动力。从层级而言，邮轮经济政策出台的部门级别越来越高，并且联合的部门数量越来越多，上海市以市政府办公厅的名义出台《关于促进本市邮轮经济深化发展的若干意见》，福建省以省发改委等十部门联合出台《关于促进邮轮经济发展的实施方案》，广州市以市政府名义出台《关于加快广州国际邮轮产业发展若干措施》，上海市宝山区出台《关于加快宝山邮轮经济发展的实施意见》，以促进邮轮经济全面发展。同时，也有《海口市鼓励邮轮产业发展财政补贴实施办法》《发展国际邮轮旅游产业财政奖励意见》等邮轮旅游补贴办法（见表2）。

表2　地方政府出台的邮轮经济政策意见

序号	发布时间	地区	出台部门	政策名称	重点方向	安排资金
1	2017年2月	海南	省旅游委 省财政厅	《海南省鼓励邮轮旅游产业发展财政奖励实施办法(试行)》	①邮轮航次补贴 ②邮轮港企业补贴 ③邮轮代理服务公司奖励 ④邮轮旅行社奖励	—
2	2017年9月	三亚	市政府	《三亚市鼓励邮轮旅游产业发展财政奖励实施办法》	①邮轮航次补贴 ②邮轮港经营企业奖励	—
3	2017年12月	威海	市港航管理局、市财政局、市旅游发展委	《发展国际邮轮旅游产业财政奖励意见》	①组建邮轮公司奖励 ②开通航线年度奖励 ③邮轮港口(码头)经营奖励 ④邮轮代理服务公司奖励 ⑤旅游招徕奖励	—
4	2018年2月	上海宝山	宝山区政府	《关于加快宝山邮轮经济发展的实施意见》	①打造邮轮企业总部基地 ②打造世界一流邮轮母港 ③推动邮轮建造及配套产业 ④优化邮轮经济营商环境	2018年起每年1亿元，三年不少于3亿元

续表

序号	发布时间	地区	出台部门	政策名称	重点方向	安排资金
5	2018 年 2 月	大连	市政府办公厅	《关于加快邮轮旅游发展实验区建设的实施意见》	①推动邮轮市场培育 ②推动本土邮轮公司发展 ③建立邮轮制造维修基地 ④打造邮轮物料船供中心 ⑤提升邮轮口岸服务 ⑥推动邮轮旅游产品创新	—
6	2018 年 5 月	海口	市政府办公厅	《海口市鼓励邮轮产业发展财政补贴实施办法》	①组建或新迁邮轮公司奖励 ②邮轮运营航次补贴 ③邮轮港口经营企业补贴 ④旅行社招徕奖励	—
7	2018 年 5 月	厦门	自贸区管委会	《关于促进厦门自贸试验区邮轮船供服务业发展的暂行办法》	①邮轮船供本地采购奖励 ②邮轮国际货柜转运奖励	—
	2018 年 9 月	广州南沙	区政府办公室	《广州南沙新区(自贸片区)促进邮轮产业发展扶持办法》	①邮轮公司落户奖励 ②邮轮公司及组织办公用房补贴 ③邮轮服务平台补贴 ④邮轮航线补贴 ⑤交通接驳扶持 ⑥市场推广补贴 ⑦邮轮保险补贴 ⑧邮轮岸电服务补贴 ⑨组织游客补贴	—
8	2018 年 10 月	上海	市政府办公厅	《关于促进本市邮轮经济深化发展的若干意见》	①建设国际一流邮轮港口 ②加快邮轮旅游目的地建设 ③推动邮轮市场规范发展 ④亚太邮轮企业总部基地 ⑤中国邮轮旅游发展示范区 ⑥亚洲邮轮船供分拨中心 ⑦本土邮轮船队发展 ⑧长三角邮轮经济一体化 ⑨强化邮轮人才体系	—

续表

序号	发布时间	地区	出台部门	政策名称	重点方向	安排资金
9	2018 年 10 月	温州	市财政局、市旅游局	《温州市国际邮轮产业培育方案》	①邮轮航次奖励 ②招徕邮轮旅客奖励	2018 年安排 700 万元,2019 年安排 1200 万元,2020 年安排 1200 万元
10	2018 年 10 月	厦门	市旅游委、港口管理局、市财政局	《关于进一步促进邮轮旅游业发展的扶持意见》	①邮轮航次补贴 ②邮轮包船企业补贴	—
11	2018 年 11 月	天津	市政府办公厅	《天津市邮轮旅游发展三年行动方案(2018 ~ 2020 年)》	①推动京津冀邮轮协同发展 ②打造国际邮轮旅游目的地 ③推动邮轮母港及配套建设 ④建设国际邮轮城 ⑤丰富邮轮旅游产品 ⑥强化邮轮宣传推广 ⑦推动邮轮修造 ⑧建设邮轮船供中心	连续三年安排旅游发展专项资金 500 万元,支持邮轮母港改造提升服务设施和开展宣传推广
12	2018 年 11 月	青岛	市旅游委、市财政局市北区政府	《青岛市扶持邮轮旅游发展政策实施细则》	①邮轮航次补贴 ②常态化运营扶持 ③办公场地补贴 ④邮轮会展补贴 ⑤支持自主设计建造	—
13	2019 年 4 月	福建	省发改委等十部门	《关于促进邮轮经济发展的实施方案》	①完善邮轮港口规划布局 ②打造海丝区域性邮轮母港 ③打造国际邮轮旅游目的地 ④推动始发港和访问港建设 ⑤培育本土邮轮企业 ⑥推动邮轮船供发展 ⑦建设邮轮建造及配套基地 ⑧加强邮轮旅游市场推广 ⑨强化邮轮人才支撑	无

续表

序号	发布时间	地区	出台部门	政策名称	重点方向	安排资金
14	2019年5月	广州	市政府	《关于加快广州国际邮轮产业发展若干措施》	①推动邮轮母港建设 ②建立船供配送中心 ③推动邮轮设计建造产业链 ④完善邮轮母港配套 ⑤推动邮轮与相关产业联动 ⑥建立邮轮人才体系 ⑦强化邮轮宣传推广 ⑧推动免签和免税购物	2020年起连续三年，每年安排2000万元支持邮轮产业发展

二　中国邮轮经济发展政策评价分析

（一）国家及地方层面对邮轮产业的认识和重视显著提升

邮轮从欧美市场引入中国市场，对邮轮产业的认知在逐步加深，政策体系也在逐步完善。从2008年6月起，我国邮轮产业进入起步阶段，国家发展改革委出台首个邮轮产业专项政策《国家发展改革委关于促进我国邮轮业发展的指导意见》，再到2018年，交通运输部等中央十个部门联合出台的《关于促进我国邮轮经济发展的若干意见》，从宏观方面支持邮轮产业发展、推动邮轮运输业发展到推动形成邮轮自主设计建造、本土邮轮船队运营、邮轮港口功能提升、邮轮配套产业发展、邮轮人才体系建设等邮轮经济全产业链发展体系，全方位支持邮轮产业发展，进一步提升中国邮轮产业发展的支撑力。为更好地推动本地邮轮产业的发展，各个邮轮经济发展城市也纷纷出台邮轮经济专项政策，从提升能级、港口建设、资金奖励、政策创新等方面给予强有力的支持。

（二）从注重港口接待数量向引导邮轮产业规划布局转变

经过十余年的发展，中国邮轮产业呈现区域发展不平衡的态势，邮轮市场客源呈现高度集聚特征。邮轮港口接待邮轮游客量一直以来是中国邮轮市场最为重要的指标之一，2018 年，我国五大邮轮港口接待邮轮达到 770 艘次，占全国份额约为 80%，其余全年接待邮轮艘次均不足 60 艘次，接待出入境游客量达到 456.92 万人次，占全国份额达到 93.5%。其中，吴淞口国际邮轮港接待邮轮 375 艘次，占全国份额达到 38.42%，接待出入境游客 271.56 万人次，占全国份额达到 55.57%，在中国邮轮港口中占据绝对优势。在新阶段，各地也逐渐推动邮轮产业发展，引导邮轮产业集聚态势形成。上海宝山区致力于打造邮轮企业总部基地、世界一流邮轮母港，推动邮轮建造及配套产业等；天津致力于打造国际邮轮旅游目的地、国际邮轮城、邮轮修造基地、邮轮船供中心等；福建省致力于打造海丝区域性邮轮母港，培育本土邮轮企业，建设邮轮建造及配套基地，建立邮轮船供基地等；广州致力于打造邮轮设计建造产业链，建立船供配送中心、国际邮轮母港等。

（三）从支持邮轮产业发展到推动政策制度创新转变

从国家和地方的邮轮经济政策来看，从原有的明确支持邮轮产业发展、做大邮轮产业链而缺乏实质性抓手向支持邮轮产业政策制度创新转变。由于邮轮产业是新兴产业，属于典型的外向型口岸经济，在邮轮产业发展过程中需要对现有政策进行探索与创新。由于近年来对邮轮产业发展所需政策有了更加深度的认识和理解，邮轮经济发展的创新体系不断形成。近年来，从国家到地方邮轮经济政策来看，更加注重在多点挂靠、邮轮通关便利化、游客过境入境免签、多港挂靠、无目的地航线、船舶供应、本土邮轮发展、邮轮购置税补贴、国际邮轮注册、航线审批、邮轮海关特殊监管区创建等方面的政策创新。为推动邮轮经济政策创新，建立以“先试先行”为优势的“中国邮轮旅游发展实验区”，目前我国已建立六个邮轮实验区。为强化政策创新引领，2019 年 7 月，国家文旅部批准上海创建中国首个邮轮旅游发展示范区。

（四）地方邮轮产业资金扶持并没有充分发挥作用

为更好地推动本地邮轮市场规模的提升，邮轮市场基础较为薄弱的地区出台邮轮经济扶持政策，主要是在邮轮港接待邮轮艘次和人次上给予资金补贴。海南省、三亚市、海口市、上海宝山、威海市、温州市、厦门市、广州市、广州南沙等纷纷出台邮轮产业扶持政策。但仅有上海宝山区邮轮产业扶持政策效应最为明显，目前已经集聚130余家邮轮相关企业，中船集团邮轮业务平台——中船邮轮科技公司落户宝山区，初步形成邮轮产业集群。另外，在政策的引领下，厦门市、广州市、广州南沙等地邮轮经济扶持政策效应也有较大显现，但海南、三亚、海口以及新兴邮轮港口威海、温州等地邮轮扶持政策几乎没有发挥作用。

表3　纯资金补贴型邮轮产业扶持政策

序号	省市	政策名称
1	海南	《海南省鼓励邮轮旅游产业发展财政奖励实施办法（试行）》
2	三亚	《三亚市鼓励邮轮旅游产业发展财政奖励实施办法》
3	海口	《海口市鼓励邮轮产业发展财政补贴实施办法》
4	厦门	《关于促进厦门自贸试验区邮轮船供服务业发展的暂行办法》
5	青岛	《青岛市扶持邮轮旅游发展政策实施细则》
6	广州南沙	《广州南沙新区（自贸片区）促进邮轮产业发展扶持办法》

三　新阶段中国邮轮产业扶持政策制定对策建议

（一）加强邮轮市场培育的支持

加大邮轮文化推广支持力度，积极对接融媒体发展新趋势，打造邮轮文化内容原创中心，建立多区域联动的邮轮文化推广体系。提升游客对邮轮的认知度，增强邮轮市场发展动力，培养中国追求邮轮新时尚的生活方式。加强与国际邮轮公司的协调沟通，推动全球更多优质邮轮品牌集聚。强化国内外邮轮旅游合作，进一步拓展国内外邮轮游客来源，放大港口辐射范围，提升国外游客比例。加大行业传播渠道资源整合力度，推动邮轮与铁路、航空公司、A 级景区、星级酒店等单位的合作，强化精准营销推广。推进邮轮入境旅游发展，完善邮轮便利化签证政策，在借鉴上海发展经验的基础上，在全国邮轮旅游城市扩大 144 小时过境免签和国际邮轮旅游团 15 天入境免签适用范围，更好提升国外游客比例。加快推动邮轮旅游目的地建设，加快邮轮旅游全域化发展，开发形成半日特色游、一日精华游、二日体验游以及深度文化游等不同时长的线路。

（二）加强邮轮航线创新的支持

从全球著名邮轮母港来看，丰富的邮轮航线是邮轮市场健康稳定发展的重要条件。受“萨德”事件影响，自 2017 年 3 月暂停中国到韩国的邮轮航线，使得本来航线相对单一的中国邮轮市场航线选择捉襟见肘，华东、华北邮轮市场目的地只有日本，应尽快推动恢复上海到韩国的邮轮航线。目前国际邮轮均是单点挂靠，即只在中国的一个邮轮港将全部游客接上船，并在完成该航次境外海上旅游后将同批游客送回同一港口，“多点挂靠”航线仍处于“特事特办”阶段，每一个航次都需要单独审批，应优化申报和审批流程，尽快将审批制调整为备案制。加快推动与国外邮轮港口开展多母港和互为母港邮轮航线，加强邮轮港口城市互动，促进入境旅游发展。

（三）加强邮轮设计研发的支持

当前我国正大力推动国产邮轮建造，中船集团等企业积极开展国产邮轮设计建造，但面临前期研发投入巨大、投资回报期较长等初期阶段成长问题，发展压力较大，应进一步争取国家层面对邮轮建造企业尤其是龙头企业的支持，完善地方层面邮轮建造配套扶持体系。加大邮轮产业园扶持力度和政策创新力度，协助推进国内外邮轮相关协会组织、检测认证平台、交易服务机构、科研院所等邮轮产业功能性平台集聚式发展，推动邮轮设计建造综合能力提升，建立邮轮产业链上游发展的重要载体与平台，有效提升产业要素整合能力。

（四）加大本土邮轮品牌的支持

中国邮轮市场起步以来，一直是由外籍邮轮主导，但从中国邮轮产业长期发展战略而言，只有拥有更多、更为强大的本土邮轮船队才能拥有更强的市场主导权，也才能更好地为中国邮轮经济全产业链发展、打造邮轮企业总部基地奠定良好基础。本土邮轮品牌受制于购置税费、购置年限、报废年限、经营项目等，为此需要进行政策创新。交通运输部等国家十部门出台的《关于促进我国邮轮经济发展的若干意见》明确提出，要加快推动本土邮轮船队发展，建立五星红旗邮轮船队。因此，需要尽快建立支持本土邮轮品牌发展的专项政策，在中资企业组建本土邮轮船队中给予贷款利息和税费优惠的支持，对标国际标准，争取放宽本土邮轮品牌邮轮购置年限、强制报废年限和船员国籍限制，在近海航线、南海航线、无目的地航线方面优先支持本土邮轮品牌。

（五）加强政策创新平台的支持

邮轮经济是典型的口岸经济，具有全球化、外向型特点，国际邮轮产业普遍集聚于经济高度自由的港口城市。加快推动邮轮监管区创建，针对邮轮船供等亟须解决的瓶颈问题以海关公告的形式给予支持。邮轮企业均是跨国型企业，对于资本流动便利化有着较高的需求。

有效简化简化外汇收支手续等，以更好地推动国际邮轮产业资本流动。支持注册符合条件的中外合资出境旅行社，以更好地拓宽邮轮分销渠道。邮轮产业是高度资本密集型经济，对融资租赁、航运保险等有较高的需求，降低准入门槛及分期缴纳关税和增值税等方面的优惠，为邮轮经济提供了更有效的金融支持。邮轮建造须需保税加工等便利化政策以及相应的税收优惠政策，从而更好地提升我国邮轮修造全球竞争力。加快创建以邮轮经济为特色的综合保税区，为邮轮经济发展创造更大的创新发展空间（见表4）。

表4　邮轮经济政策复制自贸区创新体系

序号	领域	改革事项	需复制自贸区政策
1	推动国际邮轮产业资本流动便利化	外汇管理	允许邮轮相关公司等开立外汇账户及简化外汇收支手续等
2	拓展国际邮轮分销渠道	旅行社领域	允许注册中外合资出境游旅行社
3	优化邮轮经济金融环境	融资租赁海关监管制度	降低融资租赁准入门槛及分期缴纳关税和增值税等
		航运保险产品注册制	允许形式审核，开展邮轮保险产品注册管理
		航运保险	允许对邮轮保险分支机构实施备案管理
4	促进邮轮修造监管制度便利化	出境及委内加工监管	允许对区域外企业提供的入区邮轮货物进行保税加工
		境内外维修海关监管	允许开展保税邮轮修造业务
		区内企业货物流转自行运输	允许非海关监管车辆在不同特殊监管区域间运输货物
		批次进出，集中申报	允许特殊监管区域内企业与境内区外企业分批次进出货物，先办理手续然后集中报关
5	推动国内外邮轮产业集聚发展	文化服务领域扩大开放	允许设立外商独资邮轮文化机构
		国际船舶运输领域扩大开放	允许设立外商独资企业，取消国际船舶登记主体股比限制等
		保税展示交易	允许在特定区域设立保税展示交易平台
		仓储货物按状态分类监管	允许非保税货物以非报关方式进入海关特殊监管区域，与保税货物集拼分拨后离境出口或出区返回境内
		先进区，后报关	允许区内企业凭进境货物的舱单等向海关简要申报，办理口岸提货和货物进区手续，后办理进境申报

参考文献

[1] 汪泓主编《邮轮绿皮书：中国邮轮产业发展报告（2018）》，社会科学文献出版社，2018。

[2] 汪泓主编《邮轮绿皮书：中国邮轮产业发展报告（2017）》，社会科学文献出版社，2017。

[3] 汪泓主编《邮轮绿皮书：中国邮轮产业发展报告（2016）》，社会科学文献出版社，2016。

[4] 汪泓主编《邮轮绿皮书：中国邮轮产业发展报告（2015）》，社会科学文献出版社，2015。

[5] 叶欣梁、梅俊青：《中国邮轮经济运行分析与发展预测（2018）》，上海交通大学出版社，2018。

[6] 郝诗雨、赵媛：《中国邮轮旅游网络关注度的时空格局及影响因素研究》，《首都师范大学学报》（自然科学版）2019 年第 2 期。

G.15

国际邮轮在中国母港运营的准入机制研究*

林章林**

摘　要： 国际邮轮在中国母港运营了13年，中国成为亚洲第一、世界第二邮轮旅游客源国，邮轮旅游航次及人数规模增长远高于全球平均水平，与此同时，也暴露出包船模式下的低价竞争、服务质量降低、邮轮旅游产品单一、岸上游等旅游项目变成购物游、各地邮轮母港建设导致的供需不平衡与恶性竞争、邮轮港口缺乏成熟的服务及管理机制、邮轮港口的盈利点较少和盈利能力较差等七个方面的问题。本文从准入机制的角度入手，针对中国邮轮旅游发展的实际情况，借鉴国际经验，提出构建准入机制的三原则，即阶段性原则、中国特色化原则、协调性原则，同时提出五大准入机制，即安全准入机制、环境保护准入机制、邮轮产品准入机制、邮轮服务水平准入机制、邮轮管理准入机制。

关键词： 邮轮旅游　母港运营　准入机制

根据中国交通运输协会邮轮游艇分会（CCYIA）数据，2017年我国大陆地区11个邮轮港（烟台港2017年无航次，不计入）接待母港邮轮和访

---

* 本文系2017年度上海市人民政府决策咨询研究邮轮经济专项课题基金项目（项目编号：2017－Z－J02）的成果。

** 林章林，博士，复旦大学工商管理博士后流动站博士后研究人员、驴妈妈集团助理总裁，研究方向为旅游地理、旅游法律法规。

问港邮轮共计1181艘次，同比增长17%，接待出入境邮轮旅游者共计4954960人次，同比增长8%。其中，母港邮轮1098艘次，同比增长18%；访问港邮轮83艘次，与上年持平。中国继续保持亚洲第一、世界第二邮轮旅游客源国市场规模，邮轮旅游航次及人数规模增长远高于全球平均水平。截至2017年底，我国已建成15个邮轮港口，批准成立6个邮轮旅游发展实验区，另有6个邮轮港口、2个邮轮旅游发展试验区正在规划建设和争取设立中。由于中国的邮轮旅游已经从原来的卖方市场变为买方市场，政府监管部门和旅游者对外国邮轮在我国母港运营有了更高的要求；再加上在邮轮旅游持续升温的同时，邮轮权益纠纷不断增多，邮轮体验度下降也受到很多游客的诟病，因而迫切需要通过设立准入门槛的形式来引导中国邮轮旅游市场更加快速、稳定、持续发展。因此，研究国际邮轮在中国母港运营的准入机制，要求国际邮轮公司更加适应中国市场的需求、提供受中国游客欢迎的邮轮旅游产品、保障中国游客的合法权益，就显得非常重要。

一 中国国际邮轮旅游发展的态势

（一）中国国际邮轮旅游发展的阶段划分

中国邮轮市场母港运营经历了十余年的发展历程，依据不同时期的发展目标和所取得的成绩，可划分为以下三个阶段。

第一个阶段（2006～2012年）：母港邮轮发展起步阶段。此阶段的标志是从2006年歌诗达邮轮公司旗下“爱兰歌娜号”邮轮在上海开展母港运营至2012年国家旅游局批准在上海设立邮轮旅游发展试验区。这一阶段，主要通过政策开发、资金补贴等多种方式，吸引国际邮轮公司进入中国市场开展母港运营，推动中国邮轮旅游市场母港运营的快速发展，强化邮轮旅游产品市场吸引力。在此期间，歌诗达、皇家加勒比等国际邮轮巨头公司纷纷开始布局中国市场；“爱兰歌娜号”“海洋迎风号”“海洋神话号”“经典号”“维多利亚号”“海洋航行者号”等在中国市场开展母港运营；上海、天津、厦门、海口、三亚、香港等沿海港口城市加快邮轮母港建设，并开始接待邮轮、开展母港运营。

第二个阶段（2013～2017年）：母港邮轮快速发展阶段。经历了初期的发展起步阶段，母港建设、国际邮轮引入、邮轮旅游市场宣传等取得了良好的成效，邮轮旅游进入快速发展阶段。母港邮轮航次和母港游客量连续多年增长率达50%以上，邮轮旅游发展政策进一步明确，邮轮改革步伐加快。截至2017年底，我国已建成15个邮轮港口，批准成立6个邮轮旅游发展实验区，另有6个邮轮港口、2个邮轮旅游发展试验区正在规划建设和争取设立中。中国继续保持亚洲第一、世界第二邮轮旅游客源国市场规模，邮轮旅游航次及人数规模增长远高于全球平均水平。本土邮轮船队开始运营。公主邮轮、丽星邮轮、云顶邮轮、诺唯真游轮、地中海邮轮等国外邮轮公司不断加入中国邮轮母港运营市场，歌诗达、皇家加勒比加派更高规模和品质的邮轮，邮轮数量、载客量和艘次显著增加，邮轮母港建设和设施配置进一步完善。

第三个阶段（2018年至今）：准入机制构建下的稳定发展阶段。经过前两个阶段的发展，中国邮轮旅游取得了优异的成绩，母港运营经济效益进一步凸显。但同时也存在诸多问题，如市场无序竞争、邮轮产品价格过低、母港建设与产业发展不匹配、邮轮旅游整体服务质量降低、游客体验性差等，导致邮轮旅游增幅放缓、邮轮公司开始调整航线。因此，应构架完善、科学的准入机制，制止市场无序竞争，为邮轮公司、港口提供良好的市场环境，促进中国邮轮旅游市场快速、稳定发展。

（二）中国国际邮轮旅游发展规模

自2006年歌诗达邮轮公司旗下“爱兰歌娜号”邮轮在上海开展母港运营以来，邮轮母港运营在中国已经步入第十三个发展年头。母港艘次从2006年的18个艘次增长到2017年的1098个艘次，年均增长率达52.8%；母港游客量从2006的1.8万人次增长到2017年的478.1万人次，年均增长率达66.1%（见图1、图2、表1）。[①] 中国继续保持亚洲第一、世界第二邮

① 资料来源：http：//www.ccyia.com/。

轮旅游客源国市场规模，邮轮旅游艘次及人数规模增长远高于全球平均水平。

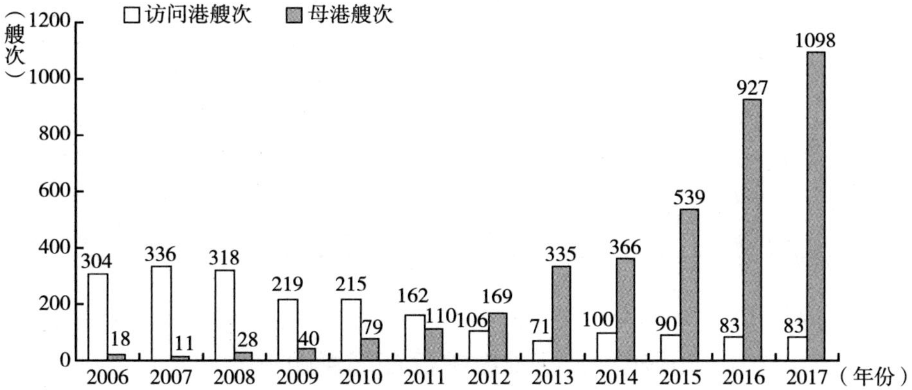

图 1　2006～2017 年中国邮轮旅游艘次统计

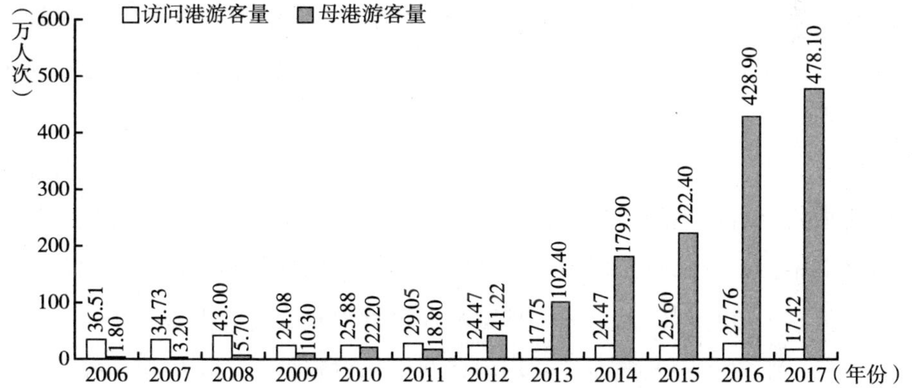

图 2　2006～2017 年中国邮轮旅游游客量统计

表 1　2006～2017 我国邮轮旅游市场发展变化

单位：艘次，万人次

年份	母港邮轮	访问港邮轮	总量	母港游客量	访问港游客量	总量
2006	18	304	322	1. 80	36. 51	38. 31
2007	11	336	347	3. 20	34. 73	17. 93
2008	28	318	346	5. 70	43. 00	48. 70
2009	40	219	259	10. 30	24. 08	34. 38
2010	79	215	294	22. 20	25. 88	48. 02

续表

年份	母港邮轮	访问港邮轮	总量	母港游客量	访问港游客量	总量
2011	110	162	272	18.80	29.05	47.85
2012	169	106	275	41.22	24.47	65.69
2013	335	71	406	102.40	17.75	120.15
2014	366	100	466	179.90	24.47	204.37
2015	539	90	629	222.40	25.60	248.00
2016	927	83	1100	428.90	27.76	456.66
2017	1098	83	1181	478.10	17.42	495.42

（三）中国国际邮轮旅游发展中存在的差距

中国邮轮旅游凭借庞大的市场规模、港口数量、邮轮数量和艘次，已经进入邮轮旅游大发展阶段。但应当指出的是，基于中国现阶段整体发展水平，中国邮轮旅游市场与国外邮轮旅游市场相比，仍存在较大的差距，主要表现如下。

第一，旅行社包销船票模式和邮轮旅游产品捆绑出售模式与国外邮轮产品销售模式具有较大的差异。包销船票和旅游产品捆绑出售模式导致邮轮产品价格的定价权从邮轮公司向旅行社转移，这与国外邮轮市场同行的邮轮公司设定价格、旅行社作为票务代理赚取佣金的模式有着较大差异。①

第二，邮轮旅游人数多，人均消费水平相对较低。根据中信建投发布的《邮轮旅游产业分析报告》②，2015 年全球邮轮市场人均总消费 1779 美元。而国内游客邮轮旅游消费则相对较低，根据驴妈妈发布的《2016 邮轮游消费报告》。③，中国游客邮轮旅游人均花费仅在 5400 元人民币左右，远低于全球平均水平。

---

① 孙晓东、冯学钢：《邮轮公司如何定价：基于北美市场的实证分析》，《旅游学刊》2013 年第 2 期。

② 中信建投：《邮轮旅游产业分析报告》，2015 年 12 月。

③ 驴妈妈：《2016 邮轮游消费报告》，2016 年 4 月。

第三，邮轮旅游价格偏低，旅游服务质量下降。① 现阶段，我国邮轮旅游价格远低于国外邮轮旅游市场。船票包销模式和无序的市场竞争导致邮轮旅游价格较低，且邮轮旅游旺季和淡季间船票价格、邮轮航次波动幅度较大。邮轮旅游价格过低，导致大量不愿意消费船上其他收费服务和产品的游客登船，邮轮公司仅能获取稳定的船票收益，而船上旅游服务和产品收益相对较少，且船上物资等消耗过快，岸上游相关旅游产品收益基本没有。

第四，邮轮旅游产品不足，出游时间相对较短。目前，我国邮轮旅游市场以母港运营为主，访问港邮轮艘次远低于母港邮轮。根据驴妈妈发布的《2016 邮轮游消费报告》，短期日韩航线成为中国游客邮轮旅游首选。从出游目的地看，83% 的邮轮旅游者首选日韩航线，其次为港澳台和东南亚航线；从邮轮旅游时间看，87% 的游客更偏向于 4 ~ 5 晚的邮轮航线；从出游群体看，家庭 29% 与孩子共度亲子时光，24% 是与父母和朋友一起出游。

二 中国国际邮轮旅游发展的问题分析

中国邮轮旅游市场在快速兴起和发展的同时，逐渐暴露出来的一系列问题也同样需要进行深入分析和探讨，结合上述分析，归纳为以下七个方面。

（一）包船模式下的低价竞争问题

邮轮旅游产品定价通常采用动态收益定价，一般从航期前一年开始长线预售。由于预售期长，易受到外部环境的影响，经营风险较高。因此，国内外普遍实行早期低价销售，中期正常价格销售，临近开船日期根据已售情况确定销售价格的模式。在国外，邮轮旅游产品价格通常由邮轮公司确定，旅行社通过代售船票赚取佣金，船上旅游产品和岸上游产品通常也由邮轮公司定价。而在中国，邮轮旅游产品销售主要采取旅行社包船打包销售模式，旅

① 孙瑞红、叶欣梁、徐虹：《中国邮轮市场的价格形成机制与“低价困境”研究》，《旅游学刊》2016 年第 11 期。

行社将船票和岸上游产品打包销售，根据市场需求自行设定不同阶段的价格，旅行社取代邮轮公司掌握旅游产品定价权。

根据驴妈妈旅游网公布的邮轮产品价格，近三年中国市场邮轮整体价格明显下降，部分价格降幅达40%以上。旅行社包船模式使得邮轮产品被打包销售，产品之间的差异性减小，同时也使原本由邮轮公司采取的垄断定价变为众多旅行社之间的市场竞争，行业壁垒下降，定价企业增多。此外，为了保护邮轮公司利益，符合我国邮轮港口补贴政策要求，即使在淡季，旅行社也要尽可能多地提高销售量，因此产品价格不断降低，市场竞争愈发激烈。同时，低价促使价格敏感型旅游者提前进入邮轮市场，形成“没有最低只有更低”的消费心理，导致邮轮产品需求价格进一步降低。

同时，由于邮轮价格由几大邮轮公司主导变成众多旅游中间商的竞争，行业壁垒低，企业数量多，最终以促进购物来提高利润，严重影响了邮轮游客的旅游体验。从短期看，使价格敏感型游客提前进入邮轮市场，寻求低价邮轮旅游产品，进而形成不断追求更低价格的心理意识；从长期看，持续低价导致优质游客因环境恶化而离开，价格敏感型顾客成为邮轮旅游消费市场的主要客源，该部分群体付费项目开支较少，导致邮轮公司收入进一步下降。邮轮公司收益降低，进而无力且无动力进行新产品开发和服务质量提升，必然导致产品和服务质量不断降低，加快优质游客的离去，形成恶性循环。

（二）邮轮旅游快速增长下的服务质量降低问题

包船模式虽然确保了邮轮公司船票销售收入，但损失了岸上游相关产品的销售收入。同时在包船模式下，短期内会导致大量的价格敏感者选择低价邮轮旅游产品并成为主要客群，该群体对于船上付费项目需求较少，转而寻求免费项目。因此，邮轮公司在船上收入减少的同时，支出成本增高。另外，持续低价旅游导致邮轮旅游环境恶化，优质游客减少，该部分游客带来的船上消费支出随之减少，邮轮公司船上收入相应降低，从而引发减少成本支出并导致服务质量降低。邮轮服务质量降低，势必导致游客体验性和满意度降低，不利于邮轮旅游口碑形象营造。同时，服务质量降低也会产生诸如食品安全、游客权益受损、市场宣传与实际不符等问题。例如，根据上海市检验检疫部门统计，2018 年在上海口岸出入境的邮轮中，已经出现了数起游客食用船上食品后出现病毒感染，进而引发纠纷事件。

（三）邮轮旅游产品单一问题

2017 年，我国 13 个主要邮轮港共计接待邮轮 1181 艘次，其中母港邮轮 1098 艘次。有皇家加勒比、歌诗达、丽星邮轮等 12 家邮轮公司 20 艘邮轮在中国港口开展母港运营。从邮轮航线看，以日韩航线为主，其次是东南亚航线。从出发港口来看，上海、天津、广州和深圳是最主要的出发港，合计占到母港航线的 79%。因此，邮轮旅游航线较为单一，且主要为 4 ~ 7 天的短期航线。尽管随着我国邮轮港口数量的不断增多，上海港的母港航线比例有所下降，但在未来数年，上海港仍将是中国最大的邮轮母港。另外，尽管 2009 年就已经明确提出了邮轮的多点挂靠政策，但近年来，国内城市多点挂靠运用相对较少，而国外港口城市多点挂靠则相对较多。

（四）岸上游等旅游项目变成购物游问题

旅行社通过包船模式将邮轮产品进行打包，相关岸上游产品也由旅行社一并打包出售。低价竞争导致旅行社只能通过岸上游获取收益，导致传统的岸上观光逐渐发展为岸上购物项目。为了能够获取更多的岸上游收益，旅行社在目的地港口的选择和线路行程安排等岸上游产品中，尽可能地加入购物环节，游客除了购物活动外，基本没有足够的时间和自由度游览港口城市。

（五）各地邮轮母港建设导致的供需不平衡与恶性竞争问题

2015 年交通运输部发布的《全国沿海邮轮港口布局规划方案》明确提出了在 2030 年前，形成 2 ~ 3 个以邮轮母港为引领、以邮轮始发港为主体、以邮轮访问港为补充的新一轮的港口布局规划。目前我国共计有在运营的邮轮港口 15 个，包括上海、天津、青岛、深圳、三亚、舟山、厦门等 7 个城市的8个邮轮专用码头和大连、广州、烟台、温州等城市的7个由货运码头改造而来的邮轮码头。

此外，还有正处于建设当中或规划建设中的多个以邮轮母港为定位的邮轮港口。形成以上海两大邮轮母港辐射带动长三角地区的邮轮市场、以厦门和广州邮轮母港辐射带动东南部沿海的邮轮市场和以天津、大连邮轮母港辐射带动的环渤海湾的三大邮轮市场。①

邮轮母港是始发港的高级阶段形式，是邮轮公司的集聚地、邮轮的维修保养地、游客的重要集散地、邮轮游客的服务中心地，对拉动区域经济发展有着重要作用，因而引发沿海城市邮轮母港建设浪潮。但建设过程中以及投入使用后存在诸多问题。比如，投资性冲动，或是为了地标性建筑而以拉动房地产业的发展为目的；不考虑全国整体旅游市场规划布局和自身资源条件及发展潜力，盲目跟风建设导致邮轮港口资源大量闲置。

（六）邮轮港口缺乏成熟的服务及管理机制

在我国并没有形成相对成熟的港口管理机制，目前我国邮轮港口这一相对新兴的服务部门并没有较完善的规范化服务标准。加之缺乏足够的邮轮港口运营管理经验，港口管理水平相对较低。

此外，我国邮轮港口服务流程同样有待优化。在邮轮产业发达的地区，相关服务流程较为规范，各项服务进程均相对通畅。简单又能达到效果的流程是最有效率也是最科学的。复杂的服务流程不仅会增加港口的人力成本，而且一道道手续也会让游客心生厌烦，从而降低对邮轮港口服务质量的满意度。例如，在游客行李检查过程中，叉车将邮轮行李卸下，行李工将行李笼推至安检处安检，然后运输至行李房。游客再按照行李箱颜色或号码提取行李，然后再经过海关检查，流程较为复杂。港口与邮轮公司协调不当，导致游客行李运输不及时，大量游客聚集等待领取行李等。此外，安检、上船和下船各阶段长久的排队等候也会降低游客体验。各地邮轮港口的盈件设施堪

① 《全国沿海邮轮港口布局规划方案出炉》，《西部交通科技》2015年第5期。

称世界领先，但邮轮游客的服务体验还是处于较低满意度的水平。服务质量不稳定、服务不规范、服务专业水平低、服务流程设置不合理等问题比较严重，不能充分地从游客的真实需求出发。在实际的操作中，各个相关单位之间的信息共享、共同合作仍然较少，导致相应成本增加，不能更好地服务游客。

（七）邮轮港口的盈利点较少和盈利能力较差

我国邮轮港口接待的游客量虽然保持着较高的增长速度，市场规模也逐年递增，但邮轮港口的盈利点较少，盈利能力较差。目前在我国的邮轮港口中，仅有上海吴淞口国际邮轮港因拥有独具数量优势的邮轮靠泊量和游客接待量，在邮轮靠泊费等方面有较高的收入，在全国范围内保持良好的盈利水平，全国其他邮轮港口均处于一定的亏损状态。在邮轮港口营业收入的来源方面，主要是停泊费、旅客人头服务费、客运大厅使用费、行李费等，收入占比最大的是停泊费，这也是靠资源垄断性的收费项目，而不属市场竞争性领域。尽管对其他服务如港口广告、电商等的探索也在不断进行中，但整体收入仍然较低，难以成为有效提高邮轮旅游收入的一个重要方向。

三　国际邮轮在中国母港运营的准入机制构建原则和具体措施

（一）准入机制构建的原则

1. 阶段性原则

中国邮轮旅游已经进入第三个阶段，无序竞争态势的加剧导致邮轮旅游服务质量严重降低。因此，需要一个有序、稳定的准入机制来制止无序的恶性竞争，为邮轮公司、港口带来持续稳定的发展环境和良好的经济效益。同时，制定准入机制，维护邮轮旅游市场稳定，也是中国作为负责任大国，为世界邮轮旅游发展所做的贡献。在邮轮旅游发展的不同阶段，均有其相应的准入机制，现阶段的准入机制也并非一成不变，而是随着市场的发展而变化。

2. 中国特色化原则

国际邮轮进入中国市场，邮轮旅游产品应符合中国市场需求特点，应重点关注以下环节：①营造良好的中文环境（语言环境、各类中文标签、书籍、菜单和其他资料等）；②把握中国客源市场主体——家庭亲子游市场；③适宜中国游客的维权环境，可通过保险的形式进行分担。

3. 协调性原则

国际邮轮在中国母港运营需要与港口、旅行社、公司等单位紧密合作，应当做到：①遵守相应法律规定；②处理好中国现行节假日安排下的淡旺季变化差异、采取航线联保多个措施；③形成与港口、旅行社之间的有序对话。

（二）基于准入机制构建原则下的具体措施

1. 建立安全准入机制

随着中国邮轮旅游产业的不断发展，邮轮安全问题越来越受到重视和关注。邮轮安全通常包括以下四个方面，即人员安全、货品安全、食品卫生安全、航道安全。对于这四类安全邮轮及停靠港均要引起重视，要采取相关措施，防微杜渐，具体内容和防治措施如下。

（1）人员安全

这里面的人员主要包括两类：游客和在船上工作的员工。邮轮是人员密集区域，加之由于在海上航行，远离陆地，一旦发生传染病、触礁等安全事故时，就会造成不可估量的人身和财产损失。秉承“生命权高于一切”的原则，人员安全容不得丝毫的忽视。

①出台相关法律法规来保障邮轮人员安全。国际上，相关公约明确规定了保障人员安全的细则。例如，《海上人命安全公约》（SOLAS）对于邮轮船体结构、设施设备性能和配比、救生演习等做出了明确且详细的规定；邮

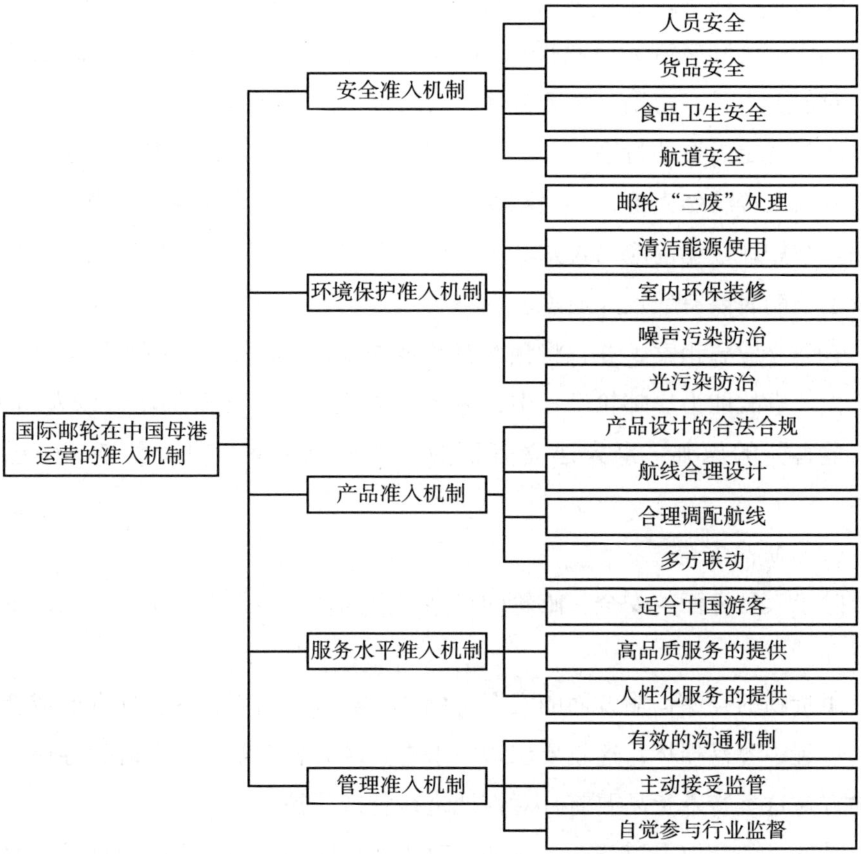

图 3　国际邮轮在中国母港运营的准入机制

轮公司要严格遵守途经港口国家、国际组织、行业组织等制定的各项安全规定。

②组织相关安全演练，防患于未然。按照《海上人命安全公约》组织游客救生演练，同时也应定期组织船员进行救生演练，确保紧急情况下能够有效、快速开展救援工作。港口管理部门定期检查船上安全设施和船员救援操作规范，对于检查不合格的，应视其情况确定是否允许其在中国港口进行母港运营。

③提高服务质量，细致入微。例如，在邮轮上要有安全标识，特别是要

有中文的安全提示，让邮轮人员及时地获取安全信息；要在醒目处张贴服务监督热线电话和旅游紧急救援电话号码；要及时提醒船上人员提高安全意识。对船上人员，特别是游客群体，要时刻提醒安全问题。

④对特定人群的特别关照。对于邮轮上的游客来说，如老人、孕妇、小孩、残疾人等特殊人群，在遇到安全问题时，应对能力较弱，应当予以特别关照。孕妇在登船前应当告知其不适合海上邮轮旅游；针对残疾人，在船上以及上下船时要有残疾人通道。

⑤建立应急预案，并且将预案对游客进行充分告知与提醒，以提高处置安全生产事故能力。邮轮运行中，秉承“安全第一、预防为主，以人为本、减少危害”的原则，事先建立完整的安全应急预案，防微杜渐，防患于未然。

（2）货品安全

除了人员方面的安全，邮轮的货品安全同样不能忽视，主要是指以下几个方面。

①货物的存储运输方面的安全。例如，有些货物不适宜长期存储或者在运输过程中容易损坏，这就要求货主事先要及时告知邮轮方，邮轮存储方或运输方对这类特殊货品要有针对性地进行特殊保护。

②商品的获取渠道安全。例如，对于所采购的商品，必须保证是通过合法渠道获取，不得违反相关的法律法规和国际公约。实行负责人制，通过追溯商品采购源头，确保采购渠道安全。

③严禁违禁物品。邮轮和港口都是人员密集区，为了确保邮轮的人员和财产安全，就必须对游客和船上工作人员所携带的物品进行严格要求。在我国港口停靠期间必须严格遵守我国的法律法规和国际公约。例如，我国法律明确规定，武器、弹药、爆炸物品（如炸药、雷管、导火索等）、剧毒物品（氰化钠、氰化钾等）、麻醉剂（鸦片、海洛因，吗啡等）、放射性物品等均属于违禁品，严禁将其带上邮轮。

（3）食品卫生安全

邮轮一般都是集中餐饮模式，一旦发生食品安全问题，将带来连锁反应，因此邮轮食品安全问题必须高度重视。邮轮公司和相关政府职能部门需要做好相关工作，多方入手，确保邮轮食品安全。

在邮轮食材的采购、食品的制作和保存、后勤服务的提供等方面，必须加强卫生监督和管理。食材采购的流程要合法，选择有诚信的采购商，保证所采购的食材安全卫生且能追根溯源；对于食品要留好样本，以待相关部门随时检查；食品的保存要有专门的保存系统，如冷链冷藏系统和消毒系统；要照顾特殊人群的餐饮习惯和人身安全，如因宗教信仰而产生的饮食禁忌，一些人群对特定食物产生过敏等。

加强食品卫生检查管理和通报协同联动机制，主动进行食品卫生安全自查和申报。政府部门对于出现若干次或达到一定规模的食品卫生安全事件的邮轮，应禁止其在中国港口运营。

（4）航道安全

邮轮航道安全的管理事关邮轮乘客的生命安全和财产安全，为保证邮轮顺利安全通航，应做到以下几点。

①法律和规章制度方面，必须遵守中国相关航道法律和引航员机制。例如，《中华人民共和国航道法》《中华人民共和国海上交通安全法》等法律法规，对于保持和改善航道通航条件、保护航道安全、维护航道网络完整和畅通等方面做出了明确的规定。

②自然环境方面，邮轮操作者须熟悉中国航道的水文特征，并能严格按照海事部门所划定的航道航区，在相应的时间、以相应的速度进行航行。预备应急处置措施，注意与其他船只之间的避让。

2. 建立环境保护准入机制

邮轮沿海运营和进出港时产生的废水、废气和油污，如果处理不妥当，会造成严重的环境污染问题，尤其是在进出港期间，邮轮会排放大量的污染物，对港口环境造成较为严重的影响。国际国内已经出台了一系列相关法律法规和国际公约，对邮轮污染处理和环境保护做出了明确规定。

（1）邮轮“三废”处理

邮轮“三废”指的是邮轮运营过程中所产生的废水（如生活污水，可再利用的废水，油性舱底水、压载水等）、废气（燃烧重油所排放的 SO_2、NOx 等）、固体废弃物（大气颗粒物、生活垃圾、厨余垃圾等）。有研究显示，一艘邮轮每天排放的颗粒物相当于 100 万台汽车的排放量。因此，要妥善处理，防止对环境造成严重污染。

国际上，《国际防止船舶污染公约 73/78》就污水排放、空气质量、船上固体废物管理等方面制定了各项规定，并详细列举了六项附则，用于处理船舶所造成的各种海洋污染问题。此外，《国际船舶安全营运和防止污染管理规则》《联合国海洋法公约》《2004 年国际船舶压载水和沉积物控制和管理公约》等规则公约也从船舶货物和环境安全、海洋保护和污水处理等方面进行了明确规定。

国内法规如《中华人民共和国海洋环境保护法》《中华人民共和国防止船舶污染海域管理条例》等同样制定了严格的船舶排污和防污染管理办法和具体实施条例。例如，《中华人民共和国海洋环境保护法》中的海洋环境监督管理、海洋生态保护、防止倾倒废弃物对海洋环境的污染损害、防止船舶及有关作业活动对海洋环境的污染损害和法律责任等内容，同样适用于邮轮。

（2）清洁能源使用

清洁能源的使用是减少“三废”排放、保护生态环境的重要措施之一。出于经济目的和技术原因，目前邮轮普遍使用含硫量较高的重油作为主要能源，且缺乏高性能的发动机和具备脱硫脱氮能力的排污装置。邮轮普遍使用廉价的高污染能源，在邮轮航行和靠港过程中会产生大量的氮氧化物和硫氧化物，造成较为严重的环境污染。

目前已经出台大量相关的国际公约和国家法律，用以促进邮轮清洁能源的使用，保护环境。例如，国际海事组织（IMO）于 2016 年通过议案，明确规定到 2020 年所有船舶必须换用硫含量不得高于 0.5% 的燃油；在中国，2016 年发布的《船舶发动机排气污染物排放限值及测量方法》规定，2018 年 7 月 1 日后所有沿海船舶必须使用硫含量不超过 0.5% 的船用燃料油；到 2021 年 7 月 21 日，全国沿海船舶燃料油含硫量必须降至 0.1% 以下。同时，为了控制国外船舶对港口的污染，中国在主要海域设置排放控制政策，规定进入控制区的船只都必须使用硫含量0.5%以下的燃油。此外，近年来我国沿海港口也开始利用自身优势和资源，探索岸电系统建设。

（3）室内环保装修

室内装修必然会产生污染，装修污染有很多有害的物质，最典型的如甲醛。甲醛是毒性较高的气体，在国内有毒气体名单中列居第二。室内甲醛大多来源于人造板材、涂料、油漆等材料，一旦侵入人体会引发甲醛中毒，甚至致癌。因此，室内装修要采取环保装修，使用符合规定的环保材料。在进行装修时，既要考虑美观，又要注重健康，同时把对人身和环境造成的危害降低到最小。

为了更好地实现环境保护，给邮轮人员创造一个舒适、环保环境，邮轮室内装修同样需要考虑环保问题。具体来说，在装修时不仅仅要使用环保材料，还需要从设计开始，在做设计方案、施工方案的时候就考虑和重视环保问题。在装修后要进行通风，并对室内空气指标进行监测，在达到国家相关规定后方可投入使用。

（4）噪声污染防治

噪声污染被认为是仅次于大气污染和水污染的第三大公害。由于相关设备的运行，邮轮在行进和靠港过程中会产生大量的噪声，对舱内的游客以及港口周边居民造成严重的噪声污染。

①改进设备技术，降低船舶噪声。邮轮噪声主要由邮轮设备作业时发出的，可以采取相关措施，降低乃至消除噪声。例如，给机器上足润滑油，既防止产生噪声，又能保护机器；在邮轮设计时，选择一些隔音效果好的材料和低噪声、低振动的设备。

②改善通航条件。好的通航条件，是降低邮轮运行时噪声的一个重要措施，这样能保证邮轮正常运行而无需通过加足马力或鸣笛来保证通航顺畅。

③通过强制手段，设定规章制度来治理噪声。如规定在距离港口的一定范围内，禁止鸣笛或者其他制造噪声的行为等。

（5）光污染防治

邮轮在运行过程中，在晚间会开启霓虹灯、探照灯等设备，这有可能产生光污染问题，对游客和停靠港的居民身体健康造成影响。

①改善照明系统，合理布置光源，加强对邮轮探照灯和霓虹灯的管理，禁止或限制使用大功率强光源；尽量使用密闭式的固定光源，使得光线不会被散射；研发低污染的照明产品来替代原有光污染严重的产品；定制关灯时间并尽量减少开灯时间，例如在邮轮靠港时，可以限制大功率照明设备的使用。

②制定法律法规。围绕如何有效降低光污染带来的影响，包括限制适用范围、限制使用条件和强度、使用特殊设施以减少或弱化光污染、分析光污染对生物的影响等，通过法律法规的形式来解决光污染问题。国外已经制定了相关的法律法规并有效减少和解决了光污染现象。例如，美国密歇根州出台的《室外照明法案》、印第安纳州的《室外光污染控制法案》、犹他州的《光污染防治法》和阿肯色州的《夜间天空保护法》等。

3. 建立产品准入机制

中国邮轮旅游已经进入第三个阶段，无序竞争态势的加剧导致邮轮旅游服务质量严重降低。因此，需要一个有序、稳定的准入机制来制止无序的恶性竞争，为邮轮公司、港口带来持续稳定的发展环境和良好的经济效益。

（1）产品设计应合法合规，符合中国的政策环境

国际邮轮进入中国市场，邮轮旅游产品应符合中国市场需求特点，应重点关注以下环节：充分考虑到中国游客的语言习惯，营造良好的中文环境（如中文语言环境、各类中文标签、书籍、菜单和其他资料等）；遵守中国法律，创造通畅的中国游客维权环境，这方面可通过保险的形式进行分担。

（2）航线设计应符合中国游客需求，要多元化发展

邮轮航线是指由邮轮始发港、海上航程、中途港及停泊点、目的港串联而成的邮轮旅游线路，是邮轮产品的主要构成要素之一。面对中国市场的既有消费人群和即将开发出的新兴市场，邮轮航线的设计要从顾客需求出发，充分考虑中国游客的假期偏好、客源结构等特征，设计游客满意的多元化选择的航线。例如，邮轮公司应积极探索新航线，这不仅能够有效解决当下日

韩航线竞争较为激烈、各个港口的利用率较低、航线单一等问题，同时还能较好地提高游客参与邮轮旅游的便捷性和多样性；邮轮公司应深挖中国游客需求，设计具有中国特色的邮轮旅游产品；针对不同年龄段和不同需求的游客，开发定制化、差异化的旅游产品。优先准许为中国游客量身定制邮轮旅游产品的邮轮进入中国市场，反之则限制其在中国港口运营。

（3）针对淡旺季，合理调配航线，实现全年运营

设定运营航次与港口要求，减小淡旺季波动。邮轮公司应在立足中国邮轮旅游市场发展规律的基础上，制定分布较为均匀的邮轮航线，积极探索选取多个邮轮港口进行母港运营。为有效降低过度的季节性波动对港口和游客带来的影响，应要求邮轮公司在选取热点港口和旺季增加邮轮线路的同时，在其他港口和旅游淡季确保一定数量的邮轮航线。

（4）加强与港口、旅行社等多方联动

国际邮轮在中国母港运营需要与港口、旅行社、公司等单位紧密合作，应当做到：遵守相应法律规定；处理好中国现行节假日安排下的淡旺季变化差异、采取航线联保多个措施；形成与港口、旅行社之间的有序对话。

4. 建立服务水平准入机制

（1）建立适合中国游客的邮轮服务

①服务的本土化与人性化。营造良好的中文环境，为游客提供便利。应要求邮轮公司增加中国船员和服务人员，对外籍船员和服务人员进行中文培训，能够与游客形成较好的中文交流氛围。在船上各类标识、书籍用品、娱乐活动中，应加入中文或用中文表达。优先准许符合该要求的邮轮进入中国市场，反之则限制其进入；加强服务的人性化。根据驴妈妈、携程等发布的邮轮统计数据，家庭亲子游是目前中国邮轮旅游的客源主体，需要考虑到照顾小朋友等。

②提供良好的沟通环境，及时处理邮轮旅游过程中的问题。随着邮轮旅游的不断兴起，相关的权益纠纷问题也随之增加。应当要求邮轮为游客提供良好的沟通环境，及时妥善解决各类投诉问题。同时，可利用网络文本挖掘法分析游客评价，结合邮轮投诉量等因素，对评价较低、投诉处理较多的邮

轮应限制其进入中国市场。

③要符合中国的法律法规及游客消费习惯。《中华人民共和国旅游法》明确规定，“在中华人民共和国境内的和在中华人民共和国境内组织到境外的游览、度假、休闲等形式的旅游活动以及为旅游活动提供相关服务的经营活动，适用本法”。因此外国邮轮停靠中国后，其提供的旅游产品和服务，必须遵守中国法律法规。例如，中国的法律法规明确规定，禁止收取“小费”，禁止赌博等行为，外国邮轮进入中国后，都应该遵守这些规定。

④船上服务设施设备的多样化。随着邮轮旅游产业的快速发展和竞争的日趋激烈，改变和突破现有的服务质量和服务方式，增加服务设施，提升服务水平，才能更多地分得邮轮市场的“蛋糕”。例如，设置针对不同年龄段游客的娱乐设施；投放更多的相关设备，方便游客使用等。

（2）高品质服务的提供

没有所谓好的服务，只有正确的服务；打败竞争者的唯一方式，不是比对方更好，而是不平凡的服务。因此，对于竞争愈来愈激烈的邮轮产业市场，对于一个邮轮企业，高品质的服务质量是其脱颖而出的关键。对于外来邮轮，其高品质的服务，主要体现在较强的服务意识、较高的中文水平、良好的沟通能力和过硬的职业素养等方面。[①]

（3）人性化服务的提供

所谓“人性化”就是在提供服务之前，应该细心地替人着想，让消费者在使用的过程中感到舒适，并且能保持尊严；人性化服务不是一句口号和表面形式，而是一种具体的本质的内容，要融入邮轮服务人员的理念之中。人性化服务要求必须由传统的被动服务模式转变为主动服务模式，充分发挥人的主观能动性，挖掘内在潜力，时刻为游客着想，时刻以游客为中心。例如，在服务中要主动热情，对特殊人群无歧视，并且能及时地提供细致入微帮助。

---

① 李肖楠：《浅谈国际豪华邮轮服务人员的素质要求》，《企业技术开发》2013 年第 Z2 期。

5. 建立管理准入机制

(1) 建立有效的沟通机制

在邮轮旅游的各个环节中，如若沟通不顺畅，则会产生一系列冲突问题。其中，信息沟通不顺畅和具体权责不明确，是导致问题产生的最主要原因。邮轮旅游的涉外性特征，导致邮轮、港口、旅行社和游客之前出现矛盾时，难以及时有效地处理。应当鼓励邮轮建立良好的沟通渠道，与港口、旅行社和游客营造良好的沟通氛围。具体来说，需要建立邮轮与旅行社之间的沟通机制、邮轮与游客之间的沟通机制，以及第三方协调机制。

邮轮与旅行社之间的沟通机制主要是让双方及时了解邮轮航线，邮轮抵达停靠港时间点、游客数量等方面的信息，确保双方能及时地部署和安排相关工作；邮轮与游客之间的沟通机制主要是通过及时沟通，让游客和邮轮方及时了解相关的动态信息，更好地处理游客诉求和提高服务质量；第三方协调机制主要是在邮轮方和游客方之间发挥调解的作用，使双方都处于监督制约之下。

(2) 主动接受主管部门的监管

对于邮轮来说，主管部门主要包括旅游、交通、海事、边检、卫生、食品药品监督等主管部门。

(3) 自觉参与行业监督

自觉参与行业监督，通过批评与自我批评的方式，督促自身不断改进和完善服务；开展服务质量的第三方测评，客观掌握自身服务状况和质量，及时发现并纠正问题；加入相关行业协会（如亚太邮轮协会等），成为会员单位，并积极参与其中工作，积极建言献策，贡献力量，共同促进行业发展。

参考文献

[1] http://www.ccyia.com/.

[2] 孙晓东、冯学钢：《邮轮公司如何定价：基于北美市场的实证分析》，《旅游学刊》2013 年第 2 期。

[3] 中信建投：《邮轮旅游产业分析报告》，2015 年 12 月。

[4] 驴妈妈：《2016 邮轮游消费报告》，2016 年 4 月。

[5] 孙瑞红、叶欣梁、徐虹：《中国邮轮市场的价格形成机制与“低价困境”研究》，《旅游学刊》2016 年第 11 期。

[6] 李肖楠：《浅谈国际豪华邮轮服务人员的素质要求》，《企业技术开发》2013 年第 Z2 期。

[7] 汪泓主编《邮轮绿皮书：中国邮轮产业发展报告（2016）》，社会科学文献出版社，2016。

G.16

邮轮港口区域的环境监控体系与监察制度研究*

孙瑞红 张晴晴 洪惠雨 何远勤**

摘 要： 邮轮的“高污染、高能耗、高排放”给港口造成了一系列问题，随着我国邮轮经济规模日益壮大，邮轮对环境的负面影响需要我们做好应急措施。然而有关邮轮污染的研究及法律法规还较为匮乏，亟须对邮轮污染问题进行全面深入地研究。本文全面总结分析国内外邮轮环境问题，对我国邮轮港口区域未来面临的环境风险进行举证，提出我国邮轮港口区域环境监控体系的构建方案，探讨我国邮轮港口区域环境监察机制，为推进邮轮环境监察制度体系建设提供对策建议与实施方案，为建立健全我国邮轮港口区域环境监管体系的顶层设计提供参考。

关键词： 邮轮港口 环境风险 环境监控 监察制度

一 邮轮港口区域环境问题清单

每个邮轮港口建设都会产生或多或少的负面环境作用。一旦邮轮停靠在

* 本文系基金项目——国家社会科学基金“供给结构调整下我国本土邮轮旅游开发研究”（16BGL110）、教育部人文社科基金“生态经济视角下邮轮产业环境外部性与绿色治理机制研究”的成果。

** 孙瑞红，博士，上海工程技术大学副教授，研究方向为邮轮经济、可持续旅游；张晴晴，上海工程技术大学硕士研究生，研究方向：邮轮经济；洪惠雨，上海工程技术大学硕士研究生，研究方向：邮轮经济；何远勤，上海工程技术大学硕士研究生，研究方向：邮轮经济。

访问港或者母港，在进行自身补给的同时，需要对船上的垃圾进行清理，这就会造成港口海水污染、废物难以分解等问题，进一步影响海洋生态，摧毁海洋生物赖以生存的生长环境。此外，邮轮港口靠近人们生活的区域，海洋所遭受的恶性影响还会作用于人体健康，邮轮所带来的污染具有一定的环境和社会代价，降低与邮轮产业息息相关的资源质量。邮轮对能源物资的消耗和产生的废弃物远远高于其他船舶，且因为邮轮多以母港为中心进行旅游活动，所以，其对港口周边的环境影响是非常显著的。

目前，我国邮轮港口区域面临的环境挑战主要来源于海水质量、空气质量、碳排放量以及生物多样性，如图 1 所示。

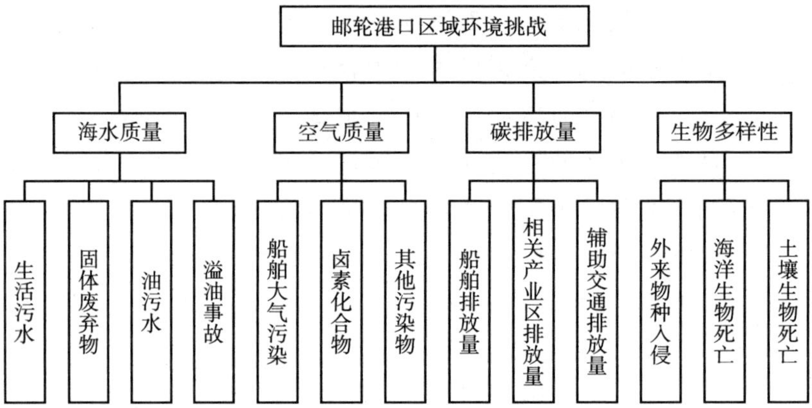

图 1　港口区域面临的环境挑战

二　国内外邮轮港口环境监控体系比较

（一）环境监控的基本内容及体系

环境监控是处理影响可持续发展和危害人民健康问题非常关键的一环，所以，各个国家在环保行动中，已经在慢慢加大对环境监控的力度。目前，国内外环境监控体系的基本框架包括服务和应用体系、信息资源体系、基础设施体系、法规标准与产业支撑体系（见图2）。因此，就进行环境监控集体行动来说，服务、应用、信息资源共享、基础设施、标准规范与产业环环相扣，都是十分重要的部分。

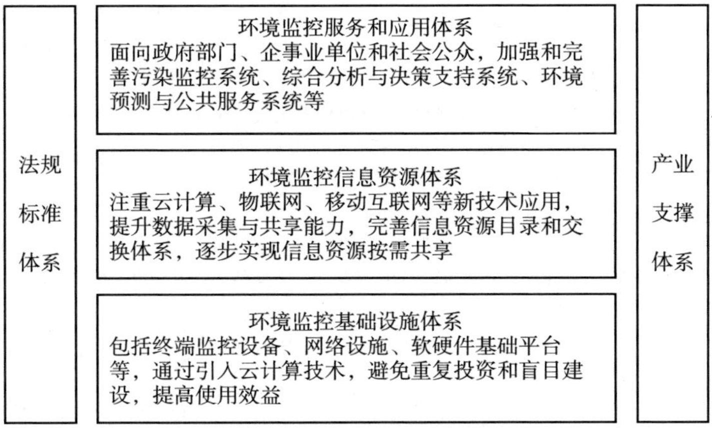

图2　环境监控体系内容框架

（二）国内外港口环境监控的比较分析

随着邮轮经济的不断发展，加之邮轮带来的环境问题日益严重，各国在邮轮港口的环境监控上应用高端仪器以及化学检测技术，保证环境监测过程中对监测对象的有效判断，力求数据的准确性和环境的无害性。本研究通过对国内外邮轮港口的调查和分析，从环境监控实施主体、管理模式、应用的信息技术、是否建立岸电这四个维度对11个国家的邮轮港口环境监控体系进行比较（见表1）。

表1　各地区环境监控体系比较

国家和地区	实施主体	管理模式	信息技术	岸电
德国	州政府	由政府机构、国营企业和私人企业共同管理，如港口管理局、港口管理公司等	DAKOSY 系统等	是
芬兰	国家政府	以环境部为主＋其他地方机构	IT 建立船舶航行管制系统等	是

续表

国家	实施主体	管理模式	信息技术	岸电
英国	私人企业	私人企业经营港口，以港口管理公司为主、国家港务局等其他机构为辅	遥感技术等	是
瑞典	国家政府	海事局	废油气回收系统、遥感技术、船舶交通服务系统（VTS）等	是
美国	州政府	由政府机构、国营企业和私人企业共同管理，如国家海洋与大气管理局、地方政府港口管理局、美国天然资源保护委员会、清洁空气协会等	环境管理系统等	是
加拿大	州政府	由政府机构、国营企业和私人企业共同管理如港务局、污染控制中心、其他辅助机构等	APTS 传输系统等	是
澳大利亚	联邦政府	地方管理委员会 + 交通局 + 其他辅助机构	SHIPS 系统等	是
新加坡	国家政府	由政府机构、国营企业和私人企业共同管理，如海事局、港务局、劳务局、港口管理公司、其他辅助机构等	TradeNet 系统、PortNet 系统、MarineNet 系统、港口和海上事件识别系统、云计算技术等	是
中国香港	私人企业	私人企业经营港口，以港口挂历公司为主，地方环保署、地方性辅助机构等辅助管理	环境监控报警系统等	是
日本	国家政府	由政府机构、国营企业和私人企业共同管理，如环境省、海上保安厅、气象厅、其他辅助部门等	—	是
韩国	国家政府	以政府机构或者国营企业管理为主，如环境部、地方辅助性机构等	Green Patrol 监测技术等	是
中国大陆	国家政府	以政府机构或者国营企业管理为主，如生态环境部、生态监测站、辅助性机构等	卫星云图、海浪海啸预警等	是

通过以上比较可以总结出以下几点。

（1）各地区的港口环境监控体系都建立在先进的科技支持上。各个港口大多采用了卫星技术、云计算技术、遥感技术、报警体系等进行 24 小时监测。

（2）与其他国家的环境监控体系相比，我国在环境监测职能部门存在职责不明确的问题，部分员工职业素养也有待考量。

（3）各个地区对不同程度的环境监控工作进行了分工，那些关系重大、涉及大多数公众利益的监测工作（如流域监测等）由政府监控部门承担，而对于企业环境监控则采取的是政府监管下的市场监测模式。

（4）各个地区的港口管理模式可以总结成三种：第一种是由政府机构、国营企业和私人企业共同管理的港口；第二种是由政府机构或国营企业管理的港口；第三种是由私人企业经营管理的港口。

三　国内外港口区域环境监察制度的比较分析

（一）环境监察制度内容分析

环境监察指的是为满足环境保护、防止环境污染、改善环境条件等需求，由国家政府部门、环境保护部门对污染物排放实施检查、监测和处理的一系列执法活动。

1. 环境监察制度的职能

环境监察工作通常涵盖三个方面的具体内容："三查"，主要是对各排污单位和主体进行环保相关监督检查；"二调"，按照相关法律法规、政策制度对环境纠纷、事故等展开调查；"一收费"，按照国家规定对排污单位进行标准化的排污收费。

2. 执行环境监察制度的组织机构

要实现高质量的环境监察工作，离不开分工明确、运作顺畅的环境监察主体。目前，世界环境行政管理体制的发展方向为构建相对集中的环境监督管理体系，世界各国环保工作的目标为提升环境监督管理机构的规模以及权威。在这方面，日本以及美国都有成功的经验可以借鉴。

在美国，环境保护管理机构分为两种类型：其一，联邦政府的环境管理机构；其二，各州政府的环境管理机构。联邦政府执行部门为国家环境保护局，作为独立机构对总统直接负责，并同时负责全国的环境污染防治工作，法律赋予其制定农药和有毒有害物质以及水资源防治标准。各州和地方政府都设置了本级的环境质量委员会以及环境保护局。此外，联邦环境保护局和州环境保护局之间为合作关系，并非领导和被领导的关系。州和州之间通过其常设机构即州环境委员会这个非官方、非营利的组织来对各州间的环境保护问题进行协调，使环境管理能力得以提高。

日本环境管理体制的设置为中央指导下的地方主导与自主型的环境管理体制。环境管理机构分别设置在中央以及地方，这些环境管理机关之间是相互独立的，地方环境管理机关只对地方政府负责。在对地方事务管理时，排除了国家机关的干预，根据地方居民的创意以及责任进行自主管理。由于保护良好环境和进行公害防治同区域居民的切身利害关系密切相关，这些事项由地方公共团体根据居民意见进行自主管理。因此，在日本，环境行政的主体为地方公共团体，负责承担公害行政的首要责任，其环境行政构建了一种自下而上的环境保护管理体制。

综上，美国和日本在环境监督管理体系上权责分明、相互协调，职能部门结构对上具有相当的权威影响力、对下能集中管理环境事务，这对我国如何完善环境监察制度有积极的指导和借鉴意义。

（二）国内外港口环境监察的比较分析

各国家港口环境监察制度的不断发展促进了该地区的环境法制建设，形成了从法律、行政法规到部门规章及地方性法规以及其他辅助性机构的规定等较为完善的环境监察体系。但不同地区存在不同的监察问题，进而在监察效果上也存在一定的差异（见表2）。

表2　各地区港口环境监察制度比较分析

国家和地区	管理主体	专门管理港口部门	相关管理机构/法律法规
德国	联邦政府	否	地方（州或市）政府管理、经济和劳动事务部、港口河道工程部、港口和经济基础设施部、港口经济部、港务监督办公室、港口管理公司/德国宪法、地方性法律法规

续表

国家和地区	管理主体	专门管理港口部门	相关管理机构/法律法规
英国	州政府	是,国家港口委员会	《港口发展计划》《港口条例》等
瑞典	国家政府	是,国家海事局	《瑞典环境法》等
美国	州政府	否	船舶通用许可手册(VGP)、意向通知书(NOI)、油污经济责任保险证书 COFR(包括无害通过美国水域的船舶)等
加拿大	州政府	是,港务局	—
澳大利亚	联邦政府	否	《噪声管理法》《绿色港口规划》《生物多样性计划》等
新加坡	国家政府	是,海事局、港务局	《环境污染控制法》等
中国香港	地方政府	否	《香港规划标准与准则》《水污染管理条例》《空气污染管理条例》等
日本	国家政府	否	《全球一体化时代的港口规划》等
韩国	国家政府	否	《大气环境保全法》《水质环境保全法》《噪声振动规制法》《有害化学物质管理法》《环境纷争调整法》《海洋污染防治法》
中国大陆	国家政府	否	《海港管理暂行条例》《环境保护法》《海洋环境保护法》《大气污染防治法》《水污染防治法》《噪声污染防治法》《固体废物污染防治法》《船舶法》等

通过以上对比可以得出以下几点。

（1）虽然在港口监控体系上有些国家政府并没有直接干预港口的环境管理，但是在监察制度上出现了主要的监察主体是国家政府，虽然将监控权利下放到地方政府或者私人企业，这样能极大地使市场利益最大化，但是面对关系广大人民群众利益的港口，国家政府丝毫不会放松警惕，会通过明确的法律法规严加管控。所以相比较德国、美国、澳大利亚这些国家，其他国家的监察制度显得更加具有保障作用。

（2）发达国家中尤其是港口经济十分发达的国家无一例外地会对外来靠港邮轮进行严格的环境监控，并要求缴纳一定的环境清洁费用。我国优越的自然环境为发展港口经济提供了良好的条件。但我国船只污水处理及废油泄漏等情况严重影响水域的航行安全和水域环境，船只废物处理的不完善也给我国的水产养殖业造成了一定程度的损失。因此我国水域安全、环境管理标准要对标国际标准，从源头上控制水域环境的污染。

（3）不少地区的环境监察制度由当地政府或者是私人企业进行制定或管理，但中国大陆由中央政府直接管理。由于我国环境监察主管机构的调整，下属的机构及职能部门的工作也产生了相应的变化，每个职能部门都有其各自的监察小组，在工作职责上产生了大量交叉重叠部分，造成职能机构工作效率低、资源浪费。另外，我国环境监察的概念发生了一定程度的转变，对于某些特殊情形的法律规范仍处于空白阶段，因此当前我国政府很有必要对环境监测工作从宏观层面到微观层面全方位地制定整体的制度和工作任务，避免重复工作。

四　我国环境监控体系和监察制度相关对策和建议

（一）我国环境监控体系

1. 执法组织机构设置方面

执法工作常常涉及许多不同的组织，如政府部门、市民团体与非政府组织，以及工业协会。任何一项执法战略的关键要素，就是要明确所涉及各个团体的作用和职责。当前，我国环境执法组织机构在设置上还存在诸多问题。

探索区域性职能整合方式。在欧盟各国的环境管理体制中，许多国家为加强部门间的协调，都建立了相应的机制和程序。由于有了这种整体协调程序，环保与其他部门间的矛盾被相应缓解，工作效率得以提高。当前，针对邮轮港口环境污染工作成立议事协调机构大多数未做具体规定，议事协调法律和实践的缺失导致混乱的环境监察执法环境，影响了执法工作的有效开展。因此要加强各相关部门的沟通、协调和配合。通过信息共享与政策学习以及加强各机构之间的协调沟通，从根本上改善执法组织与立法、司法以及其他相关行政机构之间的关系。

发挥非政府组织的作用。在当代，作为执法者和规制对象之外的第三种力量，非政府组织为环境执法提供了重要支持，已成为环境治理结构中的重要一环。但是我国群众在整体上参与度依然相对较低。当前我国邮轮港口环境监控体系现状中群众参与度不高，要让群众意识到身边的环境问题以及我国当前严峻的环境危机，引导群众参与环境污染治理工作，构筑牢固的监察工作群众基础。

2. 现代化技术配置方面

监控技术规范和质量保证体系的建设。环境监控技术规范与标准是国家环境保护法律体系的重要组成部分。因此，构建技术可靠、实用先进、方法科学的环境监控技术规范和质量保证体系，是保证环境监控数据准确和有效的前提。通过建立统一的监控技术规范和标准，形成科学、高效的监控管理体系，坚持质量第一的理念，提高监控人员的质量意识，严格执行监测技术规范和标准。

强化特征污染因子和区域环境质量监控。需建立港区空气质量与邮轮尾气排放之间的联动关系。通过建立港区空气质量在线监控系统，对污染物的排放特征及时进行联动分析，评估水运行业污染源排放对区域空气质量的影响程度，针对周边的环境敏感点，设置合理的警戒线，从而对污染物排放的情况进行及时预警。

提高环境信息集成和数据综合分析能力。通过建立与完善港区环境质量在线监控系统，对各监控点的数据进行集成，利用各类专业模型进行综合分析，实现港区环境质量变化趋势研究和预测。以监控网络为基础，以信息化技术为保障，形成集监控数据采集、审核、分析与信息传输、反馈、发布于一体的现代化环境信息管理决策系统，提高环境管理效能。

完善环境监测设备配置。完善环境监控的设备配置是提升港区环境监控能力的重要环节。在完善常规便携式监控仪器设备配置的基础上，建立较为完善的环境质量在线监控系统，形成环境质量与污染源相结合的实时监控系统，提高监控系统的反应能力和预测预警能力。

监控人才的培养。开展港区环境质量监控，培养人才和提升队伍素质是监控能力建设的根本性措施。为此，需要制订监控培训计划，落实在岗人员技术培训，并结合项目开展与推进监控技术培训。通过建立和完善监控人员的培训体系，建设一支高素质、结构合理的环境监控人才队伍。

3. 岸电技术的使用方面

强化信息化应用技术。德国汉堡港在现代化信息技术应用方面较为成熟。现代化技术的使用，使得港口在环境监测方面较为精准。未来我国应进一步加强由岸基监测站、船舶、海基自动监测站、航天航空遥感组成的全天候、立体化数据采集系统的能力建设，使污染监测、生态监测、灾害监测及港口自然环境监测合为一体，建立多层次、多功能、全覆盖的港口区域监视、监测与观测的网络结构，形成由卫星传送、无线传输、地面网络传输等多种技术和专业数据库组成的监测数据传输和监测信息整合系统。

完善港口岸电技术。港口岸电技术最早在欧美发达国家的港口应用，已经比较成熟，而中国的港口岸电技术起步较晚，目前还处于起步阶段。港口岸电技术的使用不仅可减少污染物的排放，还可达到节能、降噪的目的。随着国家各种排放限值及节能减排相关扶持政策的不断出台，港口岸电技术的发展已成为必需。

（二）我国环境监察制度

1. 法律法规方面

针对性制度及法律法规。各省份应结合实际发展情况、各个码头面临的问题，采取不同的发展措施；政府要不断完善环境保护方面的法律与政策；认识到在环保立法中综合决策与调查工作的重要性，通过具体的法律法规，明确规定港口范围内的任何活动，明确各部门的责任，明确划分处罚种类与数量。只有根据各港口自身的情况建立相应的制度体系和评价体系，制定相应的发展规划，才能适合不同港口的发展情况。

加强执法力度。在目前环境形势严峻的背景下，加大环境监察执法力度，对各种违法现象进行严厉打击，加快环境管理法治化进程，推进环境保护工作，强化源头管理，加大监管力度，确保港口健康可持续发展。

2. 部门机构设置方面

借鉴国外相关部门机构设置经验。从国外行政监察制度来看，监察均指向对政府及其公务人员的履职监督、效能考核与奖惩，全世界有120多个国家在国家层面或省（州）层面建立了监察专员制度。

上级审计部门加强对下级审计部门的管理，在工作模式上，纪检监察、审计派驻机构负责人不分管具体业务工作。在派驻模式上，从探索“点派驻”模式转向探索“片派驻”和“点面结合派驻”模式。在经费保障上，纪检监察和审计派驻机构的工作经费和人员工资福利由派驻部门负责，以减轻所驻部门压力。

环境监察队伍建设方面，首先，加强环境监察能力建设。通过多种途径解决基层环境执法资金投入不足的问题，完善执法经费财政保障体系；解决当前基层环境监察机构编制、人员不足和专业技术人员少的问题，使其与所担负的任务相适应。其次，提高基层环境监察队伍素质。完善环境监察人员在岗继续教育培训制度，系统性、经常性地举办环境监察业务知识培训，提高基层环境监察人员的业务水平；采取轮岗、待岗、末位淘汰制等有效措施，提高环境监察效能；加强环境监察的监督，加强作风建设。最后，规范解决机构人员违规违纪处理情况。加强对下级政府及有关部门环境保护工作的监督，发现工作人员有违法行为要依法给予处分，并向其任免机关或者监察机关提出处分建议。各级政府负有生态环境和资源保护监管职责的工作部门发现有本办法规定的追责情形的，必须按照职责依法对生态环境和资源损害问题进行调查。

环境监测与环境监察作为“环境保护部门的两只轮子”，是环境保护工作的重要组成部分，在实际工作中，两者相辅相成、不可分割。两者只有相互支持、密切配合，才能有效地对环境实施统一监督和管理，促进环境保护工作的协调发展。

参考文献

[1] 杨子江、刘伟、柳絮、林宣雄、高雷利：《基于物联网、云计算的环境监控体系的设计思考》，《环境保护》2012 年第 10 期。

[2] 叶欣梁、孙瑞红、刘萌萌：《绿色邮轮港口发展态势及突围路径》，《中国船检》2017 年第 7 期。

[3] 黄海燕、杨璐、许艳、王秋璐、李潇：《加拿大海洋环境监测状况及对我国的启示》，《海洋开发与管理》2018 年第 3 期。

[4] 张杰：《环境监察执法问题研究》，天津师范大学硕士论文，2017。

[5] 胡世武：《港口环境污染治理法治化研究》，安徽工业大学硕士论文，2016。

[6] 钟永森：《基层环境监察执法效能现状及提升对策》，《低碳世界》2015 年第 1 期。

[7] 刘金波、俞巍：《关于提升环境监察执法效能有效途径的探索》，《中小企业管理与科技（上旬刊）》2010 年第 7 期。

[8] 霍伟强、付威、徐广林等：《港口岸电技术及其推广分析》，《能源与节能》2017 年第 2 期。

[9] 刘军、黄爽、侯佳男：《环境监测体系运行管理机制的问题与对策》，《沈阳建筑大学学报》（社会科学版）2015 年第 6 期。

[10] 许妍、梁斌、于春艳等：《我国海洋生态环境监测与风险管控能力研究》，《海洋开发与管理》2015 年第 32 卷第 5 期。

[11] Ruihong Sun, " The Assessment on Benefits of OPS and Low-carbon Emission of Environment – friendly Cruise Port ," *Cruise Industry Review*, 2018.

[12] Kyung – Sim Yeon, " Modeling Collaborative Governance for Cruise Port and Industry in East Asian Region: Focusing on the Case of Busan ," *Cruise Industry Review*, 2018.

G.17
邮轮口岸全面推进单一窗口的策略研究

顾京军*

摘　要：　上海邮轮港自2006年开启母港运营邮轮航线至今，已成为亚洲第一、全球第四的邮轮母港。邮轮产业成为上海国际航运中心建设的重要组成部分和上海经济新的增长点。邮轮港邮轮和游客接待量的不断增加，对邮轮港口的各项服务提出了更高的要求，特别是在出入境信息申报、边检窗口的通关效率等方面需要更加高效、便捷的审核与通关流程。本文基于现有研究成果，通过对邮轮口岸全面推进单一窗口的策略研究，以期更好地推进“单一窗口”邮轮项目的建设，促进“邮轮便捷通关条码”、邮轮口岸混合验放通关模式、邮轮口岸诚信管理的发展，将“单一窗口”覆盖更多的邮轮产业发展体系中。完善邮轮单一窗口的功能体系，提升邮轮单一窗口应用的价值，创新邮轮单一窗口应用的实施路径，构建更为完善的邮轮单一窗口保障政策体系，维持邮轮经济的发展秩序，助推邮轮产业的可持续健康发展，为上海经济乃至全国经济的增长贡献力量。

关键词：　邮轮口岸　单一窗口　构建应用

上海邮轮产业经历了十余年的高速发展，特别是2012~2016年上海邮

* 顾京军，博士，中华人民共和国浦江出入境边检站边检处副处长，研究方向：邮轮经济。

轮市场规模平均增长率达到了 85%，这和我国邮轮产业的现实状况有关。虽然 2017 年我国以及上海邮轮市场增速放缓，但也应看到上海邮轮市场经过长期的高速增长后已进入调整期，这并不违背产业发展的一般性规律，属于正常的市场自我调整。在此背景下，邮轮经济逐渐从卖方市场转向买方市场，在价格机制作用下邮轮价格市场将更加合理。基于国际邮轮市场积极向好的大环境，以及国内邮轮产业逐渐迈向全产业发展的利好，上海邮轮产业将会从爆发式增长转向平稳可持续增长。上海吴淞口国际邮轮港邮轮和游客接待量的不断增加（见图 1），对邮轮港口的各项服务提出了更高的要求，特别是在出入境信息申报、边检窗口的通关效率等方面，需要更加高效、便捷的审核与通关流程。

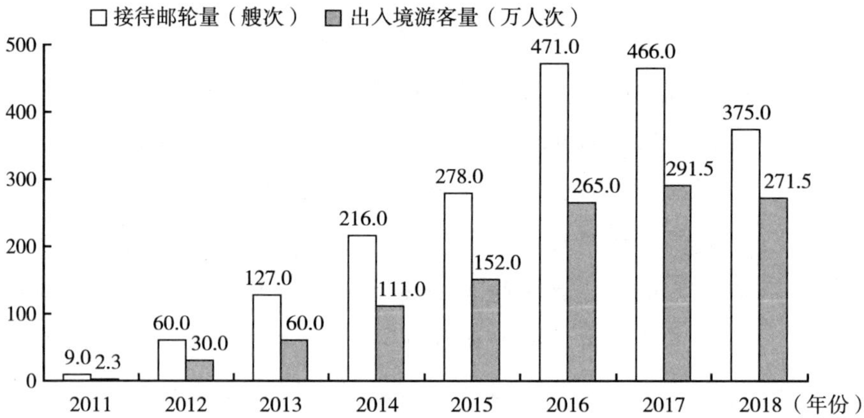

图 1　上海吴淞口国际邮轮港邮轮及游客接待情况

一　文献回顾

（一）概念界定

按照联合国贸易便利化和电子商务机构的说法，“单一窗口”的主要内涵就是在国际贸易和国际多式联运的政府部门、进出口企业等各单位、各部门，按照统一的标准，通过唯一的平台提交所有信息和单证，同时，能够符合国际贸易法律法规的管理要求。在现行贸易压力下，当前世界各国都高度重视，积极采取贸易便利化措施，包括“单一窗口”建设。

（二）单一窗口研究历时性演化分析

某一学科的文献年度发表数量在一定程度上能够反映学者对该领域的关注程度以及该领域的研究现状，对文献数量年度分布的研究有利于发现该学科目前所处周期。将全部有效文献导入 Excel，并对单一窗口文献按照发表年度进行排序，2010～2019 年国内单一窗口研究的文献年度分布折线图如图 2 所示。

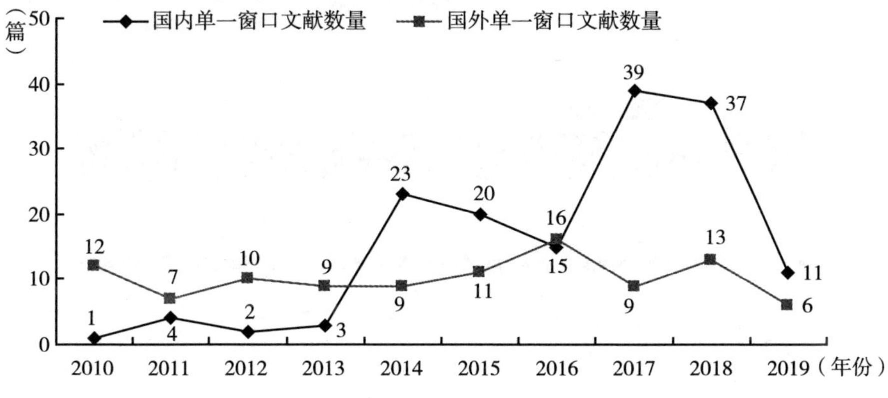

图 2　2010～2019 年国内单一窗口研究的文献年度分布

（三）邮轮旅游研究述评

当前国外对单一窗口的研究较为成熟，国内对邮轮旅游的研究刚刚起步，对游客感知的研究亟待加强。我国在单一窗口建设过程中，政策推动作用十分显著，法律保障不足。我国出台专门的法律规章认可电子数据、电子单证、电子签名的法律效力；“单一窗口”平台的数据使用，数据授权及数据的保存、销毁及存档的安全保密问题等具体工作急需立法规范。鉴于我国邮轮单一窗口正处于发展转折的关键时期，对邮轮旅游体验感知的研究不仅有利于学理上的探讨，也有助于产业发展。

二　邮轮港单一窗口的功能

上海国际贸易“单一窗口”于2017年底升级为3.0版本（见图3），开始全面支持邮轮边检通关服务，主要有四大功能：出入境信息申报、随邮轮入境15天免签团体信息申报、边检许可证件网上申办、邮轮口岸诚信体系建设。

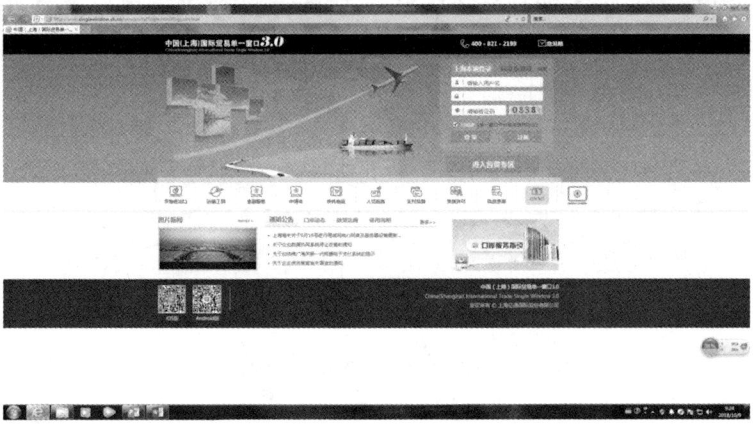

图3　上海国际贸易“单一窗口”3.0界面

（一）出入境信息申报

这是“单一窗口”最为基本的功能，出入境交通工具和载运人员信息通过网络进行申报，但与普通港口口岸信息申报不同，该功能对于边检日常通关工作有着更加重要和广泛的作用：一是前移管控防线，确保口岸安全。每艘邮轮每航次逾万名出入境人员，提前获取人员信息，开展甄别排查，对于包括边检机关在内的口岸管理部门而言非常重要。二是提供技术支撑，提升通关效率。从单一窗口获得的相关数据被制作成通关便捷条码，使中国旅客入境查验时间由传统的每人15秒大幅缩减为每人3秒，并为实现同一查验场地同时混合验放两船旅客提供技术支撑。三是畅通信息渠道，完善船票制度。自 2017 年底，浦江边检站与市交通委联合主导开展邮轮船票制度试点工作，船票数据信息来源于“单一窗口”，船票既是旅客出入口岸的身份证明，又能厘清旅客与船方之间的法律关系，旅客凭船票上的“一码通”可完成入港身份验证、行李托运、出境核查、入境查验等手续（见图 4）。

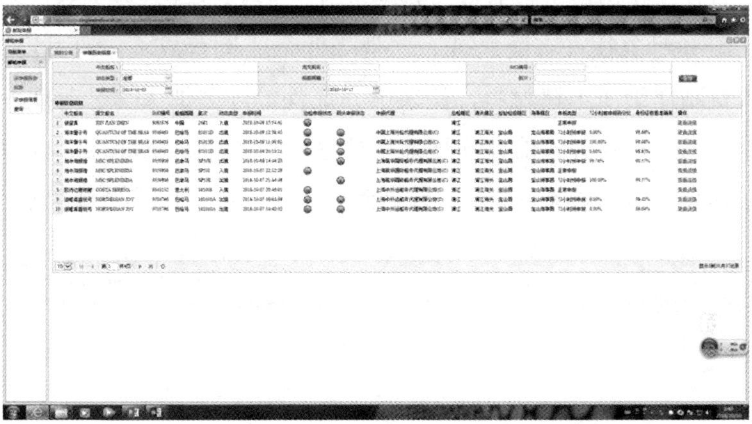

图 4　邮轮入、出境预申报：船舶基本信息、旅客及船员名单

（二）随邮轮入境15天免签团体信息申报

在上海口岸实施外国旅游团乘坐邮轮入境 15 天免签政策，外国游客可从邮轮港口岸免办签证整团入境，在中国境内停留 15 天，并随邮轮整团前往下一港，直至本航次邮轮出境。外国旅游团随邮轮入境 15 天免签政策旨在调整邮轮旅游产业结构，改变邮轮入境游、出境游冷热不均现状，旅行社可通过该平台申报外国旅游团团体和团员信息。该功能的重要意义在于：一是降低准入门槛，只要具有营业执照的合法旅行社通过“单一窗口”备案后均可申报该组团信息，扩大了政策惠及面。二是便于身份认定，邮轮旅客数量较多，入境、过境旅客成分复杂，旅游团团员信息通过“单一窗口”提前转至边检查验系统，帮助边检人员在查验时快速确认旅客是否为组团团员，提高通关效率。

（三）边检许可证件网上申办

通过“单一窗口”，任何企业和个人均可网上申办登轮搭靠许可证件。同时，相关申办信息可通过关注微信公众号进行查询，办妥证件将以微信图片形式反馈至申请人手机，从而实现许可证电子化（见图5）。该功能的重要意义在于：一是深化边检“放管服”改革，从“只跑一次”变为一次不跑，彻底免除了服务对象往来奔波之苦。二是降低企业运营成本，通过网上申报，节省了大量制作纸质申请材料、往来申办证件等环节的人力、时间、经济成本。三是提高边检政务效能，许可证审核签发时效性、准确性都较原有传统模式大幅提高，紧急情况下甚至可以做到“随报随办”和“人未到证已发”。

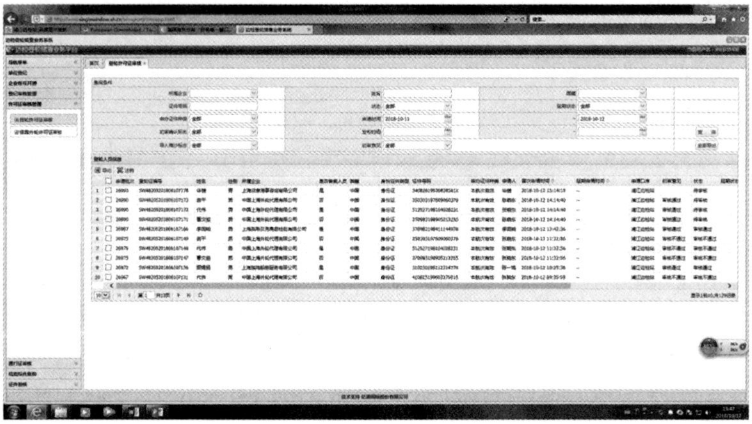

图5　登轮搭靠单位备案、登轮许可审核窗口

（四）邮轮口岸诚信体系建设

目前，在上海邮轮口岸建立了由市口岸办牵头，浦江边检站主导，旅游主管部门、地方公安、交通主管部门等单位共同参与的邮轮口岸诚信管理体系，以“单一窗口”为平台，对各从业主体实施管理，各个单位不良或良好行为都会被记录在案，加扣相应分值，并根据分值高低评定诚信等级。该功能的重要意义在于：一是打破信息孤岛，形成治理合力。邮轮产业链长，涉及领域广泛，职能部门对于口岸治理长期以来都是各扫门前雪，借助该平台，各部门都将获悉每个企业在其他领域的日常表现，从而对企业经营行为、守信状况做出更加全面合理的评估。二是评级分类管理，体现公平公正。所有企业行为记录和管理部门处理意见等信息在“单一窗口”上进行公示，杜绝暗箱操作。三是引入诚信理念，优化营商环境。按照日常表现进行分类管理，“失信者联合惩戒、守信者处处便利”的理念正在上海邮轮口岸逐步建立。

三 完善上海邮轮口岸“单一窗口”建设的策略

（一）强化对“单一窗口”的组织建设

1. 加强领导统筹推进

上海各邮轮口岸管理部门要加强协作与沟通，优化改善政策环境，在邮轮港创造更便捷的通关环境，通过发展“单一窗口”向更高层次的对外开放迈进。上海邮轮口岸“单一窗口”的组建由上海市委及市政府负责，并推动组织各项工作的展开，这需要相关部门高效率的配合。为强化信息传输与交流机制，完整体现议事机构功能，提议促成上海邮轮口岸通关工作领导小组，促进上海邮轮口岸大通关建设。

2. 强化组织保障

为保障“单一窗口”的顺利运作，在上海邮轮口岸通关工作领导小组的组织领导下，利用政府部门、口岸单位、技术支持单位、贸易与运输企业等资源，促进具体工作开展。统筹协调组由上海市港口与市口岸办等组成，负责“单一窗口”建设工作的领导推进、资源分配、统筹规划。采取集中办公体系，上海海关、上海出入境检验检疫局、上海海事局分别选派一名副处级以上业务干部一起到上海市港口与口岸办合作办公。

3. 加强人才梯队培养

上海邮轮口岸“单一窗口”的推进是一个综合程度高的工程，需要既有专业又有综合的通关流程经验的人才精英来确保项目的顺利推进和运营。专家智库组同样重要，由上海电子口岸数据中心领导，诚邀各部门及行业领域精英人才，组成上海国际贸易“单一窗口”专家智库，满足建设工作的专项咨询、评价和支持管理等功能。由于缺少人才，特别是熟悉口岸通关流程、富有经验的精英数量稀缺，在“单一窗口”建设开展的初期，需在口岸各管理部门选择拥有丰富通关工作经验的科级干部，作为上海邮轮口岸“单一窗口”平台建设的第一批运营和保障人员。依托这一初始队伍，构建“单一窗口”平台的人才框架，通过以点带面的方式培养出一批后继人才，确保“单一窗口”平台的不断发展及可持续性。

（二）建立健全信息共享及交流

1. 加强数据和单证的共享共用

上海邮轮口岸相关部门协作推进数据共管共享，领导各部门加入《数据元目录》的制定，协同探索简化国际贸易监管和通关环节，优化手续、程序、单证等的途径。积极推动部门内与部门间的数据共享，增强数据交流方面的沟通与配合。一是构建数据和单证的统一标准。理清业务数据和随附单证，制定业务数据字典，使单一窗口涉及的数据项和随附单证规范化。二是数据和单证的简洁化。在形成统一、规范的基础上，对业务数据和随附单证进行简洁化处理，进一步缩减企业在“单一窗口”需要提交的信息及随附单证。三是推动各部门进行数据和单证的共享。明确“单一窗口”采集外部数据的需求，整理对外共享的数据目录，满足“单一窗口”的数据共享，保证“三个一”转变为单一窗口。

2. 制定数据交换技术标准

欲促成“单一窗口”中的数据实现互联互通达成共享，统一的数据交换技术标准必不可缺。此外，网络和信息安全同样不可或缺。根据网络和信息系统安全规定，确保“单一窗口”平台检验检疫数据存储、备份及数据通道的安全，制定部门参与单一窗口的身份认证解决方案。在“单一窗口”中，为使工作更有效率，必须使各口岸管理部门的沟通交流落到实处，并构建互信共享平台，统一数据交换的技术准则以确保信息在系统中自由交换实现共享。要建立新的共享制度负面清单，只要不是法律规定的保密数据，都应实现分享。依据该制度，口岸各管理部门可以依据各自部门的职责和业务需要获取其他部门提供的监管执法类数据，并依照法律、法规和有关规定管理使用。同时支持通过“单一窗口”向其他部门提供其所需要的数据。

（三）保障配套资金投入

1. 加强开发早期资金投入

在进行“单一窗口”平台建设中，早期的开发需要较多的资金投入，特别是早期投资比较大，后期维护相对较少。上海邮轮口岸“单一窗口”是一个不以营利为目的，主要为企业提供免费的便利的通关服务，它的建设资金由政府提供。上海市政府相关部门高度重视上海邮轮口岸“单一窗口”建设，以政府投资的方式，通过拨付专门的财政资金，支持和保障“单一窗口”建设工作。由于单一窗口服务的业务涉及货物、运输工具、特殊监管区域、港航物流、政务服务等多个领域，开发建设的工作量大，难度较高，前期需要大量的资金投入。因此，政府应根据财政资金的使用状况，充分考虑单一窗口对上海邮轮经济甚至是整个上海经济发展的重要性，应当进行专项拨款，加大前期开发资金投入，以政府投资的方式支持保障上海邮轮口岸“单一窗口”建设。

2. 持续投入后期运维资金

“单一窗口”系统的正常运转离不开维护资金的保障。目前国内相关的“单一窗口”对企业是免费的，政府承担了相关申报和运营维护费用。由于口岸管理部门都是从属于不同的部委，各大部委很难投入专项资金支持地方单一窗口运营和维护，上海邮轮口岸的单一窗口运营维护所需费用应当由上海相关部门建立专门资金支持制度，建立配套的资金保障机制，确保邮轮单一窗口所需资金的投入。

（四）加强企业对“单一窗口”使用的引导

1. 积极开展宣传推广工作

新事物需要有一个逐渐接受的过程，相关部门应当加强宣传推广工作，不仅宣传“单一窗口”的功能，还要宣传单一窗口的优势与便利之处，让企业明白邮轮“单一窗口”申报与原系统法律效力是相同的，引导企业积极参与进来。并且相关口岸查验单位应当发布使用邮轮单一窗口的公告，明确单一窗口的法律地位，尽快要求企业全面切换至邮轮口岸“单一窗口”。也可以通过在报关报检大厅、上海航运中心张贴公告，召开新闻发布会，在门户网站、新闻频道、网络媒体等多途径发布公告进行宣传和推广，以及各工作环节积极向企业推介邮轮口岸“单一窗口”。同时，也要加强宣传单一窗口工作情况，提升工作影响，使更多的企业加入单一窗口建设，营造检企互动、和谐共赢的良好氛围。

2. 建立定期培训机制

为了邮轮口岸“单一窗口”能够尽早快速地推广和应用，相关单位应积极开展辖区企业的培训和指导工作，确保辖区企业都能知会用。还可以统一选派培训老师进行现场授课，对企业进行规模化培训。并且，在系统推广使用过程中，要注意听取企业所关心的问题，特别是重点、难点问题，并进行详细解答，对有误解之处要及时澄清，让企业安心、舒心地使用上海邮轮口岸“单一窗口”。同时，也要发挥行业协会的作用，行业协会往往有全面的规则等资料，在“单一窗口”运行过程中要与口岸管理部门保持良好的沟通与联系，对单一窗口不太完善的地方要积极建言献策。

四　结论

上海作为中国邮轮产业发展较早的城市，始终是中国邮轮产业发展的领跑者。上海邮轮产业的发展得到了政府的积极支持，政府出台多项支持措施，提供大量财力支持邮轮产业发展。通过对邮轮口岸全面推进单一窗口的策略研究，更好地推进“单一窗口”邮轮项目的建设，促进“邮轮便捷通关条码”、邮轮口岸混合验放通关模式、邮轮口岸诚信管理的发展，将“单一窗口”覆盖更多的邮轮产业发展体系中。完善邮轮单一窗口的功能体系，提升邮轮单一窗口应用的价值，创新邮轮单一窗口应用的实施路径，构建更为完善的邮轮单一窗口保障政策体系。希望各行业主管部门牵头、各大邮轮公司积极响应，一起重建中国邮轮分销制度，引导形成适合中国的邮轮分销模式和健康可持续的中国邮轮价格体系。

参考文献

[1] 汪泓主编《邮轮绿皮书：中国邮轮产业发展报告（2017）》，社会科学文献出版社，2017。

[2] 叶欣梁、黄燕玲、丁培毅：《中国邮轮母港旅游服务接待质量与标准体系探析——以上海吴淞口国际邮轮港为例》，《北京第二外国语学院学报》2014 年第 11 期。

[3] 孙浩：《对标韩国，促进上海国际贸易单一窗口发展》，《科学发展》2017 年第 3 期。

[4] Ruihong Sun, “The Assessment on Benefits of OPS and Low-carbon Emission of Environment - friendly Cruise Port ,” *Cruise Industry Review*, 2018 (5) .

[5] Guodong Yan, “The Economics Contribution of Cruise in Shanghai,” *Cruise Industry Review*, 2018 (6) .

G.18
亚太邮轮物资配送中心的优化路径研究*

闫国东　赵金林　沈　静　沈文璐　王　微**

摘　要：　中国邮轮经济加快进入新时代，全球邮轮市场规模持续扩张，市场重心东移趋势明显。“一带一路”倡议为中国邮轮经济提供了新理念、新模式，为美好生活带来新动力、新空间，催生中国邮轮经济加快进入新时代，中国邮轮经济正在实现四个转变，即从“高速增长”向“平稳发展”转变、从“粗放发展”向“精细升级”转变、从“追求数量”向“追求质量”转变、从“以船型吸引”向“以品牌吸引”转变。目前中国邮轮船供业的全球市场份额为10%左右，潜力巨大。未来几年，是我国邮轮产业快速发展和建设、配套、经营走向成熟的关键阶段以及走向现代化、国际化的关键时期，也是吴淞口国际邮轮母港基本建成世界前三、亚太地区最具核心竞争力的邮轮旅游枢纽港的关键时期。由于邮轮船供具有“全球采购、全球配送”的特点，在加快推进国际航运中心建设的大背景下，上海若能建成具有“全球采购、全球配送”功能的国际邮轮物资配送中心，将加快

---

* 本文受国家社会科学基金一般项目（项目编号：17BJY148）、2017年度上海市人民政府决策咨询研究邮轮经济专项课题（项目编号：2017－Z－J01）资助。

** 闫国东，博士，上海工程技术大学管理学院副教授、硕士生导师，研究方向为邮轮旅游与邮轮产业经济发展；赵金林，博士，佛罗里达国际大学酒店及旅游管理学院教授、硕士生导师，研究方向为酒店与旅游管理；沈静，上海工程技术大学管理学院研究生，研究方向为邮轮经济；沈文璐，上海工程技术大学管理学院研究生，研究方向为邮轮经济；王微，上海工程技术大学管理学院研究生，研究方向为邮轮经济。

完善国内邮轮专业化物资配套体系，加快上海国际航运中心建设，助推中国产品在全球邮轮采购市场加快发展，为亚太邮轮经济发展和邮轮港口城市合作带来新的发展动力与合作契机。

关键词： 亚太　邮轮物资　配送中心　配套体系

一　研究回顾

（一）国外研究

国外对邮轮产业的研究起源于20世纪90年代，对于邮轮物资配送的相关研究相对较少，主要从邮轮供应、邮轮港口物流、邮轮配套产业等角度开展相关研究。从研究领域看，覆盖整个产业链。已有的国内外研究经历了从宏观到微观的过程，即从邮轮旅游业到邮轮企业运营再到邮轮物资配送等整条产业链和供应链研究等。从研究内容看，更加全面细化。国外对邮轮物资配送的相关研究逐渐深化和全面，从只关注邮轮经济影响到关注邮轮配送、物资供应、口岸通关、检验检疫等相关部门的协调合作等，对邮轮产业链各环节研究也比较深入全面和细化。从研究对象看，Hwarng H. B.、Corbett 和 Groote、Arshinder 等等聚焦邮轮供应链的协调、采购、零售商变动成本等；[①] Ding D. 等聚焦供应链的协调机制研究；[②] James Mak 聚焦邮轮客房服

① Hwarng H. B., Yuan X., "Interpreting Supply Chain Dynamics: A Quasi-chaos Perspective," *European Journal of Operational Research*, 2014, 233 (3); Corbett C. J., Groote X. D., "A Supplier's Optimal Quantity Discount Policy Under Asymmetric Information," *Management Science*, 2000, 46 (3); Arshinder, Kanda A., Deshmukh S. G., "Supply Chain Coordination: Perspectives, Empirical Studies and Research Directions," *International Journal of Production Economics*, 2008, 115 (2).

② Qi W., Ding D., Salvi R. J. "Cytotoxic Effects of Dimethyl Sulphoxide (DMSO) on Cochlear Organotypic Cultures," *Hear Res*, 2008, 236 (1).

务行为与美国邮轮旅游产业的关系[①]。比利时、美国、荷兰、挪威等国家的专业学者研究结果表明，港口产业集群对就业率、国民经济影响十分显著。

（二）国内研究

与我国邮轮产业发展仍处于初期阶段相对应的是，我国学者更多从宏观角度对邮轮物资供应和配送提出相应观点，较深入的研究相对欠缺。学者的研究视角主要包括以下几种情况。从研究地域范围看，既包括从整体上探讨我国船舶供应的发展，也有对国内某一港口物资配送的发展瓶颈和影响因素进行分析。如吴燕子等研究了我国邮轮产业的发展状况。[②] 苗辉等研究了影响我国邮轮产业发展的若干因素。[③] 从研究方法看，定性研究占绝大多数，亦有少数定量研究。如亓元等对中国港口城市邮轮产业竞争力进行了测度，[④] 蔡晓霞等对我国邮轮产业的发展潜力进行了测度，[⑤] Hong Jiang、Guodong Yan 针对邮轮产业的经济贡献进行了定量分析。[⑥] 从研究内容看，聚焦在邮轮船供、口岸通关、母港配套机制、港口物流四个方面。

1. 邮轮船供和服务

沈四宝聚焦构建与完善上海邮轮船供体系的研究，[⑦] 杨绍波开展了上海邮轮旅游服务中心的构建与运行机制研究；[⑧] 尹应凯开展了中国邮轮产业发展的金融服务体系研究；[⑨] 张光明、吴燕从行业结构、产业组织结构、产品

---

① James Mak, "Taxing Cruise Tourism: Alaska's Head Tax on Cruise Ship Passengers," *Tourism Economics*, 2008, 9 (1).

② 吴燕子、朱云海：《我国邮轮产业发展探析》，《交通企业管理》2014 年第 7 期。

③ 苗辉、朱云海：《我国邮轮产业发展影响因素探讨》，《中国港口》2013 年第 2 期。

④ 亓元、单德朋：《中国港口城市邮轮产业竞争力测度——兼论三亚邮轮产业发展》，《广义虚拟经济研究》2010 年第 2 期。

⑤ 蔡晓霞、牛亚菲：《中国邮轮旅游竞争潜力测度》，《地理科学进展》2010 年第 10 期。

⑥ Guodong Yan, "The Economics Contribution of Cruise in Shanghai," *Cruise Industry Review*, 2018; Hong Jiang, "The Research of Cruise Tourism Satellite Account: Establishment and Empirical Analysis," *Cruise Industry Review*, 2018.

⑦ 沈四宝：《构建与完善上海邮轮船供体系的研究》，2013。

⑧ 杨绍波：《上海邮轮旅游服务中心的构建与运行机制研究》，2015。

⑨ 尹应凯：《中国邮轮产业发展的金融服务体系研究》，2015。

结构三大方面,[①] 分析了造船产业结构的现状。徐虹等从邮轮供应链角度进行了分析[②]。

2. 邮轮口岸通关

武伟聚焦开展了上海邮轮口岸通关一体化研究。[③] 覃文忠专项开展了上海邮轮口岸诚信体系建设研究。[④] 张卫国从自贸区航运政策角度，提出放宽邮轮进口的船龄限制、放宽邮轮中国船员的比例限制、加大税费优惠力度等政策建议。[⑤]

3. 邮轮母港配套机制

刘军分析了中国邮轮旅游母港发展现状和规制问题,[⑥] 并以上海邮轮旅游母港为个案探讨其发展与规制的模式定位、发展原则、阶段目标、港口布局及政策措施。倪立帅等对天津港母港的功能定位进行分析;[⑦] 程爵浩对上海母港发展存在的问题进行了分析;[⑧] 祝静思对上海邮轮母港产业的发展提出了建议,[⑨] 陈继红等提出了上海邮轮母港功能建设和对策[⑩]。

4. 邮轮港口物流

黄璜开展了邮轮旅游驱动下长三角旅游一体化协同发展研究;[⑪] 黄海东

---

① 张光明、吴燕：《基于波特五力模型的我国造船产业结构分析》，《江苏科技大学学报》2009 年第 1 期。

② 徐虹、高林：《基于供应链视角的邮轮旅游刍议》，《北京第二外国语学院学报》2010 年第 4 期。

③ 武伟：《上海邮轮口岸通关一体化研究》，2017。

④ 覃文忠：《上海邮轮口岸诚信体系建设研究》，2017。

⑤ 张卫国：《中国（上海）自由贸易实验区邮轮产业政策探析——中国本土邮轮公司商业模式迎来“自贸区时代”新机遇》，《世界海运》2014 年第 1 期。

⑥ 刘军：《规制视角的中国邮轮（旅游）母港发展研究》，复旦大学博士论文，2011。

⑦ 倪立帅：《天津邮轮母港与城市互动发展的评价研究》，大连海事大学博士论文，2013。

⑧ 程爵浩：《全球邮轮旅游发展状况初步研究》，《上海海事大学学报》2006 年第 1 期。

⑨ 祝静思：《上海邮轮母港产业发展分析与建议》，《水运管理》2013 年第 6 期。

⑩ 陈继红、徐祥铭、陈怡婧：《上海邮轮母港建设的主要问题及其对策》，《世界海运》2012 年第 4 期。

⑪ 黄璜：《邮轮旅游驱动下长三角旅游一体化协同发展研究》，2017。

聚焦“一带一路”背景下亚洲邮轮港口城市区域合作研究;[①] 殷翔宇等聚焦分析了韩国釜山港的物流配送特点;[②] 陈志祥聚焦供应链协调绩效评价体系[③]。

（三）研究述评

1. 研究视角独特性相对较少

从研究视角上看，国际上对邮轮船供与货轮船供的差异性和独特性相关研究依然较少，国内则处于摸索阶段，对亚太邮轮物资配送中心建设的相关研究较少。

2. 研究内容和水平处于初级阶段

从研究内容看，国际上对邮轮物资配送中心内涵及特点、亚太邮轮物资配送基地所需的功能、国际邮轮物资配送中心的发展程度和发展水平等研究依然处于初级阶段。

3. 研究方法以定性分析为主

从研究方法看，国际上依然没有对国际邮轮物资配送中心的界定标准和衡量水平的定量分析，停留在定性说明阶段，国内的亚太邮轮物资配送中心建设的定量论证依然处于空白。

4. 研究主体需要更加系统深入

从研究主体看，对亚太邮轮物资配送中心建设的规划设计依然处于论证阶段；尤其对上海吴淞口这样的国际邮轮母港公共配套服务研究较为匮乏，亟须系统、全面、深入研究，以形成具有前瞻性、科学性、可操作性、符合国际惯例的亚太邮轮物资配送中心产业政策建议。

---

① 黄海东：《“一带一路”背景下亚洲邮轮港口城市区域合作研究》，2017。

② 殷翔宇、谢燮、宁涛等：《基于人口基数法和消费能力法的我国邮轮市场规模预测》，《水运管理》2014 年第 9 期。

③ 陈志祥：《基于 ANP 理论的供需协调绩效评价模型与算法》，《计算机集成制造系统》2004 年第 3 期。

二　建设现状

（一）亚太邮轮物资配送中心发展集聚效应逐步显现

1. 上海船供产业本地采购业务已实现常态化运营

宝山推行邮轮全产业链发展，依托上海中国邮轮旅游发展实验区平台，不断延伸邮轮产业链。在上游：加入由中船集团领衔的本土豪华邮轮产业发展联盟，着力在宝山形成邮轮建造配套产业体系。国内首个国际邮轮产业园，即“上海中船国际邮轮产业园”和300亿元国内邮轮产业基金落户宝山。在中游：上海集聚皇家加勒比游轮、地中海邮轮、公主邮轮、歌诗达邮轮等众多国际邮轮公司，宝山区成功引进各类邮轮及配套企业130余家，“邮轮总部经济”逐渐凸显。在下游：创新推出邮轮保险、邮轮直通车、邮轮便捷通关条码等服务，推动邮轮船供等产业能级提升，形成了“吴淞口”邮轮服务品牌。吴淞口国际邮轮港通过与苏宁集团Laox品牌合作，打造国际领先的跨境电商项目，打造“境内下单、境外提货”的国际邮轮旅游全新购物模式。承接交通运输部推行“邮轮船票”试点的国家任务，全面实现“凭票进港、凭票登船”，率先接轨国际惯例。

2. 邮轮船供企业集聚效应逐步显现

邮轮船供物资的消耗十分可观，随着邮轮大型化发展，其物资消耗量也越来越庞大。邮轮物资配送基地的打造，还将带来可观的经济效益。以一艘常规10万吨左右、载客4000~5000人的邮轮为例，其每天行程中仅食物消费额一项就约为5万美元，整个航程若以5天计算，一艘常规邮轮一个航程食物消费额为150万~160万元人民币，若以150万元人民币计算，则100个航次所需食物金额达1.5亿元。上海港从事港口船舶供应的企业已发展到400家左右，成为我国沿海港口船舶供应业家数最多、经营规模最大、从业人员最多的港口。

3. 邮轮海关监管模式和便利通关创新显著提升服务水平

宝山邮轮相关海关业务已实现归口化监管。此外，海关部门“通道”“登轮”“随船”三位一体的邮轮监管模式和“三提前”“一港两用”便利通关工作法的创新运用，极大地提升了邮轮口岸的通关服务水平。上海边检总站启用邮轮港口自助通关通道，游客自助通关率达到40%，通关查验时间由平均15秒减为3秒；顺利实施144小时过境免签政策和国际邮轮旅游团15天入境免签政策。在查验处置中，被查验的游客只需开箱一次，就能办理通关手续。

（二）亚太邮轮物资配送中心发展瓶颈

1. 邮轮母港物资配送的服务功能尚待提高

首先，邮轮码头建设经营及配套服务水平有待提高。邮轮码头设计人性化不足，注重外观性而忽略了功能性。开发运作缺乏一体化定位，邮轮码头尚未形成统一管理，口岸服务效率有待提高。其次，母港供给服务功能尚未得到良好体现。目前邮轮境外船供物料仍主要从境外配送，如食品、酒店用品等均由韩国、日本进行补给。最后，母港带动邮轮物资的本地采购尚未形成规模。供应邮轮的国内物资无法享受出口退税政策，客观上阻碍了邮轮船供物资采购及交易中心形成。

2. 邮轮船供业监管难点急需破解

一是，邮轮船供监管模式的配套政策支持急需破冰。目前中国没有专门针对邮轮船供贸易便利化的相关文件和操作方法。另外，我国现行法律法规缺乏针对国际各大邮轮公司采用的集中采购、定向配货的配送模式的政策支持，从而造成国际邮轮进境食品供应在上海港无法顺利实现。二是，海关部门针对邮轮船供保税物资过境查验方案尚未落实。根据吴淞海关实际监管条件，试图对进口保税船供物料通关监管流程做适当调整，实现“两次申报一次查验”，但迄今为止，尚未得到上级部门批复。三是，检验检疫部门无法满足大批量船供查验要求。根据我国进口食品检验检疫要求，过境保税食品必须提供原产地证明。但是目前大部分进口食品为转口贸易，很难提供原产地证明。

3. 邮轮海关监管水平有待进一步提高

邮轮海关监管相关法律法规不配套。目前邮轮产业在我国尚没有管理惯例，仍然沿用普通货轮管理模式。船供物资监管水平有待进一步提高。邮轮船供监管模式的电子化信息程度低，资源配置效率低。邮轮船供体系优化的需求集中。邮轮船供体系本质上还属于货轮船供体系，其特点是企业规模小、货品层次低、内容种类少、船供体系分散。需要从低层次的船供体系转变成高层次的邮供体系。

4. 邮轮港口通关涉及诸多部门环节需要进一步优化

口岸通关便利化制度需进一步突破，上海邮轮旅游目前已实现了 144 小时过境免签，但是要求游客必须前往第三国，客观上给相当部分的外籍游客在航程安排上造成诸多不便。在海关通关环节中，现有串联式邮轮旅游行李安检流程，无法适用邮轮港口二期的四船同靠，也无法满足短时间内大客流监管疏散的要求。在检验检疫环节的通关中，邮轮口岸监管吞吐量需求日益增长，检验检疫人员配备数量有限。

5. 邮轮船供体系优化的需求集中

①产品质量和服务水平低；②目前上海船供市场企业具有邮供出口退税资质的企业较少，只是起到邮供货代作用，没有成为真正的邮供集成供应商；③行业垄断，邮轮产业的巨大投入与产出收入的不匹配，船供本地采购不能享受退税，增加企业的本地采购成本，同时存在产业被分流的风险。

三　建设路径分析

（一）上海打造亚太邮轮物资配送中心的战略定位

1. 成为中国邮轮全产业链发展的“桥头堡”和“试验田”

2012 年 9 月，上海吴淞口国际邮轮港获批“中国邮轮旅游发展实验区”，作为首个国家级邮轮发展实验区以及上海邮轮产业发展的政策平台，应当高起点、广视角，充分利用先发优势，在构建完整的供船体系、打造全球邮轮物资配送中心、延伸产业链中发挥重要作用，成为中国邮轮全产业链发展的先行者和排头兵，亚太邮轮物资配送中心成为中国邮轮全产业链优化的“桥头堡”和“试验田”。

2. 积极融入上海“四个中心”建设的重要路径之一

要将上海吴淞口国际邮轮港发展的研究思路全面融入上海“航运中心”建设体系。全力推进中国邮轮旅游发展实验区建设，充分整合滨江资源、完善母港功能、创新扶持政策、提升发展环境、形成产业集群、推动港城联动，引领中国邮轮经济高质量发展。

3. 复制推广自贸区经验，依托“区港联动”制度创新，有效提升邮轮经济能级

宝山将复制推广自贸区经验，借助自贸区与邮轮旅游发展实验区的“区港联动”优势，借助“区港联动”这一契机，加快打造上海邮轮物资配送中心，积极对接海关监管制度和检验检疫制度创新，推进设立邮轮船供物资专用保税仓库，优化进口邮轮物资转运操作流程，建立便捷高效的邮轮物资供应体系，提升区域邮轮经济产出水平，积极探索“区港联动”制度创新，有效提升邮轮经济能级。

4. 带动地方经济发展、促进区域产业转型升级的重要抓手

邮轮作为宝山的特色产业，由此形成的邮轮经济将逐渐成为区域经济发展新的增长极，衍生出巨大的经济效益和大量的就业机会，是带动地方经济发展、促进区域产业转型升级的重要抓手。在不断完善邮轮母港主营业务的基础上，提升邮轮配套服务功能，吸引更多的邮轮旅游供应链在此设立物流、贸易中心，逐步培育母港的核心竞争力。

（二）上海打造亚太邮轮物资配送中心的发展目标构想

从不同的层级目标构想看，在全球层面，打造世界知名邮轮母港物资配送中心、知名全球采购配送中心、全球邮轮经济核心节点、亚太地区邮轮物资配送中心枢纽；在国家层面，打造中国最佳邮轮物资配送中心、中国邮轮

全产业链发展试验基地；在区域层面，打造长三角水上旅游配套轴心区、对接与服务大都市圈邮轮全产业链中心；在上海层面，打造世界著名旅游城市的门户、黄浦江滨水核心功能的重要板块。基于此，构建如表1所示的发展指标体系。

表1　亚太邮轮物资配送中心发展指标体系

数量	主要指标	指标程度
1	国内邮轮物资配送种类占比	80%以上
2	国内邮轮船供总额占比	80%以上
3	国内邮轮特殊物料补给量占比	30%以上
4	国内邮轮物资配送金额占比	50%以上
5	邮轮物资本地采购的市场占比	80%以上
6	提供亚太地区其他港口邮轮物资配送的比例	30%以上
7	新增邮轮船供企业机构数	200个以上
8	船供企业邮轮物资配套涵盖门类	200个以上
9	过境直供邮轮食品集装箱查验时间	1小时以内
10	中国邮轮船供物资专用保税仓库	20个以上
11	邮轮物资配送经济辐射效应	1:6

（三）上海打造亚太邮轮物资配送中心的实施路径

储备形成阶段（2008～2016年）：实施重点聚焦邮轮港口设施和管理优化、邮轮港口监管部门协同、邮轮船供物资服务平台、邮轮物流及仓储技术优化、邮轮物资检验检疫。

发展培育阶段（2016～2022年）：实施重点聚焦邮轮物流服务政策优惠、港口物资配送作业信息化、邮轮集约智能型通关模式、创建邮轮综合保税区、亚太邮轮旅游服务中心。

发展成熟阶段（2022～2028年）：实施重点聚焦区域性和港口间策略联盟、全球邮轮物资配送标准化、全球邮轮物资服务供应链、全球邮轮船供物资信息库、邮轮物资配送人才国际化。

四 对策建议

（一）积极申请创建邮轮综合保税区

1. 建设邮轮船供保税物流区

综合保税区属于海关特殊监管区域，实施保税区的政策和出口加工区入区退税政策，按照功能划分为港口作业、仓储物流和出口加工三大功能区域。

表 2 园区功能区域划分

区域划分	区域功能
仓储区	用来存放货物，进行货物周转运输。是船供物流体系中的重要环节。建设普通仓库、专用仓库、标准仓库甚至自动化立体仓库，并配备高效率的分拣、传送、储存、拣选设备
运输、配送区	主要是能满足商品生产商与销售商之间的配送、销售商与邮轮用户之间的配送、电子商务环境下的物流配送服务
保税加工区	基本上是对加工过的产品再次进行加工，同时还要根据客户的需要对商品进行必要的商业包装
信息处理区	主要是与上述三个功能相配套的信息支撑系统。经过信息化处理，就能够及时了解船供服务作业流程的详细情况
园区增值功能	吴淞口国际邮轮船供保税物流区的增值功能具体体现为交易结算、商品展示、国际转口贸易、发布商品交易信息，举办商品展示及贸易洽淡会等
总部经济	无论业务活动是否在园区内完成，各交易主体的总部都需要注册在园区内，即形成总部经济
洽谈采购	通过电子商务给邮轮公司及货船公司提供商品洽谈和采购的平台
交易结算	首先是用于船供服务费用结算，其次可以办理代理结算等

2. 拓展国内船供市场份额

上海地处我国经济最发达的长三角地区，拥有资源丰富的农产品、食品加工业和发达的制造业，是理想的邮轮补给站。利用国内物资进入综合保税区视同出口，享受入区即予退税的优势，帮助企业积极拓展邮轮船供配送市场，进一步扩大出口，加大本地在国际邮轮物资采购中的市场份额，实现邮轮船供保税物流及采购功能的全覆盖。

3. 开展保税展示交易中心

在邮轮港口码头附近设立购物中心，将大力促进国内旅客境外消费。将境外拟展示的商品，通过综合保税区进行运作，在吴淞口国际邮轮码头附近开展保税展示交易业务，通过前店后库的运营模式，缓解企业资金压力，降低销售成本和价格。同时可直接将采购端延伸至国外生产厂商和国际供货商，最大限度减少货物流通的中间环节，延长邮轮产业链。

4. 建立亚太邮轮旅游跨境商品交易中心及电商平台

发挥全国首个“中国邮轮旅游发展实验区”的优势，重点打造具有“保税展示＋跨境电商”的旅客消费购物功能，以及国内船供企业融入全球市场出口功能的综合电商管理平台。加强与亚洲主要邮轮港口企业之间的合作，建立上海邮轮旅游跨境商品交易中心。探索建立中国邮轮旅游跨境商品电商平台，优化支付功能体系，实现传统零售业向“体验式营销”转型，提升邮轮游客购物服务体验。另外，吴淞口国际邮轮港已成为继浦东、虹桥两大机场后第三大旅检口岸，未来旅客人次仍将持续快速攀升，应积极争取设立进境免税购物商店，促进海外消费回流。

5. 打造中国邮轮修造和配件供应中心

发展邮轮维修业务是实现产业链延伸、完善港口配套服务的一种重要途径，也是国内企业参与邮轮产业国际分工、赢得国际市场的重要形式。在世界邮轮修造业东移的大背景下，宝山区应当凭借自身良好的工业基础，通过邮轮协会的牵线搭桥引进技术或直接与国外合资办厂等多种方式建立中国邮轮修造和配件供应中心或中国邮轮配件产业园，争取在世界邮轮修造业中占据一席之地。积极探索将维修船舶企业引入综合保税区，建立邮轮维修综合服务平台。

（二）打造国际先进的船供物资监管模式

1. 提高监管效率

通过各部门、各企业之间的电子接口将大量相关数据对接海关风险分析系统，然后根据已设定的风险计算公式对这些底层数据进行分析，定制个性化风险分析结果。对于某些需要逻辑判定的项目，后台自动进行相关的信息收集和智能化判断，并对异常数据进行预警提示、布控处理。邮轮船供行业的国际化、正规化程度极高，需要海关及时掌握邮轮需求情况，在合理合法的范围内充分尊重这些行业标准和国际惯例。邮轮船供监管更应侧重风险防控和事后稽查，减少实货通关环节干预。

2. 深化“属地化”监管模式

继续深化涉及宝山邮轮物资配送业务的属地化监管模式，呼应企业诉求，将船供企业资质审批、国际邮轮维修备件申报、邮轮船舶监管（登轮检查）、国际邮轮进出境申报、国际邮轮吨税征收等相关事项海关监管职能统一归口至宝山海关实施日常管理。

（三）邮轮物资配送新方式实现常态化

1. 实现常态化母港供应境外物品

考虑到船供物资和普货入境存在较大差异，建议国检部门给予邮供物资进一步的检验检疫便利，助力上海早日建成国际邮轮物资配送中心。中心将包括国内采购、国际集装箱转运、国际空运等物资，在中心拆箱分装后运往不同的邮轮实施船供。

2. 常态化开展进口集装箱保税船供业务

常态化开展国际货柜过境直供邮轮业务，完善吴淞口国际邮轮港的母港功能，提升上海港国际航运中心的影响力。后续进一步研究优化、固化国际货柜过境直供业务通关监管流程，并授权宝山海关执行有关海关监管工作，力争尽快形成常态化操作模式，并在吴淞口全面开展国际货柜过境直供邮轮作业。

3. 积极建立国际性船供物资补给分拨中心

在开展国际货柜过境直供邮轮工作期间，进一步指导支持国际邮轮公司在宝山建立国际性船供物资补给分拨中心，便于邮轮公司统一安排所有本地、境外采购物品在分拨中心实现集中存放、分批配送，以取代目前访问港乃至其他国家国际分拨中心的作用，打造具备“全球采购、全球配送”功能的国际邮轮物资配送中心。

4. 积极探索将邮轮船供作为一种新的贸易方式

建议海关根据邮轮爆发式发展的需求，以问题为导向，针对邮轮船供的特点，研究制定专用的贸易方式，设定更加符合实际需求的监管要求，简化有关手续，达到高效监管的目标。

5. 争取涉危化品邮轮物料补给和特殊药品补给的支持

未来希望积极协调有关部委和海关相关部门，研究建立正面清单，同意邮轮运营必需的如二氧化碳瓶、氮气瓶、清洁剂等船用必备的危化品和特殊却必要的药品可以在客运码头添加补给。

（四）建立邮轮集约智能型通关模式

1. 开创邮轮“一站式”服务的监管体系

建立“一站式”处理中心，减少因海关内部部门沟通造成的效率损失。提供良好的旅客通关体验，为船供物资的申报、查验、删改单等流程的顺畅提供保障，船供物资随时申报、随时查验、随时上船，加快通关速度。

2. 打造以信用评级为基础的旅客公共信息平台

公共信息平台一方面以信用评级为基础，探索建立全过程信用管理模式，对接全社会征信体系，加强公共信用信息的对接互动共用，另一方面以数据交换和云计算技术为核心，完善提前信息录入工作，推进相关数据归集，搭建大通关信息平台，提升口岸监管合力和服务能力。

3. 建立先进的旅客自助通关风险识别卡口系统

在海关通关大厅配备旅客自助通关风险识别卡口系统，自行完成刷卡通关。该系统旅客通关信息数据库（软件）部分应实现两个功能，一个是能够实现旅客无纸自助申报功能，另一个是能实现监管信息归集。

（五）打造亚太邮轮旅游服务中心

《关于加快宝山邮轮经济发展的实施意见》明确要求扩大与国内外邮轮

企业的合作，积极打造国际邮轮商务区，加快建设上海国际邮轮服务贸易示范基地，扩大产业总部经济。积极打造亚太邮轮旅游服务中心，筹备组建邮轮口岸通关一体化协调小组，进行常态化专职化管理，通过邮轮口岸电子系统建设，对接海关、检验检疫、海事、边检、港口管理公司、各邮轮船公司、旅行社信息系统，深化邮轮“单一窗口”建设。在诚信体系建设的基础上，建立和完善邮轮公司、邮轮船只、船员和旅客的诚信记录。对于邮轮公司和船只，根据信用评级结果实施分类监管和提供差异化服务，引领创新长三角区域一体化建设。

五　结语

国内外已有研究的研究视角独特性较少，对于亚太邮轮物资配送中心建设的规划设计依然处于论证阶段，针对具体实施路径的研究较为薄弱。本文通过借鉴国外研究的优秀成果，创造性地开展亚太邮轮物资配送中心建设实施路径研究。本文认为，在储备形成阶段实施重点聚焦邮轮港口设施和管理优化、邮轮港口监管部门协同、邮轮船供物资服务平台、邮轮物流及仓储技术优化、邮轮物资检验检疫；在发展培育阶段实施重点聚焦邮轮物流服务政策优惠、港口物资配送作业信息化、邮轮集约智能型通关模式、创建邮轮综合保税区、亚太邮轮旅游服务中心；在发展成熟阶段实施重点聚焦区域性和港口间策略联盟、全球邮轮物资配送标准化、全球邮轮物资服务供应链、全球邮轮船供物资信息库、邮轮物资配送人才国际化。

参考文献

［1］汪泓主编《邮轮绿皮书：中国邮轮产业发展报告（2018）》，社会科学文献出版社，2018。

［2］Hwarng H. B.，Yuan X.，“Interpreting Supply Chain Dynamics：A Quasi-chaos Perspective，” *European Journal of Operational Research*，2014，233（3）.

[3] Corbett C. J. , Groote X. D. , "A Supplier's Optimal Quantity Discount Policy Under Asymmetric Information," *Management Science*, 2000, 46 (3) .

[4] Arshinder, Kanda A. , Deshmukh S. G. , "Supply Chain Coordination: Perspectives, Empirical Studies and Research Directions," *International Journal of Production Economics*, 2008, 115 (2) .

[5] Qi W. , Ding D. , Salvi R. J. "Cytotoxic Effects of Dimethyl Sulphoxide (DMSO) on Cochlear Organotypic Cultures," *Hear Res*, 2008, 236 (1) .

[6] James Mak, "Taxing Cruise Tourism: Alaska's Head Tax on Cruise Ship Passengers," *Tourism Economics*, 2008, 9 (1) .

[7] 吴燕子、朱云海:《我国邮轮产业发展探析》,《交通企业管理》2014 年第 7 期。

[8] 苗辉、朱云海:《我国邮轮产业发展影响因素探讨》,《中国港口》2013 年第 2 期。

[9] 亓元、单德朋:《中国港口城市邮轮产业竞争力测度——兼论三亚邮轮产业发展》,《广义虚拟经济研究》2010 年第 2 期。

[10] 蔡晓霞、牛亚菲:《中国邮轮旅游竞争潜力测度》,《地理科学进展》2010 年第 10 期。

[11] Guodong Yan, "The Economics Contribution of Cruise in Shanghai," *Cruise Industry Review*, 2018.

[12] Hong Jiang, "The Research of Cruise Tourism Satellite Account: Establishment and Empirical Analysis," *Cruise Industry Review*, 2018.

[13] 张光明、吴燕:《基于波特五力模型的我国造船产业结构分析》,《江苏科技大学学报》2009 年第 1 期。

[14] 徐虹、高林:《基于供应链视角的的邮轮旅游刍议》,《北京第二外国语学院学报》2010 年第 4 期。

[15] 覃文忠:《上海邮轮口岸诚信体系建设研究》,2017。

[16] 张卫国:《中国(上海)自由贸易实验区邮轮产业政策探析——中国本土邮轮公司商业模式迎来"自贸区时代"新机遇》,《世界海运》2014 年第 1 期。

[17] 刘军:《规制视角的中国邮轮(旅游)母港发展研究》,复旦大学博士论文,2011。

[18] 倪立帅:《天津邮轮母港与城市互动发展的评价研究》,大连海事大学博士论文,2013。

[19] 程爵浩:《全球邮轮旅游发展状况初步研究》,《上海海事大学学报》2006 年第 1 期。

[20] 祝静思:《上海邮轮母港产业发展分析与建议》,《水运管理》2013 年。

[21] 陈继红、徐祥铭、陈怡婧:《上海邮轮母港建设的主要问题及其对策》,《世

界海运》2012 年第 4 期。

［22］黄璜：《邮轮旅游驱动下长三角旅游一体化协同发展研究》，2017。

［23］黄海东：《“一带一路”背景下亚洲邮轮港口城市区域合作研究》，2017。

［24］殷翔宇、谢燮、宁涛等：《基于人口基数法和消费能力法的我国邮轮市场规模预测》，《水运管理》2014 年第 9 期。

［25］陈志祥：《基于 ANP 理论的供需协调绩效评价模型与算法》，《计算机集成制造系统》2004 年第 3 期。

Abstract

China Cruise Industry Development Report (2019) is an annual research report compiled by famous experts and scholars in the cruise industry at home and abroad organized by Shanghai International Cruise Economic Research Center. It is an important part of the "Paper Series" of the Social Science Literature Publishing House based on the global and Chinese cruise industry development situation. This year's "Cruise Green Paper" is the sixth in this series of publications. It consists of four parts: general report, special topic: cruise economic reform and innovation in the new era, industrial development and policy recommendations. Its content system is more perfect and forward-looking. In the form of a general report, this book introduces the latest hot spot information of China's cruise economy through ten hot spots on the economic development situation and future trends of the world and China from 2018 to 2019. Following the transformation of China's cruise economy from "high-speed growth" to "high-quality and high-quality", as well as the leap-forward transformation from "cruise tourism" to "cruise Economic Industrial chain", and the implementation of the national strategy of integration in the Yangtze River Delta, especially the strategy of cruise economic industrial chain and the development of cruise tourism destinations in the Yangtze River Delta are specially designed. Topic research will better serve the national strategic development. This book is a comprehensive and in-depth analysis of the latest developments and development ideas of China's cruise Economic Industrial chain, and puts forward more forward-looking countermeasures and suggestions to better promote the implementation of China's cruise economic industrial chain strategy, enhance the level of cruise industry and serve the country. And the high-quality development of local economy.

The general report systematically analyses the latest achievements in the development of China's cruise industry and global cruise industry from 2018 to

2019, and based on the latest development trends, it makes corresponding predictions for the development of cruise economy in 2019 and the future. The special topic mainly discusses the prosperity index of Asian cruise economic development, the strategy of Chinese cruise Economic Industrial chain, and the development of cruise tourism destination under the background of integration of the Yangtze River Delta. The industry section mainly focuses on the construction of Asia-Pacific cruise material distribution center, the establishment of cruise public ticketing platform, the comprehensive evaluation of the performance of the cruise industry, the diversified development of cruise products and routes in the home port, and the development of cruise repair industry supporting parks. In the policy recommendations, we mainly propose the construction of the international cruise operation mechanism in China's port, the environmental monitoring system and monitoring system of the cruise port area, the internationalization strategy of cruise tourism market, the comprehensive promotion of cruise ports, the evaluation of the support effect of cruise industry and so on. In order to provide a better guarantee for promoting the high-quality development of China's cruise economy, some constructive suggestions are put forward.

In 2019, China's cruise market has entered a new stage of development. It is in the critical stage of leaping from "high-speed growth" to "high-quality development", and the more brilliant moment is still in the future. Cruise is the exciting point, starting point and growth point of wide concern. Premier Li Keqiang "supports the new development of cruise and yacht tourism" and the high-quality development of cruise economy will add new connotations to "high-quality life" in the new era. With the development of China's cruise Economic Industrial chain, it will better strengthen the construction of cruise tourism market cultivation system, promote the gradual improvement of cruise economic policy system, promote the development of cruise industry clusters, and lay a more solid foundation for building the world cruise economic center. Generally speaking, under the background of increasing support from the central and local governments to the cruise economy, under the background of the booming international cruise economy and under the background of people's growing need for a better life, China's cruise economy is facing a good development situation and opportunities, which will be in the market scale, industry level, and so on. Greater leaps will be made in economic contribution and so on. Looking forward to the future, China's cruise economy will become the most important component and driving force of the world's cruise industry. It will form a complete industrial chain pattern of cruise research and development, cruise construction, cruise fleet operation, cruise matching, cruise port operation and other industrial systems. It will establish a world-class cruise economic industry cluster. Group, will build the world's top three cruise home port, create a trillion cruise industry cluster, become the Eastern Center of the world cruise economy.

The successful publication of this book is the result of the joint efforts of academia, industry and other parties. It has received the strong support of the government and the strong support of all sectors of society. I especially thank Shanghai Wusongkou Investment (Group) Co., Ltd. for its strong support for the publication of this book.

Contents

I General Reports

Abstract: In 2019, although the risks and uncertainties of world economic operation have increased significantly, the scale of global cruise tourism market has maintained a steady growth. According to the forecast of the International Cruise Association (CLIA), the number of tourists in the global cruise market is expected to reach 30 million in 2019, an increase of 5.19% over the previous year, which will be the first time to break through the 30 million mark, 202. It is expected to reach 37.6 million people in five years, with good prospects for development and market potential. North America is still the largest cruise market in the world. In 2018, the number of cruise tourists reached 14.2 million, an increase of 9% over the same period last year. The number of cruise tourists in the Caribbean reached 11.3 million, an increase of 6% over the same period last year. The number of cruise passengers in Alaska continued to rank first in the world. The number of cruise passengers in Alaska increased by 13% over the same period last year. The number of cruise tourists in the Mediterranean region of Europe exceeded 4 million, an increase of 8% over the same period last year. Asia has become the fastest growing region in the global economy, providing a more solid foundation and development potential for cruise economic development. In 2018, the number of cruise tourists in Asia reached 4.2 million, an increase of 5% over the same period last year. In the future, Asia has a larger growth space and is becoming an important sector with the greatest development potential in the global cruise market. 。The cruise construction market is in short supply and demand. By 2027, the number of new orders worldwide will reach 114, the total passenger capacity will increase by 247, 600, and more new cruises will exceed 130, 000 tons. With China's more in-depth participation in the cruise economic and industrial chain, such as the design and construction of cruise ships, cruise operation and cruise industry supporting services, the development pattern of the world cruise industry is gradually adjusting, further promoting the sustained prosperity of global cruise economic development, and enhancing the status and influence of Asia-Pacific in the global cruise market.

Keywords: Industry Pattern; Cruise Economy; Industry Chain; Development Potential

Abstract: Cruise industry in China has entered the second decade of development, opportunities and challenges coexist. Under the background of reform and opening up, China's cruise economy has entered a critical period of transition from "high-speed growth" to "high-quality, high-grade development". In 2019, the size of China's cruise market has been adjusted in a volatile manner, and the supply of cruise market has been reduced, but the improvement of "quality" is continuing. New cruises such as Royal Caribbean Ocean Spectrum and Golden Star Venice will lay out China's market this year. In the future, more and more cruises will come in to promote their functions. Construction and system improvement provide valuable time window period. At the same time, the substantial start of large domestic cruise ships, the gradual formation of local cruise fleet, the gradual formation of cruise industry clusters, the continuous improvement of cruise port reception level, and the continuous optimization of cruise policy environment mark the key year for China to enter cruise tourism and develop into the cruise economic and industrial chain. With the cruise market gradually reaching a certain scale, the demand for relevant industrial factors gradually emerges, which has the basis for the transformation to the cruise economy. In November 2018, China Shipping Group, Carnival Group and Fincantini Group formally signed 2 +4 large cruise ship construction contracts with total tonnage of 135, 000 Vista class at the First China Expo, which marked that the first large cruise ship design and construction and related supporting industrial clusters in China entered the formal implementation stage, and the industrial scale will reach tens of billions or even hundreds of billions of billions. 。International cruise industry authorities predict that China will need 80 – 100 cruise ships by 2030, with a market size of 300 – 400 billion yuan at a cost of 5 billion yuan per cruise ship.

Keywords: Cruise Tourism; Cruise Economy; Industry Chain; Supporting Industry

Abstract: The hot spots of China's cruise industry development from 2018 to 2019 involve cruise economic policy, construction of large domestic cruise ships, local cruise fleet, China cruise tourism development demonstration area, cruise port entry duty-free shops, cruise port sea cruise route pilot projects, etc. Specifically, cruise economic policies at all levels have been introduced and cracked one after another. The cruise economic development problems; the construction of domestic large-scale cruise ships has entered a substantive stage, and the cruise economic industrial chain has been fully launched; the central enterprises set up the local cruise fleet to build the Chinese national cruise brand; the flagship cruise distribution of the Chinese market to promote the high-quality development of the cruise economy; and Shanghai has been approved as a demonstration area for the development of cruise tourism in China. Continue to lead the innovation and development of China's cruise economy; the cruise port reception level has been significantly enhanced, laying a solid foundation for the development of cruise economy; the first domestic cruise port import duty-free shop has been approved, creating a new bright spot for cruise shopping; the first domestic cruise ship refurbishment master package project, improving the cruise repair industry chain; cruise port sea Cruise Pilot schemes for cruise routes were introduced to promote the development of aimless cruise routes, and the strategic layout of cruise companies in 2020 promoted the vigorous development of Chinese cruise ships.

Keywords: Cruise Industry; Cruise Construction; Industry Chain; Innovation and Development

Ⅱ Special Topics

Abstract: The development prospects of world cruise tourism are very broad, and the market growth potential is huge. With the development of leisure tourism in the world, especially the rapid economic and social development in developing countries, cruise tourism will be more and more popular with tourists. Cruise economy involves many factors, such as the agglomeration of economic factors, the network of tourism products, the globality of service objects and the pluralism of cultures. Cruise development is not only a high-growth industry, but also a high-fluctuation industry. Asian cruise economy plays a central and central role in regional economy and even the world economy. Therefore, the unhealthy development or large-scale and large-scale fluctuation of Asian cruise economy will cause huge losses to the world cruise economy, which is rigorous and scientific. It is particularly necessary and important to analyse and evaluate the prosperity of Asian cruise economy. The purpose of this study is to establish a scientific and effective monitoring and measuring system for Asian cruise economic prosperity evaluation based on the understanding of the formation mechanism of prosperity fluctuation, analyze the operation situation and get warning effect.

Keywords: China; Asian; Cruise Economic; Prosperity Index

Abstract: 2019 is an important transitional period from cruise tourism to cruise economy in China, and it is also a key year for the development of cruise economy industry chain. The design and construction of large domestic cruise ships have started substantially, the development of local cruise fleets has accelerated, new momentum of cruise economic development has been fostered, factors of cruise industry have been aggregated vigorously, cruise industry clusters have gradually formed, reception level of cruise ports has been continuously upgraded, the pace of urban renewal of port-city integration has been accelerated, and industry leading role has been played. Continuous improvement. From the central government to the local government, policies at all levels focus on the cruise industry. The cruise policy environment will continue to optimize, and the bottleneck restricting the high-quality development of the cruise economy will be broken through to a large extent, creating a better innovation space and development potential for the development of the cruise economy. China's cruise economy level and core competitiveness have been continuously enhanced. The strategic orientation and functional layout of the cruise economy industry chain have been gradually clarified, and the cruise economy has stepped into a new era of high-quality development. This paper deeply analyses the connotation, current situation and problems of the development of cruise Economic Industrial chain, and puts forward the strategic path and mode of the development of cruise economic industrial chain under the background of the new era, consolidates and expands the leading advantages of China's cruise economy, improves the energy level of cruise industry, and puts forward corresponding safeguard measures.

Keywords: New Era; Cruise Tourism; Cruise Economic; Industrial Chain; Strategic Path

Abstract: The Yangtze River Delta region is one of the regions with the best development foundation, the most dynamic economy, the highest degree of openness, the strongest innovation ability, the best institutional environment and the strongest comprehensive strength in China. The Yangtze River Delta has abundant cruise port resources and tourism resources. It is an important tourist source and destination in China. It has innate advantages in the development of cruise tourism destination. Give full play to the advantages of characteristic tourism resources, develop cruise tourism products around the "world-class urban agglomeration" of the Yangtze River Delta, promote the innovation of "cruise plus" products, increase the publicity and promotion of the Yangtze River Delta as a cruise tourism destination, and form the international brand attraction of cruise tourism destinations in the Yangtze River Delta. Give full play to the advantages of Yangtze River Delta transportation, promote the same city effect of Yangtze River Delta cruise tourism, establish the Yangtze River Delta cruise combination home port, and integrate cruise tourism into the Yangtze River Delta tourism ecosystem in a wide range and in depth. In this paper, the strategic path of cruise destination development and international marketing strategy under the background of integration of the Yangtze

River Delta is studied and analyzed more thoroughly, so as to enhance the international competitiveness of the Yangtze River Delta cruise economy.

Keywords: Yangtze River Delta Integrated; Cruise Tourism; Tourist Destination

G. 7 Environmental Changes in the Northeast's Cruise and Challenges to the Korea Cruise Industry-Focused on the Developing Strategies of Pusan North Port *Lin Fushun* / 123

Abstract: This paper is based on the results of the research on the development strategy of marine tourism and leisure in Busan Port conducted by the Ministry of Marine and Fisheries of Korea through the Korea International Cruise Research Institute in the second half of 2018. It observes the response plan of the Korean cruise industry according to the changes of cruise environment in Northeast Asia, and puts forward the Korean Center in particular. The cruise development strategy and future promotion plan for the re-development of Pusan Port and North Port of Pusan Port. In the second chapter of this study, based on the analysis of the cruise environment in Northeast Asia around Sade's events and the trend of changes in the future, in order to deal with the Korean cruise in advance, the concept of multi-mother port chain cruise ship in Northeast Asia will be put forward, and then in the third chapter, the development of North Port of Busan Port as the cruise hub port in Northeast Asia will be described. Strategies and detailed plans. The final conclusion will be the summary of the study and the basic directions and suggestions for future promotion.

Recently, the important issue of cruise environment change in Northeast Asia is "multi-mother-port chain cruise" which is an opportunity for the development of cruise industry, and it is also expected to play a catalytic role in realizing the cruise home port of Busan Port. Through the important opportunity of jointly expanding the total number of cruise ships among the cruise port cities in Northeast

Asia, in the process of promoting strategic policy and concrete implementation in the future, if we can make more pre-emptive response to the changes of internal and external environment and improve the feasibility of policy implementation, it will become the cruise stability and real multi-mother in Northeast Asia. Important driving force of the port system.

Keywords: Multi-turnaround Cruise Homeport Chain Cruising; Redevelopment of North Port of Busan; Regional Cooperation of Cruise City

Abstract: In 2006, Costa Cruises (Italy) started a homeport cruises in Shanghai with Costa Allegra (30, 000 tons) This was followed by a rapid expansion of the Chinese cruise market as bigger and newer casual cruise ships were successively introduced. Conducting homeport in Shanghai, these cruise ships belonged to multiple companies, such as major cruise companies from the West, China-funded companies and joint venture shipping enterprises formed between Chinese and Western cruise companies. As a result, cruise ships from China began to make port calls in Japan, particularly at western ports of the country. This led to a rapid increase in the number of cruise passengers to Japan in conjunction with the expansion of the Chinese cruise market. Now, with the Japanese government's inbound policy starting to bear fruit, there is a steady rise in passengers who visit Japan on homeport cruises not only in Shanghai but also in Tianjin, Keelung and other ports. Taking advantage of the Japan tourism boom, Princess Cruise (USA) and Costa Cruises (Italy) have steadily increased calls by homeport cruises in Japan, and other companies too have started homeport in Japan. In March 2016, the Japanese government set the target of increasing the number of cruise passengers visiting Japan to five million people by 2020 and making Japan a cruise destination capable of accepting a wide range of ships, from casual to luxury, at any port in the country. To achieve this target, the Ministry of Land, Infrastructure, Transportation and Tourism (MLIT) has taken the lead to develop an environment capable of accepting cruise ships in terms of infrastructure and hold business meetings between cruises companies and ports. In this paper, the current status and future outlook of cruise ships from the perspective of Japan, the measures being taken to respond to the rapidly growing cruise demands and the direction in which Japan's cruise industry should move are reported on.

Keywords: Japan; Cruise Industry; Trends in Japanese Cruise; New Cruise Trends

Ⅲ Industry Development Chapters

Abstract: As a rising sunrise industry, cruise industry has great potential for market development, especially the proposal of "one belt and one road" initiative, which brings new opportunities for cruise tourism development. In recent years, China's position in the global cruise economy has gradually become prominent. The development level of cruise tourism economy has also become an important symbol to measure the level of social and economic development of a country or region. Cruise economy involves many factors. It has the characteristics of agglomeration of economic factors, network of tourism products, globalization of service objects and cultural diversity. In the international area, the cruise economy has been developing vigorously, but its development has been achieved through cooperation with neighboring countries. The development strategy of "one belt and one road" has promoted the cooperation among international cruise port cities. Based on this background, it is proposed to explore ways and means of international cruise port-city cooperation from the perspective of cruise port-city cooperation, such as enriching cruise line products, deeply excavating cruise inbound and outbound passenger market, upgrading cruise port service level and improving cruise economic contribution. Breakthroughs in policy innovation.

Keywords: One Belt ane One Road; Cruise Tourism; The Internationalization Market

Abstract: Cruise industry, as a highly relevant, radiative and high value-added marine economic industry, has gradually become an important driving force for regional economic transformation and upgrading. With the expansion of China's cruise market, the effect of cruise economy is gradually highlighted, and its contribution to China's regional economy is also greatly enhanced.

In order to improve the competitive advantage of the cruise industry, we must first evaluate the development of the cruise industry and its industrial performance objectively. This paper synthetically applies industrial economics, value chain theory, cruise economy theory and competitive advantage theory, draws lessons from the existing comprehensive evaluation system and methods of cruise industry competitiveness, applies TOPSIS method to construct the comprehensive evaluation index system and evaluation model of cruise industry performance, and selects Shanghai, Xiamen, Sanya, Dalian, and so on. Six major cruise port cities in Tianjin and Qingdao are taken as research objects, and their cruise industry development performance is empirically analyzed. The specific reasons and short-board factors affecting the performance of cruise industry in port cities are obtained. Based on these, the ways to improve the performance of cruise industry are put forward, which can provide reference for the relevant decision-making departments of cruise industry development. Basis.

Keywords: Cruise Industry; Achievements; Lifting Path

Abstract: With the rapid development of China's cruise industry, the number of cruise ships and tourists has increased rapidly, but in 2018, the first decline in nearly a decade indicates that China's cruise industry has encountered difficulties. Therefore, in order to maintain the steady growth of China's cruise industry and improve the overall quality of cruise tourism market, starting from the characteristics and policy bottlenecks of China's home-port cruise products, and drawing on the experience of the development of mature international cruise market, this paper proposes the development of diversification of cruise routes, differentiation of cruise port circle and differentiation of on-board services. Based on this, the development plan of Shanghai cruise products is put forward, such as "T" type strategy, aimless route strategy, comfortable route strategy for young and old tourists and multi-point tourism shopping strategy. It is not only conducive to promoting the development of the Yangtze River economic belt, but also can enhance the consumption capacity of inland passengers in the cruise home port. The economic benefit of the city where the port is located is of great significance to the sustained, healthy and rapid development of China's cruise market.

Keywords: Cruise Home Port; Cruise Products; Diversified Development of Lines

Abstract: As the cruise market in Shanghai has gradually reached a certain scale, the demand for relevant industrial factors has gradually emerged, and it has the basis for the transformation to the cruise economy. The design and construction of the first large cruise ship has entered the stage of formal implementation, the preliminary establishment of the cruise industry cluster and the continuous optimization of the cruise policy environment have initially formed the trend of cruise economic agglomeration development, which indicates that Shanghai has entered the cruise tourism and developed into the cruise Economic Industrial chain. Shanghai is facing competition from other provinces, cities and surrounding areas in the field of cruise repair and ancillary industries. We must seize the important opportunities of cruise economic transformation and upgrading, consolidate the leading edge, establish a perfect ecological system for cruise construction, and accelerate the development of industrial clusters such as cruise repair, cruise operation and cruise service. Forming the core supporting industrial cluster of Shanghai cruise economy, promoting the integration and innovation of relevant policies and regulations of cruise economy, makes cruise economy really become a powerful engine to promote the local economic development of Shanghai, which is also an important basis for promoting the high-quality development of Shanghai cruise economy. This paper will base on the opportunity for the development of domestic cruise construction in Shanghai, deeply analyze the functional orientation of the development of cruise construction supporting industry park, and put forward corresponding countermeasures and suggestions in the aspects of system mechanism and development mode, so as to better promote the development of Shanghai cruise repair industry supporting industry park.

Keywords: Cruise Manufacturing; Cruise Maintenance; Industry Supporting; Development Path

Abstract: As a new special tourism activity in China, cruise tourism has been developing rapidly along with the policy of " one belt and one road" .

However, in the past two years, the growth rate of cruise tourism has slowed down, and China's cruise tourism is facing industrial transformation. This paper takes Chinese cruise tourism consumers as the research object, and uses Ctrip and the comment data of the same travel websites as samples to conduct a study on tourists'product perception. On the basis of literature analysis at home and abroad, 27126 basic comment data of network text are obtained by "Octopus" data crawler software. The high frequency words of the text are analyzed by using Python's Jieba word segmentation function, and the comment text is judged emotionally by Python's Snow NLP library. The different routes are analyzed by using ROST CM6 semantic analysis. Visitors perceive differences. The study finds that tourists'perception of cruise tourism mainly includes five aspects: cruise environment, cruise facilities, cruise service, cruise activities and overall experience; time and space span affect tourists' perception of cruise products; there are perception differences between ocean-going tourists and Japanese and Southeast Asian tourists; The overall satisfaction of cruise products is good. Tourists'emotional values of Japanese and ocean-going routes are higher than those of Southeast Asian routes. Finally, according to the analysis results, some suggestions are put forward to enhance the perception of Chinese cruise consumers.

Keywords: Cruise Travel; Consumer Perception; Network Text Data; Route; Python Language

Ⅳ Policy Recommendations

G. 14 Evaluation of China's Cruise Industry Support Policy System

Wang Younong, Gao Yanhui and Mei Junqing / 219

Abstract: In recent years, with the expanding market demand of cruise tourism in China and the deepening understanding of the development of cruise industry, support policies for the development of cruise economy have been promulgated from the central government to local governments, including the cultivation of cruise market, the construction of cruise home port, the extension of cruise industry chain, the expansion of Cruise service chain and the corresponding cruise ships. With the support of supporting policy innovation, the business environment of cruise economic development has been significantly improved, the bottleneck restricting the high-quality development of cruise economy has been broken through to a large extent, and the space for innovation and development of cruise industry has been significantly expanded. In the support policy system of China's cruise industry, there are many types, such as cruise capital subsidy, cruise policy innovation and cruise industry development. Among them, financial capital subsidy plays a larger role in promoting the development of cruise industry. At present, China's cruise economy has entered a new stage of development, and the cruise economic policy has entered the period of dividend release. It is necessary to further study the policy bottlenecks and innovative paths of cruise industry development. This paper will study the domestic cruise industry support policy system, evaluate and analyze its role and impact, and then put forward corresponding countermeasures and suggestions to better promote the development of the cruise industry chain.

Keywords: Cruise Travel; Cruise Industry; Support Policy; Effectiveness Evaluation

Abstract: International cruise ships have operated in China's home port for 13 years, and China has become the first and second cruise tourist market in Asia and the world. The growth of cruise travel voyages and the number of cruise passengers is much higher than the global average. At the same time, it also exposes the low-price competition, low quality of service, single cruise tourism products, upstream shore tourism and other tourism projects into shopping tours, unbalanced supply and demand and vicious competition caused by the construction of cruise home ports, lack of mature service and management mechanism in cruise ports, and less profit points in cruise ports. And the poor profitability and other seven aspects of the problem. Starting from the point of view of access mechanism research, aiming at the actual situation of China's cruise tourism development and drawing lessons from international experience, the text puts forward three principles of establishing access mechanism, namely, the principle of stages, the principle of Chinese characteristics and the principle of coordination. At the same time, five access mechanisms are put forward, including security access mechanism, environmental protection access mechanism, cruise product access mechanism, cruise service level access mechanism, and cruise management access mechanism.

Keywords: Cruise Tourism; Home Port Operation; Access Mechanism

G. 16 Study on Environmental Monitoring System and Monitoring System of Cruise Port Area

Sun Ruihong, Zhang Qingqing, Hong Huiyu and He Yuanqin / 253

Abstract: The cruise ship's "high pollution, high energy consumption and high emission" has caused a series of problems to the cruise port. With the growing scale of the cruise economy in China, the negative impact of the cruise environment requires us to take emergency measures. However, the research on cruise pollution and laws and regulations are relatively scarce, so it is urgent to conduct a comprehensive and in-depth study on cruise pollution. This paper comprehensively summarizes and analyses the environmental problems of cruise ships at home and abroad, evidences the environmental risks faced by China's cruise port region in the future, puts forward the construction scheme of the regional environmental monitoring system of China's cruise ports, explores the regional environmental monitoring mechanism of China's cruise ports, and provides countermeasures for promoting the construction of the cruise port environmental monitoring system. Suggestions and implementation plan can provide reference for the top-level design of establishing and improving regional environmental supervision system of cruise ports in China.

Keywords: Cruise Portregional; Environmental Monitoring; System

Abstract: Shanghai Cruise Port has become the first and fourth cruise port in Asia and the world since it opened its cruise line in 2006. Cruise industry has become an important part of the construction of Shanghai International Shipping Center and a new growth point of Shanghai's economy. With the increasing reception of cruise ships and tourists in cruise ports, higher requirements have been put forward for various services of cruise ports, especially in the fields of entry-exit information declaration and customs clearance efficiency of border inspection windows, which need more efficient and convenient audit and customs procedures. Based on the existing research results, this paper studies the strategy of promoting single window at cruise ports in an all-round way, which can better promote the construction of "single window" cruise project, the development of "convenient and convenient customs clearance bar code for cruise ships", "mixed inspection and release customs clearance mode for cruise ports" and credit management at cruise ports. " "Single window" covers more cruise industry development system. So as to improve the function system of single window of cruise, enhance the value of single window application of cruise, innovate the implementation path of single window application of cruise, construct a more perfect single window guarantee policy system of cruise, maintain the order of development of cruise economy, and promote the sustainable and healthy development of cruise industry, which is for Shanghai economy. To contribute to the growth of the national economy.

Keywords: Cruise Port; Single Window; Construction; Application

G. 18 Research on the Optimal Route of Asia-Pacific Cruise Material Distribution Center

Yan Guodong, Zhao Jinlin, Shen Jing, Shen Wenlu and Wang Wei / 276

Abstract: China's cruise economy has accelerated into a new era, the global cruise market continues to expand, and the trend of market focus shifting eastward is obvious. The "one belt and one Road" initiative provides new ideas and new models for China's cruise economy, brings new impetus and new space to the good life, and accelerates the acceleration of China's cruise economy to a new era. The Chinese cruise economy is undergoing four transformations, namely, from "rapid growth" to "steady development"; from "extensive development" to "fine development". Fine upgrading transformation; from "pursuing quantity" to "pursuing quality"; from "attracting by ship type" to "attracting by brand". At present, the global market share of China's cruise ship supply industry is about 10%, which has huge potential. In the coming years, China's cruise industry will develop rapidly and develop into a key stage of construction, matching, operation maturity, modernization and internationalization, and Wusongkou's international cruise home port will basically become the top three in the world and the most in the Asia-Pacific region. The key period of cruise tourism hub port with core competitiveness. Because cruise ship supply has the characteristics of "global procurement, global distribution", under the background of accelerating the construction of international shipping center, if Shanghai can build an international cruise material distribution center with the function of "global procurement, global distribution", it will speed up the improvement of domestic cruise specialized material supporting system and speed up Shanghai. The construction of international shipping center will accelerate the development of China's products in the global cruise purchase market, and will bring new impetus and opportunities for the development of Asia-Pacific cruise economy and the cooperation of cruise port cities.

Keywords: Asia-Pacific; Cruise Material; Distribution Center; Supporting System

S 基本子库
SUB DATABASE

中国社会发展数据库（下设 12 个子库）

全面整合国内外中国社会发展研究成果，汇聚独家统计数据、深度分析报告，涉及社会、人口、政治、教育、法律等 12 个领域，为了解中国社会发展动态、跟踪社会核心热点、分析社会发展趋势提供一站式资源搜索和数据分析与挖掘服务。

中国经济发展数据库（下设 12 个子库）

基于“皮书系列”中涉及中国经济发展的研究资料构建，内容涵盖宏观经济、农业经济、工业经济、产业经济等 12 个重点经济领域，为实时掌控经济运行态势、把握经济发展规律、洞察经济形势、进行经济决策提供参考和依据。

中国行业发展数据库（下设 17 个子库）

以中国国民经济行业分类为依据，覆盖金融业、旅游、医疗卫生、交通运输、能源矿产等 100 多个行业，跟踪分析国民经济相关行业市场运行状况和政策导向，汇集行业发展前沿资讯，为投资、从业及各种经济决策提供理论基础和实践指导。

中国区域发展数据库（下设 6 个子库）

对中国特定区域内的经济、社会、文化等领域现状与发展情况进行深度分析和预测，研究层级至县及县以下行政区，涉及地区、区域经济体、城市、农村等不同维度。为地方经济社会宏观态势研究、发展经验研究、案例分析提供数据服务。

中国文化传媒数据库（下设 18 个子库）

汇聚文化传媒领域专家观点、热点资讯，梳理国内外中国文化发展相关学术研究成果、一手统计数据，涵盖文化产业、新闻传播、电影娱乐、文学艺术、群众文化等 18 个重点研究领域。为文化传媒研究提供相关数据、研究报告和综合分析服务。

世界经济与国际关系数据库（下设 6 个子库）

立足“皮书系列”世界经济、国际关系相关学术资源，整合世界经济、国际政治、世界文化与科技、全球性问题、国际组织与国际法、区域研究 6 大领域研究成果，为世界经济与国际关系研究提供全方位数据分析，为决策和形势研判提供参考。

法律声明